FRANCIS FRITH'S

GWYNEDD AND ANGLESEY
GWYNEDD AC YNYS MÔN

PHOTOGRAPHIC MEMORIES
COFFADWRAETH FFOTOGRAFFIC

MARY ARIS has lived and worked in north Wales for over 30 years. She recently retired from managing the Isle of Anglesey's Archive Service. Her career has been spent working in archives, museums and historic buildings in Gwynedd and Anglesey, and in developing education services for museums and archives. She has a detailed knowledge of the history and archaeology of this part of Wales. Her wide personal interests include country life, walking and aerial archaeology. She has also travelled extensively throughout Europe visiting museums, historic buildings and archaeological sites.

MAE MARY ARIS wedi byw a gweithio yng Ngogledd Cymru am dros 30 mlynedd. Mae newydd ymddeol o Wasanaeth Archifau Ynys Môn.Yn ystod ei gyrfa mae wedi gweithio mewn archifau, amgueddfeydd ac adeiladau hanesyddol ac yn natblygiad gwasanaethau addysg ar gyfer amgueddfeydd ac archifau. Mae ganddi wybodaeth fanwl o hanes ac archeoleg yn y rhan yma o Gymru. Mae ei diddordeb helaeth personol yn cynnwys bywyd cefn gwlad, cerdded ac archeoleg awyrol. Mae wedi teithio yn helaeth drwy Ewrop yn ymweld ag amgueddfeydd, adeiladau hanesyddol a safleoedd archeolegol.

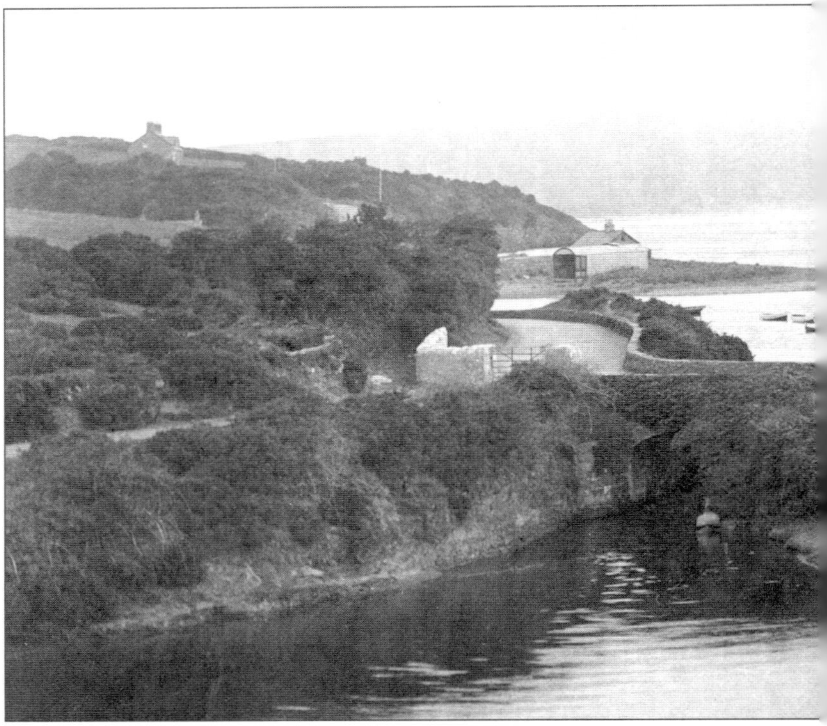

FRANCIS FRITH'S PHOTOGRAPHIC MEMORIES
COFFADWRAETH FFOTOGRAFFIC FRANCIS FRITH

GWYNEDD AND ANGLESEY
GWYNEDD AC YNYS MÔN

PHOTOGRAPHIC MEMORIES
COFFADWRAETH FFOTOGRAFFIC

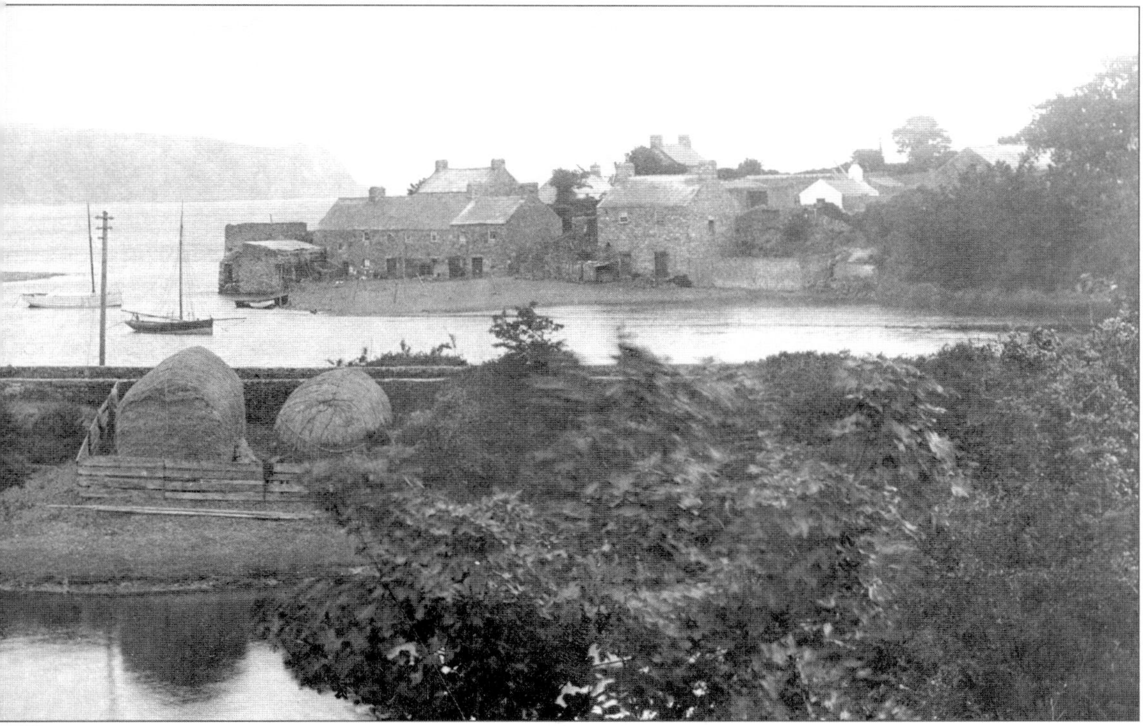

MARY ARIS

TRANSLATED INTO WELSH BY GWYNALLT BOWEN
CYFIEITAWYD I'R GYMRAEG GAN GWYALLT BOWEN

THE FRANCIS FRITH COLLECTION®

First published in the United Kingdom in 2004 by
Frith Book Company Ltd

Hardback Edition 2004
ISBN 1-85937-706-8

British Library Cataloguing in Publication Data

Francis Frith's Gwynedd and Anglesey - Photographic Memories
Mary Aris
ISBN 1-85937-706-8

Frith Book Company Ltd
Frith's Barn, Teffont,
Salisbury, Wiltshire SP3 5QP
Tel: +44 (0) 1722 716 376
Email: info@francisfrith.co.uk
www.francisfrith.co.uk

Printed and bound in Great Britain

Front Cover: **MENAI**, *Suspension Bridge 1890* 23187
Frontispiece: **ABERSOCH**, *The Harbour 1901* 47004

The colour-tinting is for illustrative purposes only, and is not intended to be historically accurate

AS WITH ANY HISTORICAL DATABASE THE FRITH ARCHIVE IS CONSTANTLY BEING CORRECTED AND IMPROVED AND THE PUBLISHERS WOULD WELCOME INFORMATION ON OMISSIONS OR INACCURACIES

CONTENTS CYNNWYS

FRANCIS FRITH
VICTORIAN PIONEER

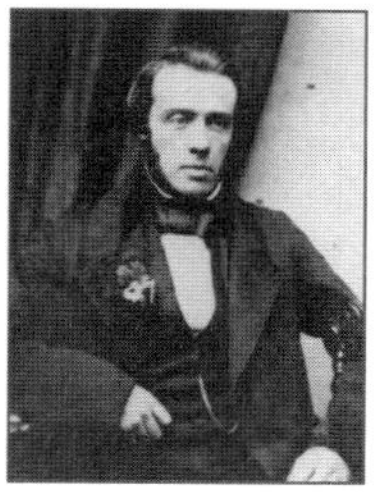

FRANCIS FRITH, founder of the world-famous photographic archive, was a complex and multi-talented man. A devout Quaker and a highly successful Victorian businessman, he was philosophical by nature and pioneering in outlook.

By 1855 he had already established a wholesale grocery business in Liverpool, and sold it for the astonishing sum of £200,000, which is the equivalent today of over £15,000,000. Now a very rich man, he was able to indulge his passion for travel. As a child he had pored over travel books written by early explorers, and his fancy and imagination had been stirred by family holidays to the sublime mountain regions of Wales and Scotland. 'What lands of spirit-stirring and enriching scenes and places!' he had written. He was to return to these scenes of grandeur in later years to 'recapture the thousands of vivid and tender memories', but with a different purpose. Now in his thirties, and captivated by the new science of photography, Frith set out on a series of pioneering journeys up the Nile and to the Near East that occupied him from 1856 until 1860.

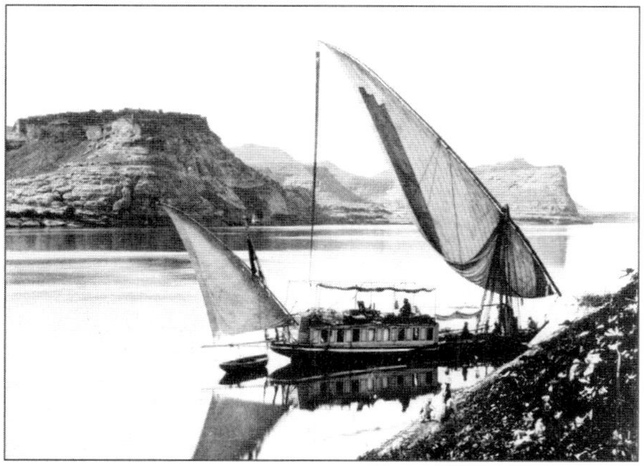

INTRIGUE AND EXPLORATION

These far-flung journeys were packed with intrigue and adventure. In his life story, written when he was sixty-three, Frith tells of being held captive by bandits, and of fighting 'an awful midnight battle to the very point of surrender with a deadly pack of hungry, wild dogs'. Wearing flowing Arab costume, Frith arrived at Akaba by camel sixty years before Lawrence of Arabia, where he encountered 'desert princes and rival sheikhs, blazing with jewel-hilted swords'.

He was the first photographer to venture beyond the sixth cataract of the Nile. Africa was still the mysterious 'Dark Continent', and Stanley and Livingstone's historic meeting was a decade into the future. The conditions for picture taking confound belief. He laboured for hours in his wicker dark-room in the sweltering heat of the desert, while the volatile chemicals fizzed dangerously in their trays. Back in London he exhibited his photographs and was 'rapturously cheered' by members of the Royal Society. His reputation as a photographer was made overnight.

VENTURE OF A LIFE-TIME

Characteristically, Frith quickly spotted the opportunity to create a new business as a specialist publisher of photographs. He lived

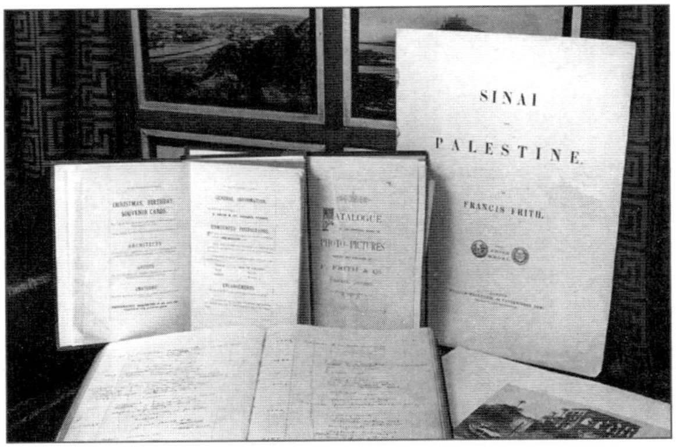

in an era of immense and sometimes violent change. For the poor in the early part of Victoria's reign work was exhausting and the hours long, and people had precious little free time to enjoy themselves. Most had no transport other than a cart or gig at their disposal, and rarely travelled far beyond the boundaries of their own town or village. However, by the 1870s the railways had threaded their way across the country, and Bank Holidays and half-day Saturdays had been made obligatory by Act of Parliament. All of a sudden the working man and his family were able to enjoy days out and see a little more of the world.

With typical business acumen, Francis Frith foresaw that these new tourists would enjoy having souvenirs to commemorate their days out. In 1860 he married Mary Ann Rosling and set out on a new career: his aim was to photograph every city, town and village in Britain. For the next thirty years he travelled the country by train and by pony and trap, producing fine photographs of seaside resorts and beauty spots that were keenly bought by millions of Victorians. These prints were painstakingly pasted into family albums and pored over during the dark nights of winter, rekindling precious memories of summer excursions.

THE RISE OF FRITH & CO

Frith's studio was soon supplying retail shops all over the country. To meet the demand he gathered about him a small team of photographers, and published the work of independent artist-photographers of the calibre of Roger Fenton and Francis Bedford. In order to gain some understanding of the scale of Frith's business one only has to look at the catalogue issued by Frith & Co in 1886: it runs to some 670 pages, listing not only many thousands of views of the British Isles but also many photographs of most European countries, and China, Japan, the USA and Canada - note the sample page shown on page 9 from the hand-written Frith & Co ledgers recording the pictures. By 1890 Frith had created the greatest specialist photographic publishing company in the world, with over 2,000 sales outlets - more than the combined number that Boots and WH Smith have today! The picture on the next page shows the Frith & Co display board at Ingleton in the Yorkshire Dales (left of window). Beautifully constructed with a mahogany frame and gilt inserts, it could display up to a dozen local scenes.

POSTCARD BONANZA

The ever-popular holiday postcard we know today took many years to develop. In 1870 the Post Office issued the first plain cards, with a pre-printed stamp on one face. In 1894 they allowed other publishers' cards to be sent through the mail with an attached adhesive halfpenny stamp. Demand grew rapidly, and in 1895 a new size of postcard was permitted called the court card, but there was little room for illustration. In 1899, a year after Frith's death, a new card measuring 5.5 x 3.5 inches became the standard format, but it was not until 1902 that the divided back came into being, so that the address and message could be on one face and a full-size illustration on the other. Frith & Co were in the vanguard of postcard development: Frith's sons Eustace and Cyril continued their father's monumental task, expanding the number of views offered to the public and recording more and more places

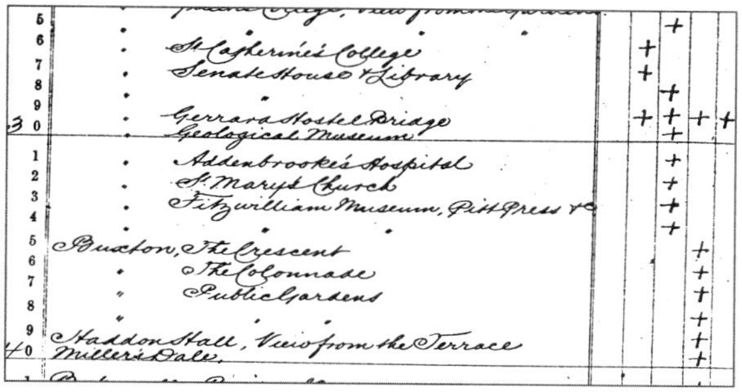
St Catherine's College
Senate House & Library
Gerrard Hostel Bridge
Geological Museum
Addenbrooke's Hospital
St Mary's Church
Fitzwilliam Museum, Pitt Press &c
Buxton, The Crescent
The Colonnade
Public Gardens
Haddon Hall, View from the Terrace
Miller's Dale

in Britain, as the coasts and countryside were opened up to mass travel.

Francis Frith had died in 1898 at his villa in Cannes, his great project still growing. The archive he created continued in business for another seventy years. By 1970 it contained over a third of a million pictures showing 7,000 British towns and villages.

FRANCIS FRITH'S LEGACY

Frith's legacy to us today is of immense significance and value, for the magnificent archive of evocative photographs he created provides a unique record of change in the cities, towns and villages throughout Britain over a century and more. Frith and his fellow studio photographers revisited locations many times down the years to update their views, compiling for us an enthralling and colourful pageant of British life and character.

We are fortunate that Frith was dedicated to recording the minutiae of everyday life. For it is this sheer wealth of visual data, the painstaking chronicle of changes in dress, transport, street layouts, buildings, housing, engineering and landscape that captivates us so much today. His remarkable images offer us a powerful link with the past and with the lives of our ancestors.

THE VALUE OF THE ARCHIVE TODAY

Computers have now made it possible for Frith's many thousands of images to be accessed almost instantly. Frith's images are increasingly used as visual resources, by social historians, by researchers into genealogy and ancestry, by architects and town planners, and by teachers involved in local history projects.

In addition, the archive offers every one of us an opportunity to examine the places where we and our families have lived and worked down the years. Highly successful in Frith's own era, the archive is now, a century and more on, entering a new phase of popularity. Historians consider the Francis Frith Collection to be of prime national importance. It is the only archive of its kind remaining in private ownership. Francis Frith's archive is now housed in an historic timber barn in the beautiful village of Teffont in Wiltshire. Its founder would not recognize the archive office as it is today. In place of the many thousands of dusty boxes containing glass plate negatives and an all-pervading odour of photographic chemicals, there are now ranks of computer screens. He would be amazed to watch his images travelling round the world at unimaginable speeds through internet lines.

The archive's future is both bright and exciting. Francis Frith, with his unshakeable belief in making photographs available to the greatest number of people, would undoubtedly approve of what is being done today with his lifetime's work. His photographs depicting our shared past are now bringing pleasure and enlightenment to millions around the world a century and more after his death.

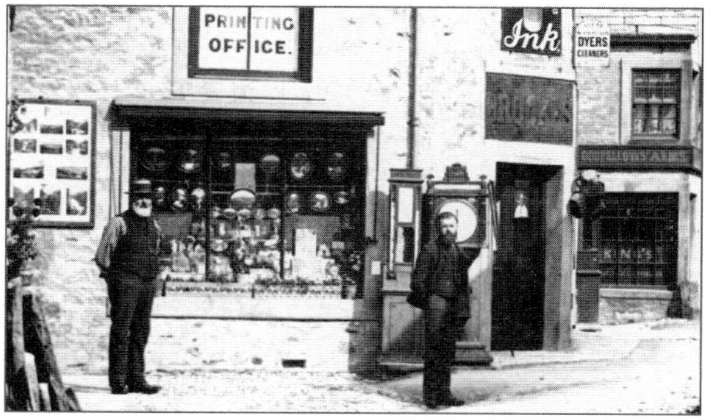

FRANCIS FRITH

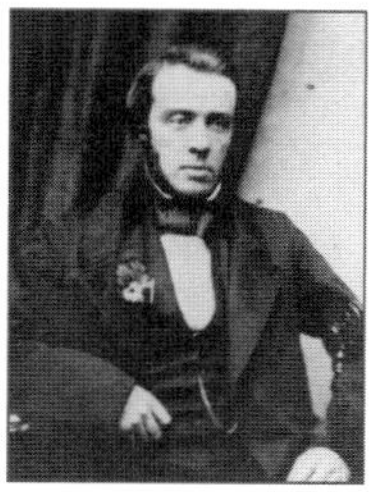

ARLOESWR FICTORAIDD

ROEDD Francis Frith sylfaenydd yr archif ffotograffig byd enwog yn, ddyn cymhleth ac yn aml dalentog. Roedd yn Grynwr defosiynol ac yn ddyn busnes Fictoraidd llwyddianus iawn, roedd yn athronyddol wrth natur ac yn arloeswr yn ei weledigaeth.

Erbyn 1895 roedd eisoes wedi sefydlu busnes groser cyfanwerthol yn Lerpwl a'i werthu am y swm rhyfeddol o £200,000.00 sy'n gyfartal â dros £15,000,000.00 heddiw. Nawr fel aml filiwnydd roedd yn gallu maldodi yn ei angerdd am deithio.Fel plentyn ifanc roedd wedi darllen llyfrau teithio gan y fforwyr cynnar ac roedd ei dychymyg a'i ddarfelydd wedi eu cyffro gan wyliau'r teulu i ranbarthau mynyddig Cymru a'r Alban. 'Pa fath o wlad sy'n cyffro'r ysbryd gyda golygfeydd a lleoedd cyfoethog', roedd wedi ysgrifennu. Roedd i ddychwel i'r golygfeydd mawreddog ym mlynyddoedd diweddar i 'ail-ddal y miloedd o atgofion disglair a thyner' ond nawr gyda phwrpas gwahanol. Nawr yn ei dridegau, ac wedi ei gaethiwo gan yr wyddor newydd o ffotograffiaeth , dechreuodd Frith ar gyfres o deithiau arloesol lan Y Nil ac i'r Dwyrain Agos a oedd wedi ei feddiannu rhwng 1856 a 1860.

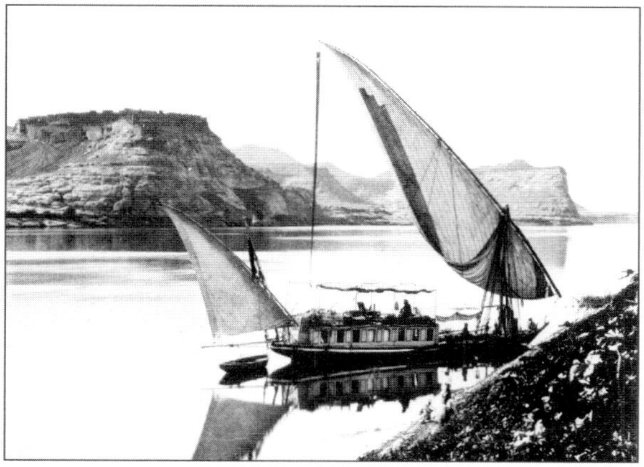

CHWILFRYDEDD A FFORIO

Roedd y teithiau pell yma yn llawn o chwilfrydedd ac anturiaeth. Yn hanes ei fywyd, a ysgrifennwyd pan oedd yn 63 oed, mae Frith yn sôn am gael ei gipio gan ysbeilwyr ac am 'ymladd brwydr ofnadwy, bron i'r pwynt o ildio, canol nos gyda chnud o gŵn gwyllt newynog.

Gan wisgo gwisg llifeiriol Arabaidd, cyrhaeddodd Frith Akaba ar gefn camel 70 mlynedd cyn Lawrence o Arabia, lle daeth ar draws 'tywysogion yr anialwch a shîcs gwrthwynebus, yn ffaglu o glefydau â charnau yn llawn gemau'.

Ef oedd y ffotograffydd cyntaf i anturio y tu hwnt i chweched rhaeadr Y Nil. Roedd Affrica yn dal i fod yn ddirgel fel y 'Cyfandir Tywyll' ac roedd y cyfarfod rhwng Stanley a Livingstone yn ddegawd yn y dyfodol. Roedd amodau i gymryd lluniau y tu hwnt i gred. Bu'n llafurio am oriau yn ei ystafell dywyll wiail yng ngwres llethol yr anialwch, tra roedd y cemegolion anweddol yn sïo'n beryglus yn eu costrelau.Nôl yn Llundain arddangosodd ei luniau a chafodd 'ganmoliaeth afieithus' gan aelodau'r gymdeithas Frenhinol. Cafodd enw da dros nos.

MENTER AM OES

Yn nodweddiadol, gwelodd Frith gyfle i greu busnes newydd fel arbenigwr cyhoeddi ffotograffau. Roedd yn byw mewn cyfnod o newid anferth ac ar brydiau, cyfnod treisgar. Roedd gwaith y tlodion, yng nghyfnod cynnar teyrnasiad Fictoria, yn llafurus a'r oriau yn hir a bach iawn o amser drudfawr aedd bobe i fwynhau eu hunain.
Roedd gan y rhan fwyaf ddim modd o drafnidiaeth heblaw am gart neu gig at eu defnydd, ac yn anaml

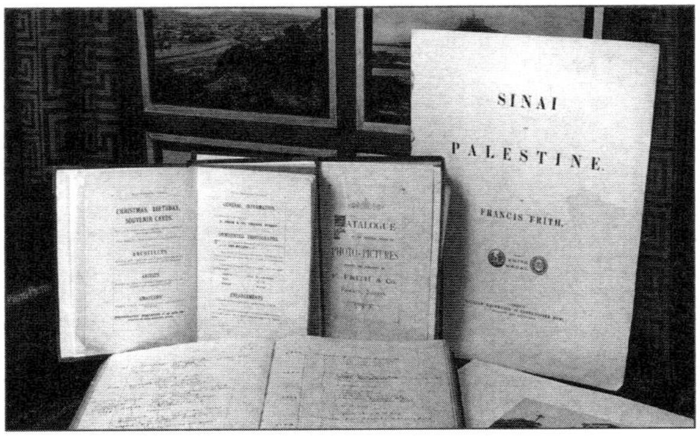

y byddent yn teithio y tu allan i ffiniau eu tref neu eu pentref. Serch hynny erbyn yr 1870au roedd y rheilffyrdd wedi edafu eu ffyrdd ar draws y wlad, ac roedd Gwyliau Banc a hanner diwrnod ar ddydd Sadwrn wedi eu gorfodi gan Ddeddf Seneddol. Yn sydyn roedd gweithwyr cyffredin a'u teuluoedd yn gallu mwynhau diwrnodau bant a gweld tipyn bach mwy o'r byd.

Gyda'i graffter busnes nodweddiadol, rhagwelodd Francis Frith y byddai angen ar y twristiaid newydd yma i fwynhau cofroddion i gofio am eu diwrnodau bant. Ym 1860, priododd â Mary Ann Rosling a chychwyn ar yrfa newydd: ei amcan oedd gwneud ffotograffau o bob dinas, tref a phentref ym Mhrydain. Dros y 30 mlynedd nesaf teithiodd ar draws y wlad ar drenau , ac ar ferlen a thrap, yn cynhyrchu ffotograffau gwych o gyrchfannau glan y môr a llecynnau prydferth a brynwyd yn frwd gan filiynau o Fictoriaid. Gludwyd y lluniau yn ofalus y tu fewn i albymau'r teulu a phorwyd trwyddynt yn ystod nosweithiau tywyll y gaeaf, gan ailgynnau atgofion gwerthfawr am wibdeithiau'r haf.

CODIAD FRITH A'I GWMNI

Roedd stiwdio Frith yn cyflenwi siopau adwerthol ar draws y wlad. Er mwyn diwallu'r galw, casglodd dîm bach o ffotograffwyr o'i amgylch a chyhoeddodd gwaith arlunwyr-ffotographwyr safonol fel Roger Fenton a Francis Bedford. Er mwyn ennill dealltwriaeth o raddfa'r fusnes does dim ond eisiau edrych ar gatalog a gyhoeddwyd gan Frith a'i Gwmni ym 1886; mae'n rhedeg i 670 o dudalennau gan restru nid yn unig miloedd o olygfeydd o Ynysoedd Prydain ond nifer o ffotograffau o'r rhan fwyaf o wledydd Ewrop, Tsieina, Japan, Unol Daleithiau Yr Amerig a Chanada – sylwch ar y ddalen siampl a ddangosir yma, o lyfr cyfrifon Frith a'i Gwmni, mewn llaw ysgrifen, yn cofnodi'r darluniau. Erbyn 1890 roedd Frith wedi creu y cwmni cyhoeddi ffotograffiaeth arbenigol mwyaf yn y byd, gyda mwy na 2000 allfeydd gwerthu – mwy na'r rhif cyfunol allfeydd sydd gan Boots a W H Smith heddiw! Mae'r darlun uchod yn dangos bwrdd arddangos Frith a'i Gwmni yn Ingleton, yn Nyffrynnoedd Swydd Efrog. Adeiladwyd y bwrdd yn brydferth gyda ffrâm mahogani a mewnosodiadau goreurog, roedd yn gallu arddangos hyd at ddwsin o olygfeydd lleol.

FFYNIANT CARDIAU POST

Cymerodd y Cardiau Post bythol boblogaidd yr ydym ni'n gwybod amdanynt heddiw nifer o flynyddoedd i'w datblygu. Yn 1870 cyhoeddodd y Swyddfa Bost y garden blaen gyntaf, gyda stamp wedi ei argraffu ar un ochr. Ym 1894 cafwyd cyhoeddwyr cardiau eraill ganiatâd gan y Swyddfa Bost i ddanfon eu cardiau trwy'r post, gyda stamp dimau wedi gludo arnynt. Tyfodd y galw yn gyflym ac ym 1895 caniatawyd carden bost newydd a alwyd yn garden llys, ond nid oedd lawer o le ar gyfer darluniau. Ym 1899, blwyddyn ar ôl marwolaeth Frith, daeth carden newydd yn mesur 5.5 x 3.5 modfedd yn fformat safonol, ond nid hyd 1902 y daeth carden wedi ei wahanu ar y cefn i fodolaeth , a oedd yn caniatáu cyfeiriad a neges ar yr un ochr a darlun llawn ar yr ochr arall. Frith a'i Gwmni oedd ar flaen y gad ar ddatblygiad cardiau post: roedd meibion Frith, Eustace a Cyril, wedi parhau tasg anferthol eu tad, yn ehangu niferoedd y golygfeydd a gynigwyd i'r cyhoedd ac yn cofnodi mwy a mwy o leoedd ym Mhrydain, wrth i'r arfordiroedd a chefn gwlad gael eu hagor i dyrfaoedd o deithwyr.

Bu farw Francis Frith yn ei fila yn Cannes, a'i brosiect yn parhau i dyfu. Bu i'r archif a greoedd barhau am 70 mlynedd arall. Erbyn 1970, roedd yn cynnwys dros draean o filiwn o ddarluniau yn dangos

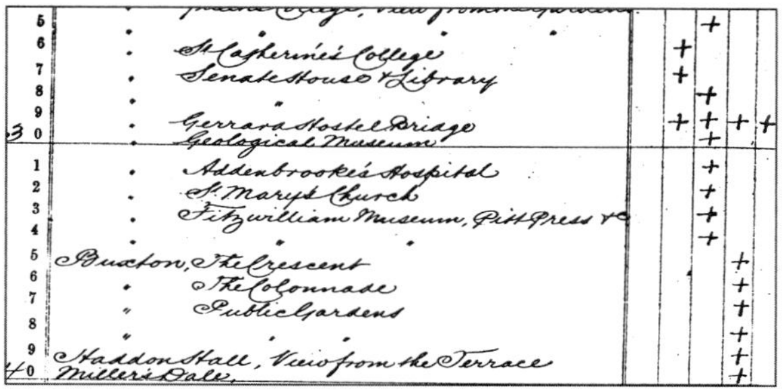

7,000 o drefi a phentrefi Prydeinig.

CYMYN FRITH

Mae Cymyn Frith o arwyddocâd anferth a gwerthfawr, oherwydd fod ei archif gwych o ffotograffau atgofus yn darparu cofnod unigryw i gofnodi'r newid yn ninasoedd, trefi a phentrefi ar draws Prydain am dros ganrif a mwy. Roedd Frith a'i gymrodyr o ffotograffwyr –stiwdio wedi ail ymweld â lleoliadau nifer o weithiau ar hyd y blynyddoedd i ddiweddaru eu golygfeydd, gan grynhoi pasiant swynol a lliwgar o fywyd a chymeriad Prydeinig ar ein cyfer.

Yr ydym yn ffodus fod Frith wedi ymrwymo i gofnodi mân fanylion bywyd pob dydd. Am ei gyfoeth pur o ddata gweladwy, cronicl gofalus o newidiadau yng ngwisgoedd, trafnidiaeth, patrwm strydoedd, adeiladau, cartrefi, peirianneg a thirluniau sy'n denu cymaint arnom heddiw. Mae ei ddelwedd nodedig yn cynnig cyswllt nerthol i ni â'r gorffennol a bywydau'n hynafiaid.

GWERTH YR ARCHIF HEDDIW

Mae cyfrifiaduron wedi ein galluogi ni i gael mynediad at filoedd o delweddau bron ar ebrwydd. Mae delweddau Frith yn cael eu defnyddio fwyfwy fel adnoddau gweledol, gan haneswyr cymdeithasol, ymchwilwyr achau a llinachau, penseiri a chynllunwyr trefi, a chan athrawon a disgyblion sy'n ymglymedig mewn prosiectau hanes lleol.

Yn ychwanegol, mae'r archif yn cynnig cyfle i bob un ohonom i archwilio'r llefydd lle mae ein teuluoedd wedi byw a gweithio ynddynt dros y blynyddoedd. Yn llwyddiant ysgubol yn oes Frith, mae'r archif nawr, ymhen canrif a mwy, yn dechrau cyfnod newydd o boblogrwydd.

Mae haneswyr yn ystyried fod casgliad Francis Frith o brif bwysigrwydd cenedlaethol. Dyma'r unig archif o'i bath sy'n parhau mewn perchnogaeth preifat. Lleolir yr archif mewn ysgubor bren hanesyddol ym mhentref prydferth Teffont, Wiltshire. Ni fyddai'r sylfaenydd yn adnabod swyddfa'r archif fel y mae heddiw. Yn lle o nifer o filoedd o flychau llychlyd yn cynnwys negatifau ar blatiau gwydr ac arogl treiddiol cemegol ffotograffig arnynt; nawr mae rhesi o sgriniau cyfrifiadurol. Byddai'n rhyfeddu i weld ei ddelweddau yn teithio o amgylch y byd ar gyflymdra y tu hwnt i'r dychymyg drwy linellau'r rhyngrwyd.

Mae dyfodol yr archif yn ddisglair ac yn gyffrous.Byddai Francis Frith a'i gred diysgog wrth wneud ffotograffau ar gael i'r nifer mwyaf o'r bobl yn cymeradwyo yn ddiamheuol beth sy'n digwydd heddiw i waith ei fywyd. Mae ei ffotograffau yn dangos ein gorffennol cyfrannol yn dod â phleser a goleuedigaeth i filiynau o amgylch y byd, canrif a mwy ar ôl ei farwolaeth.

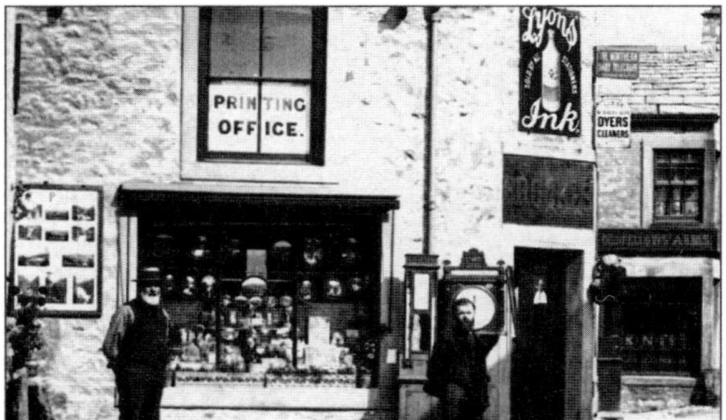

GWYNEDD AND ANGLESEY

AN INTRODUCTION

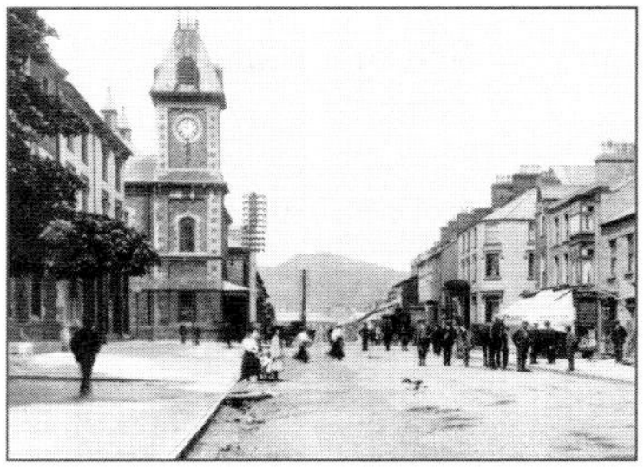

GWYNEDD AC YNYS MÔN:

RHAGARWEINIAD

THE AREA COVERED by this book is a land of contrasts. At its heart is the rugged core of the mountains of Snowdonia, where mountain blocks and uplands are riven by deep, radiating valleys. Glaciation has hollowed out upland corries and gouged broad U-shaped valleys. As the glaciers retreated, they left behind numerous lakes, moraines, and vast quantities of glacial drift and scattered rocks. Around the mountains can be found the lower and more fertile lands of the coastal plain, the Conwy valley, the Creuddyn and Llŷn peninsulas, and the island of Anglesey, each with its own highly distinctive scenery and geology. Large tracts of the mainland became the first National Park in Wales in 1951. The Park's 845 square miles stretch from near Conwy in the north to Aberdyfi in the south, and extend eastwards as far as the Bala area.

MAE'R ARDAL dan sylw yn y llyfr yma yn wlad o wrthgyferbyniad. Yn ei ganol mae craidd geirw mynyddoedd Eryri, lle mae cyffion mynyddoedd ac ucheldiroedd wedi eu hollti gan gymoedd rheiddio a dwfn. Mae rhewlifiant wedi cafnu cymoedd yr ucheldir a chreu dyffryndiroedd llydain mewn siâp pedol. Gydag enciliad y rhewlif, gadawyd llynnoedd niferus, marianau a niferoedd helaeth o ddrifftiau rhewlif a chreigiau gwasgaredigion. O amgylch y mynyddoedd gellir darganfod yr iseldiroedd ffrwythlon y gwastadedd arfordirol, Dyffryn Conwy, penrhynoedd Creuddyn a Llŷn ac Ynys Môn, pob un â'i olygfeydd a'i ddaeareg tra gwahanredol ei hun. Daeth rhandir eang o'r tir mawr yn Barc Cenedlaethol cyntaf yng Nghymru ym 1951. Mae'r 845 milltir sgwâr o'r Parc yn ymestyn yn agos o Gonwy yn y gogledd i Aberdyfi yn y de ac yn ymestyn tua'r dwyrain mor belled ag ardal Y Bala.

Mountains and Coast through Time

Landscape and geology have had a strong influence on the history of the area. Natural geography gave this mountainous part of Wales a degree of isolation from outside influences. From the landward side, it has always been set apart and difficult of access. With its long seaboard, however, the region was wide open to influences from the sea. These two opposing factors have interplayed throughout history.

In prehistoric times, Atlantic cultural influences penetrated via the western seaways. The mountains proved a serious problem for the invading Romans when the area's mineral wealth of gold, lead and copper attracted the attention of the Roman Empire. Only a network of Roman forts and Roman roads was able to control the area. The legacy of Rome may not be immediately visible today, but some of the oldest settlements lie on the line of strategic Roman roads, and place names with the prefix 'Caer' (meaning 'fort'), like Caernarfon or Caerhun, have Roman origins. When the Romans retreated from Britain, geography ensured that for centuries this area resisted the continental invasions that overwhelmed most of England.

The extensive western seaboard, however, left the area wide open on other fronts. When Cunedda, the British prince from the north, and his nine sons drove out invading Irishmen in c450, the area acquired some of its seminal place names; for instance, Merionydd and

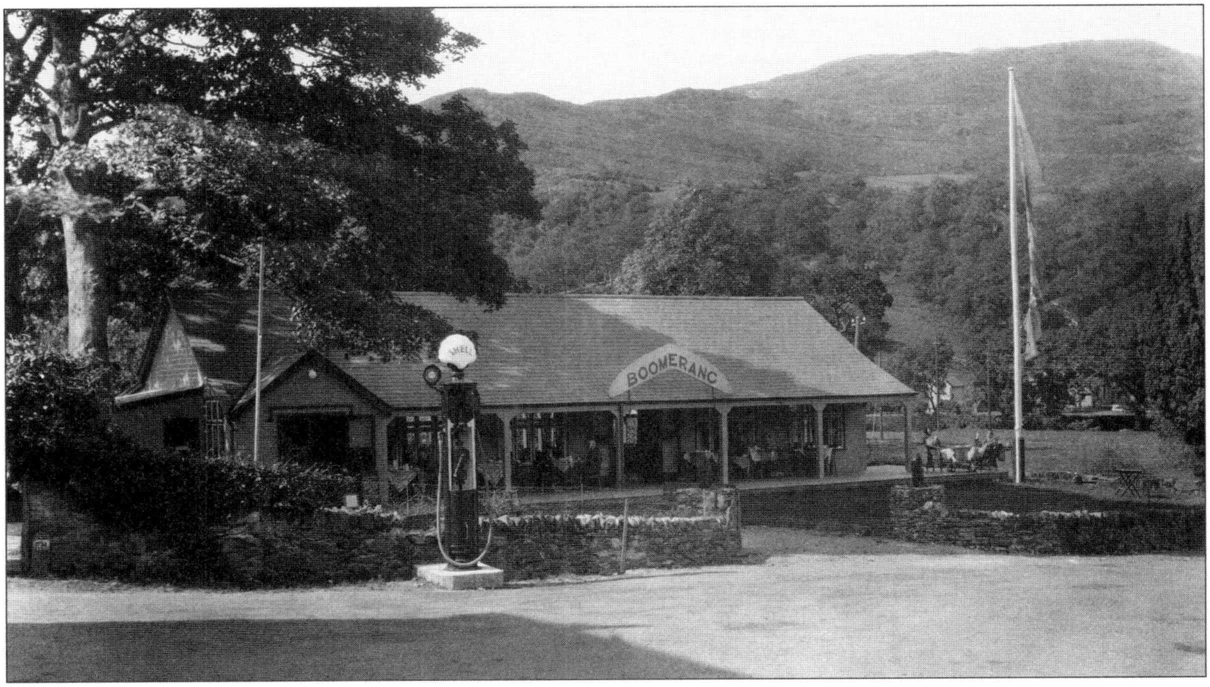

Eifionydd are called after two of Cunedda's sons, Meirion and Eifion. Early Welsh saints (missionary-priests) arrived in small coracle boats from Ireland, Cornwall and Brittany, reviving Christianity here. Today's villages and parishes often derive their names from them. (The prefix 'Llan' means 'church of ...'). Small churches in remote locations or on islands are highly characteristic of the architecture of this area. Viking invaders also struck from the sea. For a time, the island of Anglesey even seems to have fallen under Viking control, for the very name Anglesey ('Öngul's island') is a Viking name.

By the 11th century, Norman invaders made inroads from the east, but natural geography allowed the Welsh to develop a highly effective form of guerilla warfare. It took over 200 years for the Normans to conquer this stubborn corner of northwest Wales. Like the Romans with their forts centuries before, the new conquerors only held it with a chain of massive castles.

Mynyddoedd a'r Arfordir trwy'r Oesoedd

Mae tirwedd a daeareg wedi cael dylanwad mawr ar hanes yr ardal. Mae daearyddiaeth naturiol wedi rhoi graddfa o unigedd rhag dylanwadau allanol i'r rhan mynyddog yma o Gymru. Tua ochr y tir mae wedi ei osod ar wahân yn wastadol ac yn anodd i gael mynediad iddo. Er hynny, gyda'i arfordir hir mae'r rhanbarth wedi bod yn agored i ddylanwadau'r môr. Mae'r ffactorau gwrthwynebol yma wedi cydadweithio trwy gydol hanes.

Mewn cyfnod cynhanesiol mae dylanwadau diwylliannol yr Iwerydd wedi treiddio trwy'r morffyrdd gorllewinol. Profodd y mynyddoedd broblemau difrifol i'r goresgynwyr Rhufeinig, pan ddaeth cyfoeth mwynol aur, plwm a chopr yr ardal at sylw yr Ymerodraeth Rufeinig. Dim ond rhwydwaith o gaerau Rhufeinig a ffyrdd Rhufeinig oedd yn gallu rheoli'r ardal. Nid yw cymyn Rhufain mor amlwg heddiw, ond mae rhai o'r aneddiadau henaf yn gorwedd

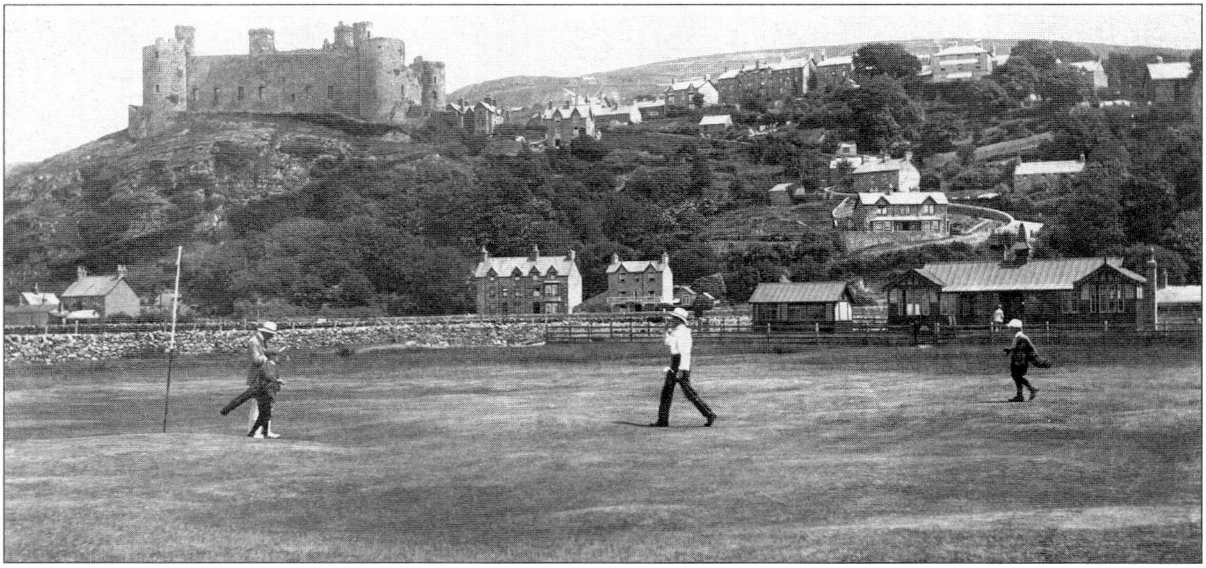

ar linellau ffyrdd Rhufeinig ac mae gan enwau lleoedd gyda'r rhagddodiad 'Caer', megis Caernarfon neu Caerhun darddiad Rhufeinig. Pan enciliodd y Rhufeinwyr o Brydain, am ganrifoedd, gofalodd daearyddiaeth fod yr ardal yma wedi gwrthsefyll goresgyniadau cyfandirol a oedd wedi gorlethu y rhan fwyaf o Loegr.

Er hynny gadawyd arfordir helaeth y gorllewin yn agored lled y pen ar dalcennau eraill. Pan fu i Cunedda, Y Tywysog Prydeinig o'r gogledd a'i naw o feibion yrru allan goresgynwyr Gwyddelig, tua 450, cafodd yr ardal rhai o'i henwau lleoedd semenaidd, er enghraifft, mae Meirionydd ac Eifionydd wedi eu henwi ar ôl dau o feibion Cunedda, Meirion ac Eifion. Cyrhaeddodd seintiau Cymreig cynnar (cenhadon–offeiriaid) mewn cwryglau bychain o Iwerddon, Cernyw a Llydaw, gan adfer Cristnogaeth yma. Mae pentrefi a phlwyfi yn aml yn derbyn eu henwau ar eu hôl (Mae'r rhagddodiad 'Llan' yn golygu Eglwys ...). Mae eglwysi bychain mewn safleoedd anghysbell neu ar ynysoedd yn nodweddiadol iawn o saernïaethaeth yr ardal yma. Roedd goresgynwyr Llychlynnaidd yn taro o'r môr. Am gyfnod, bu Ynys Môn dan reolaeth y Llychlyniaid, oherwydd mae'r enw Ynys Môn (Ynys 'Öngul') yn enw Llychlynnaidd.

Erbyn yr 11ed ganrif, roedd goresgynwyr Normanaidd wedi ymosod o'r Dwyrain ond roedd y ddaearyddiaeth wedi galluogi'r Cymry i ddatblygu ffurf effeithiol iawn o ryfela herw milwrol. Cymerodd hi 200 o flynyddoedd i drechu'r cornel ystyfnig o Ogledd-Orllewin Cymru. Yn debyg i'r Rhufeinwyr gyda'u caerau, ganrifoedd cyn hynny, dim ond gyda chadwyn o gestyll enfawr roedd y concwerwyr newydd yn gallu dal yr ardal.

Settlement and Economy

Many of the traditional market towns have origins going far back, to at least the time of the Welsh princes. The cathedral city of Bangor, the most important in the region,

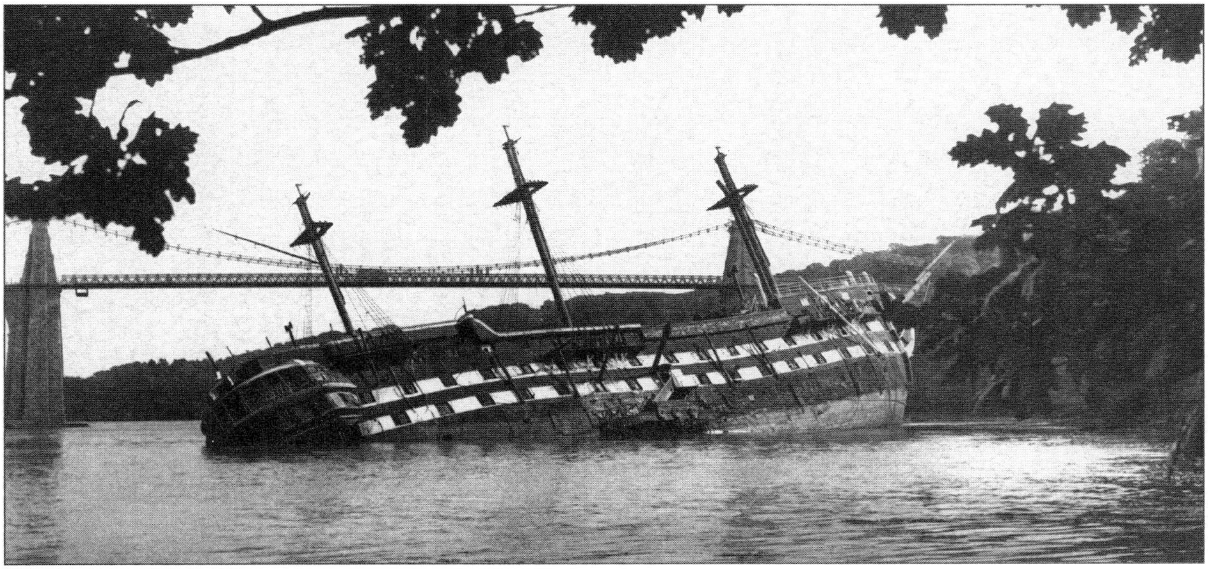

developed around an ecclesiastical centre. Edward I planted new towns full of loyal settlers from England beside his castles. Some, like Caernarfon, Conwy, Beaumaris and the Welsh borough of Newborough, prospered. Many villages too had ancient roots: focused on an early church or at a nodal communications point, they reflect earlier settlement and communications patterns. The traditional economy of northwest Wales was strongly agricultural in character. Wool and cattle were important exports. From Tudor times on, cattle from north Wales were sold in the market towns, then driven hundreds of miles to feed the growing population of London.

From the later part of the 18th century, the region was transformed by industrialization. Settlement patterns altered radically as new villages and small towns – Welsh-speaking, nonconformist and fiercely independent in outlook – developed to house a growing industrial workforce. Often these new settlements began as encroachments on common land, or were focused on a nonconformist chapel. Slate was by far the most important industry. The landscape in many of the deep valleys was altered by towering heaps of slate waste, and elsewhere by mining and stone quarrying. A network of improved roads, narrow-gauge tramways and seaports developed. An offshore shipping industry flourished, and locally built vessels from Gwynedd and Anglesey traded all over the globe.

The 80 years covered by the photographs in this book saw the economy slide from prosperity to depression and decline. The 20th century saw the relentless decay of heavy industries, affecting the economy of the whole area. Foreign competition from 1878 onwards meant that agriculture too suffered a long decline. Local people had to turn to new sources of income, including tourism. Today, some of the region's mines and slate museums are tourist attractions.

At the time the photographs in this volume were taken, northwest Wales was divided into three counties – Merionethshire, Anglesey, and Caernarvonshire (which stretched from the Creuddyn peninsula and River Conwy to the Lleyn peninsula and Eifionydd). In 1974 all three counties were amalgamated into a larger county named Gwynedd. In 1996 yet another reorganization of local government restored Anglesey as a separate county, hived off the northern parts into a new county borough of Conwy, and left the remainder as a smaller Gwynedd.

Anheddiad a'r Economi

Mae nifer o drefi marchnadol yn tarddu mor bell nôl ag o leiaf cyfnod y Tywysogion Cymreig. Mae dinas gadeiriol Bangor, y mwyaf pwysig yn y rhanbarth, wedi datblygu o amgylch canolfan eglwysig. Sefydlodd Edward y cyntaf drefi newydd yn llawn o anheddwyr ffyddlon o Loegr o amgylch ei gestyll. Bu i rhai ffynnu, megis Caernarfon, Conwy, Biwmares a'r bwrdeistref Cymreig, Niwbwrch. Roedd gan nifer o'r pentrefi wreiddiau hynafol wedi ei canolbwyntio ar eglwys gynnar neu ar safle cysylltiadol nodal, maent yn adlewyrchu anheddiad cynharaf a phatrymau cysylltiadol. Roedd economi traddodiadol Gogledd-Orllewinol Cymru, mewn cymeriad, yn gryf mewn amaethyddiaeth. Roedd gwlân a gwartheg yn allforion pwysig. Oddi ar gyfnod y Tuduriaid, gwerthid gwartheg o Ogledd Cymru yn y trefi marchnadol a'u gyrru cannoedd o filltiroedd i fwydo poblogaeth gynyddol Llundain.

Oddi ar y rhan olaf o'r 18 ganrif, trawsnewidiwyd y rhanbarth gan ddiwydiant. Newidiwyd patrymau anheddiad yn radicalaidd wrth i bentrefi newydd a threfi bychain - ardaloedd lle siaredid Cymraeg, a oedd yn Anghydffurfiol ac yn danbaid o annibynnol mewn rhagolwg- ddatblygu er mwyn anheddu'r gweithlu diwydiannol a oedd yn tyfu. Yn aml byddai'r aneddiadau newydd yn dechrau fel llechfeddiant ar dir comin neu wedi eu canolbwyntio ar gapel Anghydffurfiol. Llechfaen oedd y diwydiant mwyaf pwysig o bell ffordd. Newidiwyd y dirwedd yn nifer o ddyffrynnoedd dyfnion gan bentyrrau uchel iawn o wastraff llechfaen ac mewn mannau eraill gan fwyngloddiaeth a chwarelyddiaeth cerrig. Datblygwyd rhwydwaith o welliannau ffyrdd, rheilffyrdd culion a phorthladdoedd. Ffynnodd diwydiant alltraeth llongau ac roedd llongau wedi eu hadeiladu yng Ngwynedd ac ar Ynys Môn yn masnachu ar draws y glôb.

Gwelwyd economi yr 80 mlynedd sydd yn cael sylw ar luniau yn y llyfr yma yn llithro o lwyddiant i ddirwasgiad a dirywiad. Yn yr 20fed ganrif gwelwyd dadfeiliad didostur o ddiwydiannau trymion, yn effeithio ar yr holl ardal. Oddi ar 1878 ymlaen dioddefodd amaethyddiaeth ddirywiad hir yn sgil cystadleuaeth dramor. Bu rhaid i'r bobl leol droi at ffynonellau newydd o incwm yn cynnwys twristiaeth.

Yng nghyfnod y cymerwyd y lluniau yn y gyfrol yma, roedd Gogledd Orllewin Cymru wedi ei rhannu i dair sir – Meirionydd, Ynys Môn a Chaernarfon (a oedd yn ymestyn o benrhyn Creuddyn a'r Afon Conwy i benrhyn Llŷn ac Eifionydd) Ym 1974 unwyd y tair sir i fod yn sir ehangach dan yr enw Gwynedd. Ym 1996 mewn ad-drefniad arall o lywodraeth leol, adferwyd Ynys Môn fel sir ar wahân, cyrchwyd y rhannau gogleddol fel bwrdeistref newydd Conwy a gadael y gweddill fel Gwynedd ond yn llai o faint.

Visitors

For most outsiders, this mountainous area seemed far from inviting. Reports of the area scarcely encouraged visitors. In 1188, Gerald of Wales called it 'the roughest and rudest district in all Wales'. To John Leyland in 1536 the mountains were 'horrible with the sight of bare stones'. Travellers from the Elizabethan age onwards wanting to cross to Ireland via Holyhead found the ways barred by high mountains, and they had to negotiate appalling roads and dangerous river crossings. Daniel Defoe in the early 18th century spoke of 'impassible mountains', and for Thomas Pennant in 1777 the Ogwen valley was 'the worst horse path in Wales'. By the mid-l8th century, however, a new breed of tourist began to penetrate into the remoter parts of Wales to explore the mountain areas. When the continent was closed by wars, the British gentry began to venture into the further parts of their own kingdom. A fashion for the Gothic, and later the Romantic movement, made mountains and nature suddenly interesting. Wordsworth visited north Wales in 1791 and Coleridge in 1794.

Improvements in communications were a key to the development of tourism, and swelled the numbers of visitors from a trickle to a flood. Significant road improvements took place in the later 18th and early 19th century. Thomas Telford upgraded the London to Holyhead road, and in 1826 he bridged the river Conwy and the Menai Strait. The arrival of the railways from the late 1840s onwards allowed middle-class visitors to swell the ranks of the tourists. Many came from England's industrial areas to the seaside to enjoy healthy sea air. By the 1880s, even the working classes were coming on day trips, although the area had fewer day trippers from the great English conurbations than resorts like Rhyl and Prestatyn further east. The arrival of motor transport brought tourists in even greater numbers, and boosted the development of smaller seaside villages that had been ignored by the railways. Eventually even remoter villages began to feel the influence of tourism, thanks to mass car ownership from the 1960s onwards.

Ymwelwyr

I'r rhan fwyaf o ddieithriaid, roedd yr ardaloedd mynyddig yma ymhell o fod yn groesawgar. Roedd adroddiadau o'r ardal braidd yn annog ymwelwyr. Ym 1188 cyfeiriodd Gerallt Gymro at yr ardal fel 'y rhanbarth mwyaf garw ac anfoesgar yng Nghymru gyfan'. I John Leyland ym 1536 roedd y mynyddoedd 'yn ofnadwy gyda cherrig moelion yn y golwg' Roedd teithwyr o oes Elisabeth ymlaen a oedd am groesi i Iwerddon o Gaergybi yn cael eu ffordd yn farrog gan fynyddoedd uchel a bu gofyn iddynt dramwyo ffyrdd arswydus a chroesfannau afonydd peryglus. Roedd Daniel Defoe, yn gynnar yn y 18^{fed} ganrif, yn siarad am 'fynyddoedd anhramwyadwy' ac i Thomas Pennant ym 1777, Dyffryn Ogwen oedd y 'llwybr ceffyl gwaethaf yng Nghymru' Serch hynny, erbyn canol y 18^{fed} ganrif roedd bridiau newydd o dwristiad yn dechrau mentro i rannau mwyaf anghysbell i fforio ardaloedd y mynyddoedd. Pan gaewyd y cyfandir gan ryfeloedd dechreuodd y bonedd Prydeinig fentro ifannou pellaf eu teyrnasoedd eu hunain. Roedd ffasiynau Gothig, ac yn ddiweddarach, y symudiad Rhamantaidd, yn gwneud y mynyddoedd a natur yn ddiddorol yn ddisymwyth. Ymwelodd Wordsworth â Gogledd Cymru ym 1791 a Coleridge ym 1794.

Roedd gwelliannau yng nghysylltiadau yn allweddol i ddatblygiad twristiaeth, a chwyddodd nifer yr ymwelwyr o fod yn ddiferyn i lifeiriant. Digwyddodd gwelliannau arwyddocaol yn hwyrach yn y 18ed ganrif ac yn gynnar yn y 19eg ganrif. Uwchraddiwyd y ffordd o Lundain i Gaergybi gan Thomas Telford ac yn 1826 pontiwyd yr Afon Conwy ac Afon Menai. Gyda datblygiad y rheilffyrdd yn hwyr o'r 1840au ymlaen, caniatawyd i ymwelwyr dosbarth canol chwyddo rhestrau'r twristiaid. Daeth nifer fawr o ardaloedd diwydiannol Lloegr i fwynhau awyr iach glan y môr. Erbyn 1880, roedd hyd yn oed y dosbarth gweithiol yn dod ar dripiau am y diwrnod, er i'r ardal dderbyn llai o ymwelwyr o gytrefiadau mawrion Lloegr na chyrchfannau megis y Rhyl a Phrestatyn, ymhellach i'r dwyrain. Gyda chyrhaeddiad cludiant moduron daeth niferoedd ymwelwyr mewn rhifau llawer mwy o faint, gan hybu datblygiad pentrefi llai ar lan y môr, a gafwyd eu diystyru gan y rheilffyrdd. Ymhen amser gwelwyd dylanwad twristiaeth gan y pentrefi anghysbell, diolch i ddatblygiad perchnogaeth ceir modur gan y tyrfaoedd oddi ar y 1960au ymlaen.

The Dragon's Tongue

Because of their isolation, the inhabitants of this area retained their original Celtic language. (Welsh is a Brythonic language, once spoken in prehistoric times over most of what we now call England and southern Scotland.) Miraculously, Welsh survived, even after the conquest of Wales in 1282. By the 19th century the influence of education, the effects of tourism and contacts with the outside world meant that many people became bilingual, but for most people, Welsh remained their first language. Industrialisation did not result in Anglicisation, as happened in south Wales. The slate quarrying areas of north Wales were staunchly Welsh in character.

Tafod y Ddraig

Oherwydd eu hunigedd, cadwodd trigolion yr ardal yma eu hiaith Geltaidd wreiddiol (mae Cymraeg yn iaith Frythoneg, a siaredid yng nghyfnod cynhanesiol ar draws y rhan fwyaf o beth a elwir yn awr yn Lloegr a De'r Alban) Yn wyrthiol goroesodd y Gymraeg, hyd yn oed ar ôl goruchafiaeth ar Gymru ym 1282. Erbyn y 19ed ganrif dan ddylanwad addysg, effeithiau twristiaeth a chysylltiadau â'r byd allanol, daeth nifer o'r boblogaeth yn ddwyieithog, ond i'r rhan fwyaf, arhosodd y Gymraeg fel eu hiaith gyntaf. Ni fu Seisnigiad yn sgil diwydiannu, fel y digwyddodd yn Ne Cymru. Roedd ardaloedd mwyngloddiaeth llechfaen yng Ngogledd Cymru yn bybyr eu cymeriad Cymraeg

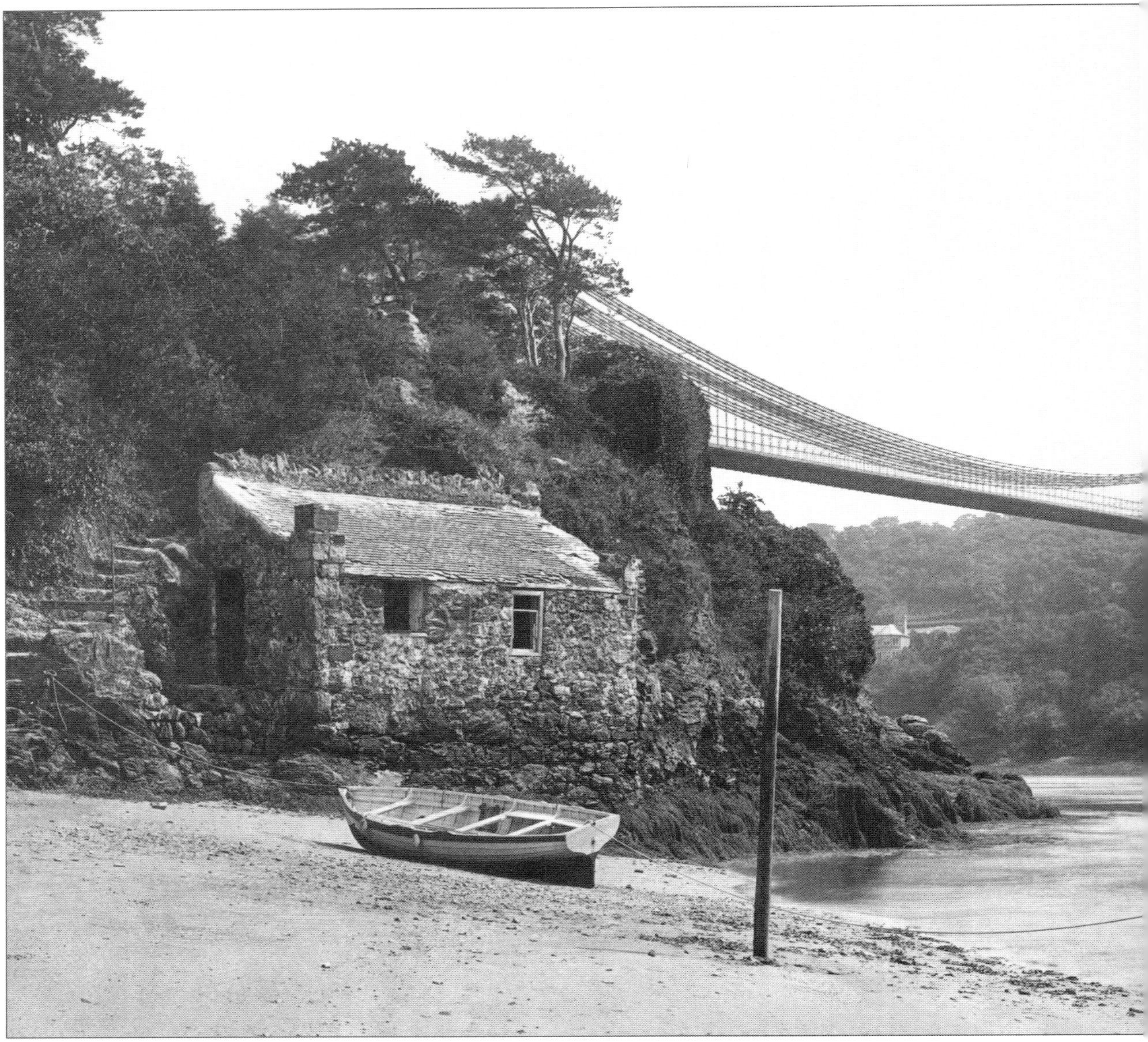

THE MENAI SUSPENSION BRIDGE *1890* 23183a **PONT GROG MENAI** *1890* 23183a

Thomas Telford's Menai Suspension Bridge was opened in 1826 as part of an important scheme to improve communications between London and Holyhead. It was not only a pioneering engineering achievement, but a beautiful and elegant structure, the gateway into Anglesey, which soon became a tourist attraction in its own right. The strait was bridged at the highest point because of the Admiralty's requirement that a fully rigged sailing vessel should be able to pass underneath.

Agorwyd Pont Grog Menai gan Thomas Telford ym 1826 fel rhan o gynllun pwysig i wella cysylltiadau rhwng Llundain a Chaergybi. Yr oedd, nid yn unig yn gyflawniad peirianneg arloesol, ond yn adeiladwaith prydferth a choeth, ac yn fynedfa i Ynys Môn, ac yn fuan y daeth yn atyniad dwristiaeth, yn ei hawl ei hun. Pontiwyd yr Afon Menai yn y man uchaf, oherwydd gofynion y Morlys bod rhaid i longau hwylio yn eu llawn rig hwylio oddi tanodd.

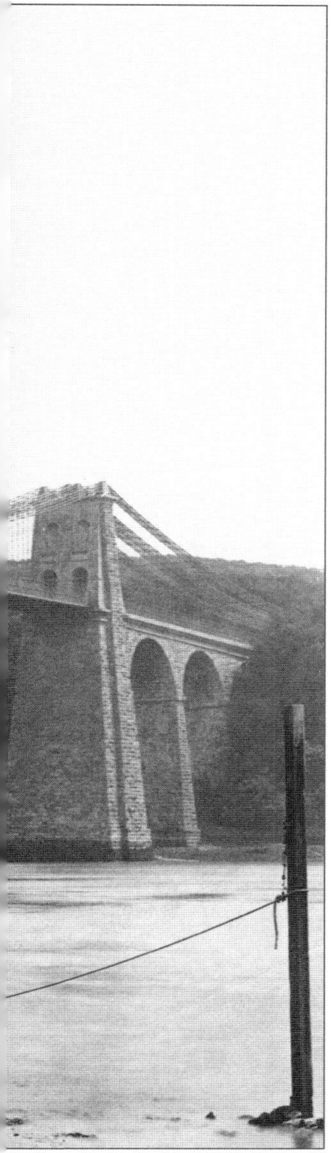

ANGLESEY YNYS MÔN

THE GENTLE, low-lying, undulating landscape of the island of Anglesey offers a complete contrast to the rugged, mountainous area to the east. A series of ridges and valley runs from northeast to southwest.

The island is formed from some of the oldest rocks in Britain, the Pre Cambrian series. The north of the island has a limestone geology. Massive ice sheets once covered the island, and the glacial till left after their retreat has led to an unusual fertility. In earlier centuries Anglesey (nicknamed Mam Cymru - the Mother of Wales) was renowned as the most important corn growing area in Wales, which could feed all other areas in times of famine. Agriculture was traditionally the most important industry, and it gave the island its distinct character. In the industrial age, copper mining, stone quarrying and even mining of poor-quality coal measures formed its chief industries. The sea has always been important. The island has a varied, broken coastline, with rocky coasts and headlands giving way to sandy beaches. There are a number of smaller islands, just off the coast.

MAE TIRWEDD Ynys Môn sydd yn ymdonni ac yn dyner, yn cynnig gwrthgyferbyniad hollol i'r ardal fynyddog garw i'r dwyrain. Mae cyfres o esgeiriau a chymoedd yn rhedeg o'r Gogledd-ddwyrain i'r De-orllewin. Ffurfiwyd yr ynys o rai o'r creigiau hynaf ym Mhrydain, y cyfresi Cyn Gambriaidd. Mae gan y Gogledd o'r ynys ddaeareg cerrig calch. Ar un adeg cuddiwyd yr ynys gan lenni anferth o iâ ac ar ôl iddynt encilio arweiniodd hynny at dir o ffrwythlondeb anarferol. Yng nghanrifoedd cynharach, roedd Ynys Môn (ffug enw- Môn – Mam Cymru) yn ardal fwyaf pwysig i dyfu ŷd yng Nghymru, a fyddai yn bwydo mannu eraill mewn cyfnod o newyn. Yn draddodiadol, amaethyddiaeth oedd y diwydiant mwyaf pwysig a rhoddodd hynny y cymeriad gwahanredol i'r ynys. Yn y cyfnod diwydiannol, mwyngloddio copr, chwarelyddiaeth cerrig a hyd yn oed mwyngloddio glô o ansawdd isel oedd y prif ddiwydiannau. Mae'r môr gwastad wedi bod yn bwysig. Mae gan yr ynys amrywiaeth o arfordiroedd toredig gydag arfordiroedd creigiog a phentiroedd yn rhoi lle i draethau tywodlyd. Mae nifer o ynysoedd bychain yn union oddi ar yr ynys.

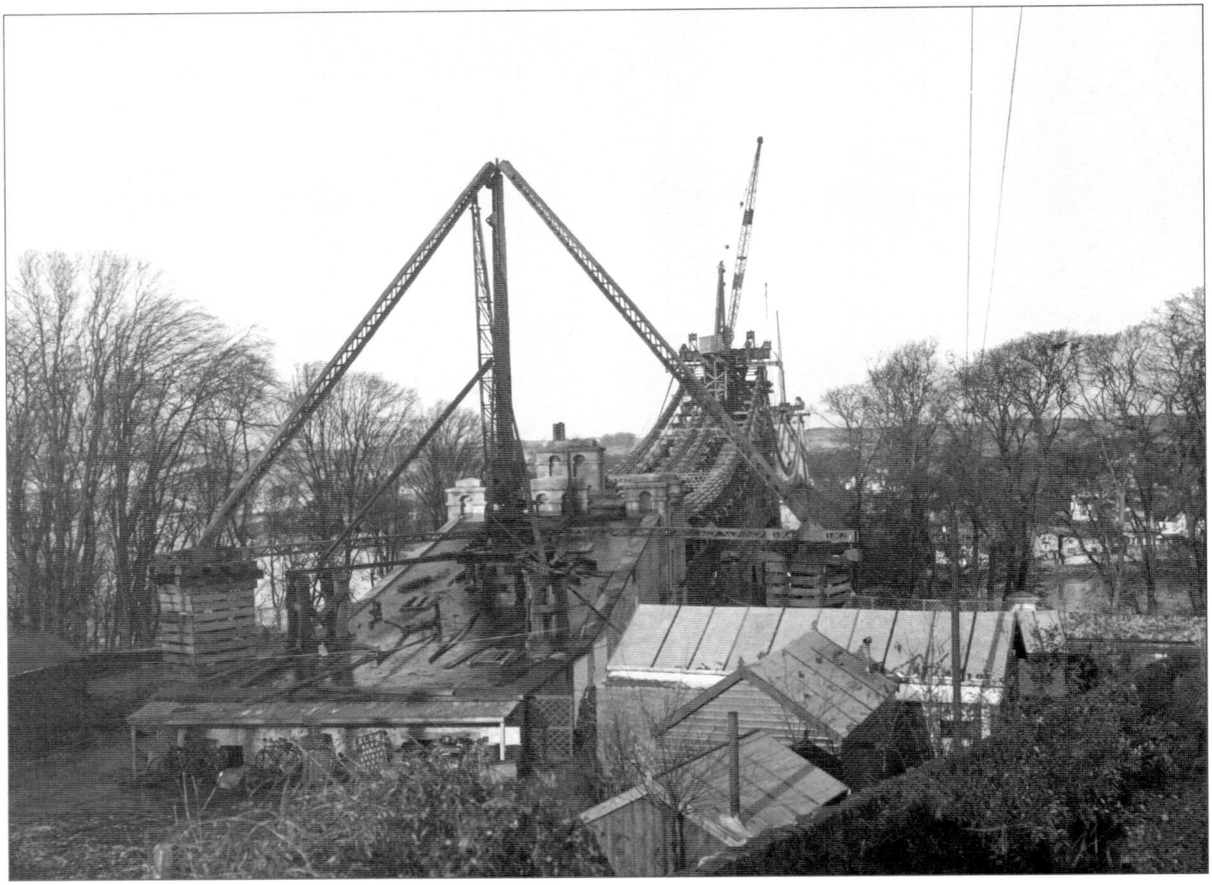

THE MENAI SUSPENSION BRIDGE DURING RECONSTRUCTION *1938* M62304
PONT GROG MENAI YN YSTOD AIL-ADEILADU *1938* M62304

The road deck was damaged by gales and replaced several times during the bridge's lifespan. The bridge was designed for horse-drawn transport, and as motor traffic increased, a weight limit had to be introduced. After the bridge was damaged by a hurricane in 1936, the firm of Dorman Long modernised and strengthened it in 1938.

Difrodwyd dec yr heol gan dymhestloedd a'i ail osod nifer o weithiau yn ystod oes y bont. Dyluniwyd y bont ar gyfer trafnidiaeth ceffylau, ac wrth i drafnidiaeth moduron gynyddu, bu rhaid gosod terfyn pwysau arni. Wedi i'r bont gael ei difrodi gan gorwynt ym 1936 bu i gwmni Dorman Long ei moderneiddio a'i chryfhau ym 1938.

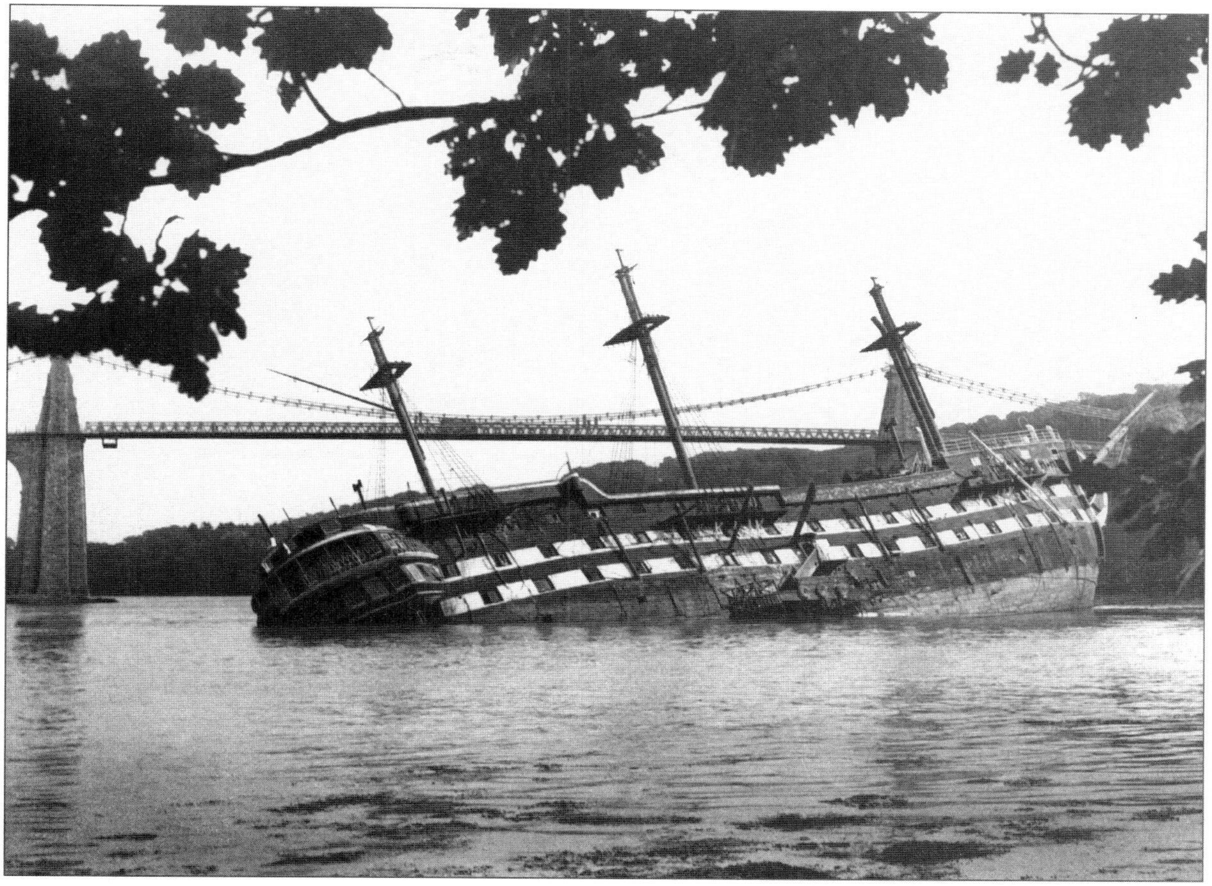

THE WRECK OF HMS *CONWAY* AND THE MENAI BRIDGE *1955* M62118 **LLONGDDRYLLIAD HMS *CONWAY* A PHONT GROG MENAI *1955*** M62118

The currents and eddies in this part of the Menai Strait can be treacherous. HMS *Conway* was a training ship run by the Mercantile Marine Services to train officer cadets. She was moved to the shelter of the Menai Strait in 1941 to avoid air raids. As she was being returned to Birkenhead towed by two tugs, she ran aground near Menai Bridge on 14 April 1955.

Mae cerrynt a throlifau yn y rhan yma o'r Fenai yn gallu bod yn fradwrus. Roedd HMS Conway yn llong hyfforddiant a ddefnyddiwyd gan Wasanaethau Masnachol Morol i hyfforddi swyddogion cadlanciau. Symudwyd hi i gysgod Afon Menai er mwyn osgoi ymosodiadau o'r awyr. Wrth iddi ddychwel i Benbedw wedi ei thynnu gan ddau fad tynnu, aeth ar lawr yn agos i Bont Menai ar 14 Ebrill 1955.

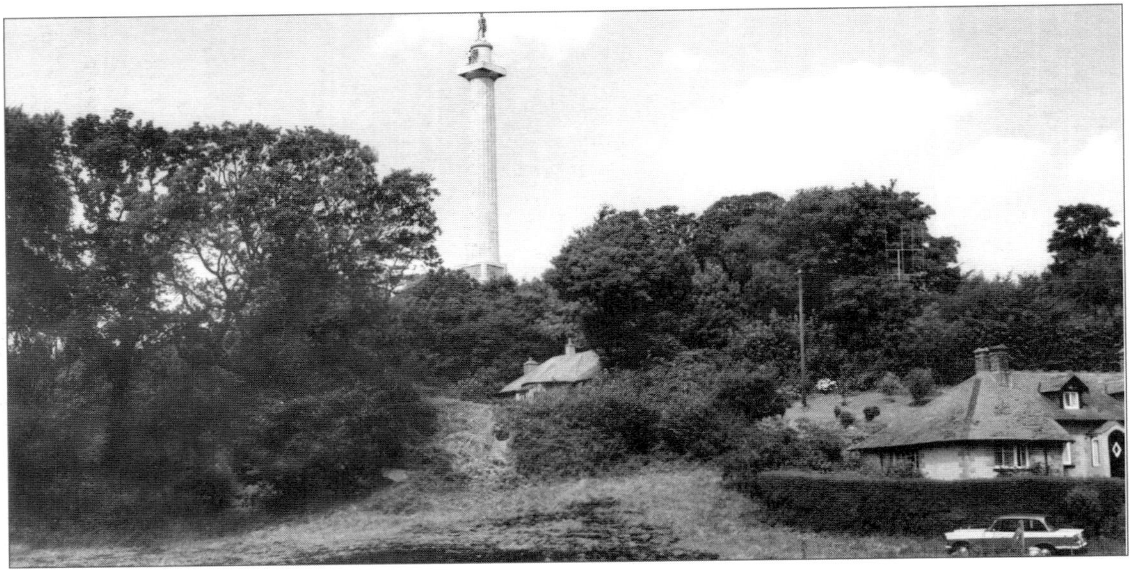

LLANFAIRPWLL, *The Marquis of Anglesey's Column c1965* L311045
LLANFAIRPWLL, *Colofn Ardalydd Ynys Môn tua 1965* L311045

This column was built by public subscription in 1817 to honour a local landowner, Henry William Paget of Plas Newydd. He was Wellington's second-in-command at the battle of Waterloo in 1815, and lost his leg during the battle. The bronze statue was added in 1860, and a spiral staircase inside the column gives access to a viewing platform. The column became a local landmark.

Adeiladwyd y golofn gan danysgrifiad cyhoeddus ym 1817 i anrhydeddu tir feddiannwr lleol, Henry William Paget o Blas Newydd. Roedd yn ddirprwy mewn awdurdod i Wellington ym mrwydr Waterloo ym 1815 a chollodd ei goes yn ystod yn frwydr. Ychwanegwyd y cerflun efydd ym 1860 ac mae grisiau sbiral y tu fewn i'r golofn yn cynnig mynediad i'r llwyfan golygfa. Daeth y golofn yn dirnod lleol.

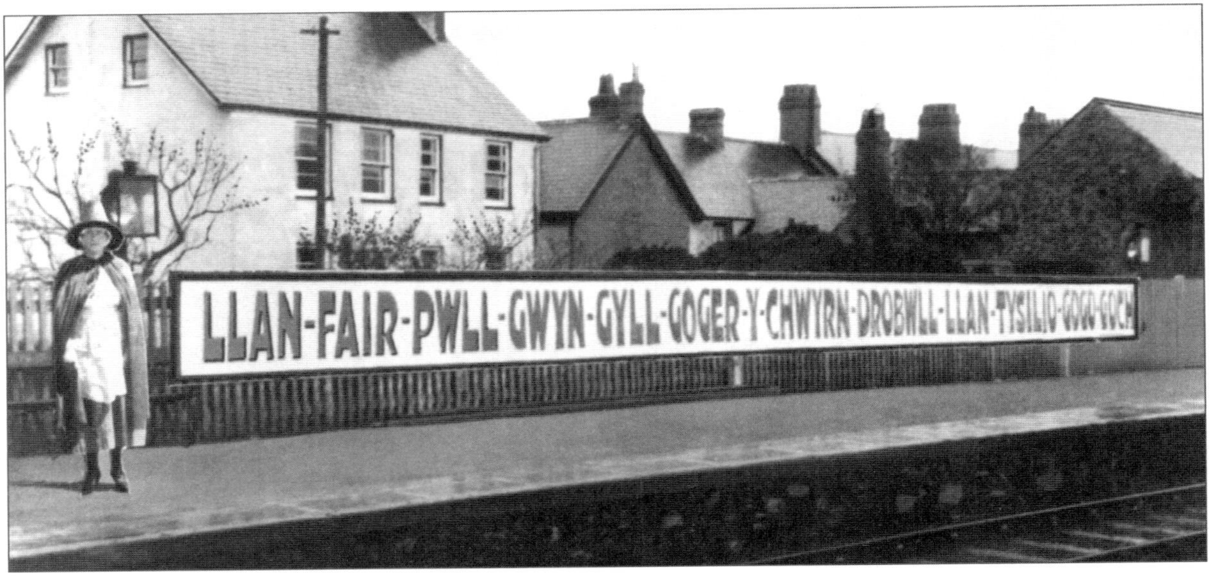

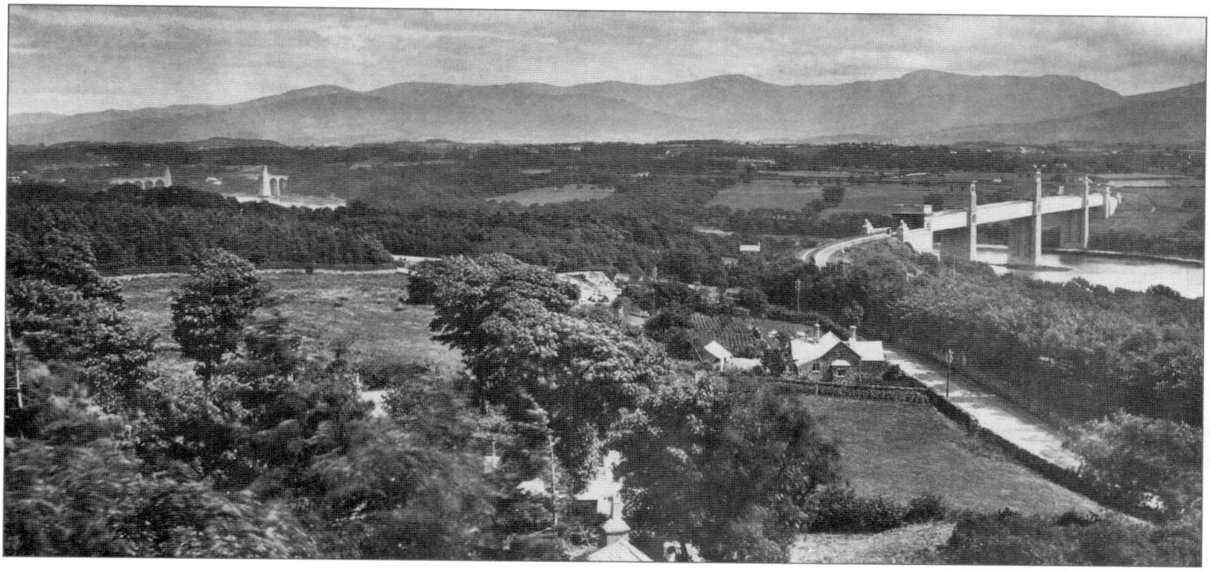

THE MENAI BRIDGES FROM THE MOUNT *1890* 23193
PONTYDD MENAI O'R BRYN *1890* 23193

The Anglesey Column provided the photographer with a superb vantage point for this view of the Britannia tubular railway bridge, with the impressive Carneddau range of mountains rising beyond. To the left the outline of the Menai Suspension Bridge is also visible. Today the Britannia Bridge looks very different. Following a disastrous fire in 1970, supporting arches and an upper road deck were added.

Mae Colofn Ynys Môn yn darparu pwynt mantais ragorol i'r ffotograffydd ar gyfer yr olygfa hon o bont diwbaidd rheilffordd Britannia, gyda chadwyni trawiadol mynyddoedd Carneddau yn codi yn y cefndir. I'r chwith mae amlinelliad o Bont Grog Menai yn weladwy hefyd. Heddiw mae Pont Britannia yn wahanol iawn. Yn dilyn tân trychinebus ym 1970, ychwanegwyd bwâu ategol a dec ffordd uwch hefyd.

◄ **LLANFAIRPWLL,** *The Railway Station c1940* L311031
LLANFAIRPWLL, *Yr Orsaf Rheilffordd tua 1940* L311031

This station opened in 1848. It was closed as part of the Beeching cuts in 1965, but it re-opened in 1973. Although a medieval hamlet of Pwllgwyngyll (meaning 'the white hazel pool') is recorded in the 13th century, the lengthy version of the village's name only appeared circa 1870 in some doggerel verse written by a Menai Bridge tailor. Welsh costume and unusual place names were eagerly exploited by the tourist industry in Wales.

Agorwyd yr orsaf ym 1848. Fe'i caewyd fel rhan o doriadau Beeching ym 1965, ond fe'i ail agorwyd ym 1973 Er bod pentrefan Pwllgwyngyll wedi ei gofnodi ym 13edd ganrif, mae'r ffurf hir o enw'r pentref ddim ond yn ymddangos tua 1870 mewn rhyw rigwm gan deiliwr o Bont Menai. Bu ymelwa awchus ar y ffurfwisg Gymreig ac enwau lleoedd anarferol gan y diwydiant twristiaeth yng Nghymru.

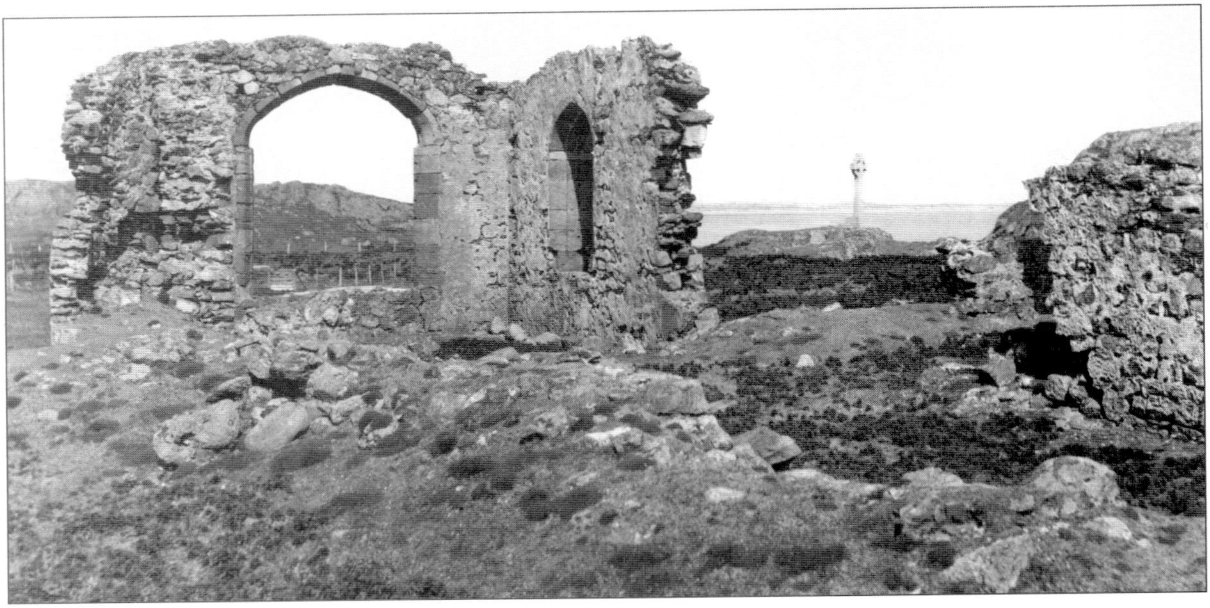

▲ **NEWBOROUGH,** *Llanddwyn Abbey and the Memorial c1960* N174009
NIWBWRCH, *Abaty Llanddwyn a'r Gofadail tua 1960* N174009

The ruins of St Dwynwen's Abbey stand on Llanddwyn island about two miles from the village of Newborough. Thwarted in her own love life, Dwynwen became a nun. Medieval pilgrimages were made to her abbey on this isolated island, which is cut off by the sea at high tide. Dwynwen later became the patron saint of lovers in Wales, who flocked to her well to discover whom they would marry.

Saif adfeilion Abaty'r Santes Ddwynwen ar Ynys Llanddwyn tua dwy filltir o bentref Niwbwrch. Wedi gwrthwynebu ei bywyd cariadus ei hun, daeth Dwynwen yn lleian. Yn y canol oesoedd, gwnaed pererindodau i'w Abaty ar yr ynys unig yma, sydd yn cael ei dorri bant gan y môr ar adeg y pen llanw. Daeth Dwynwen yn nawddsant y cariadon yng Nghymru, a buont yn heidio i'w ffynnon i ddarganfod pwy fyddent yn priodi.

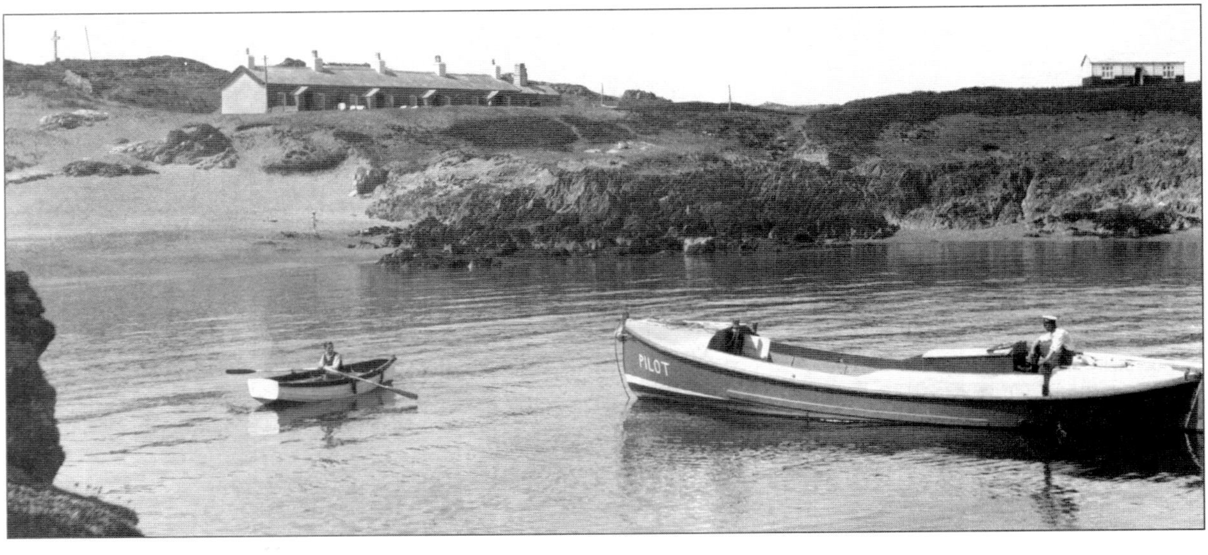

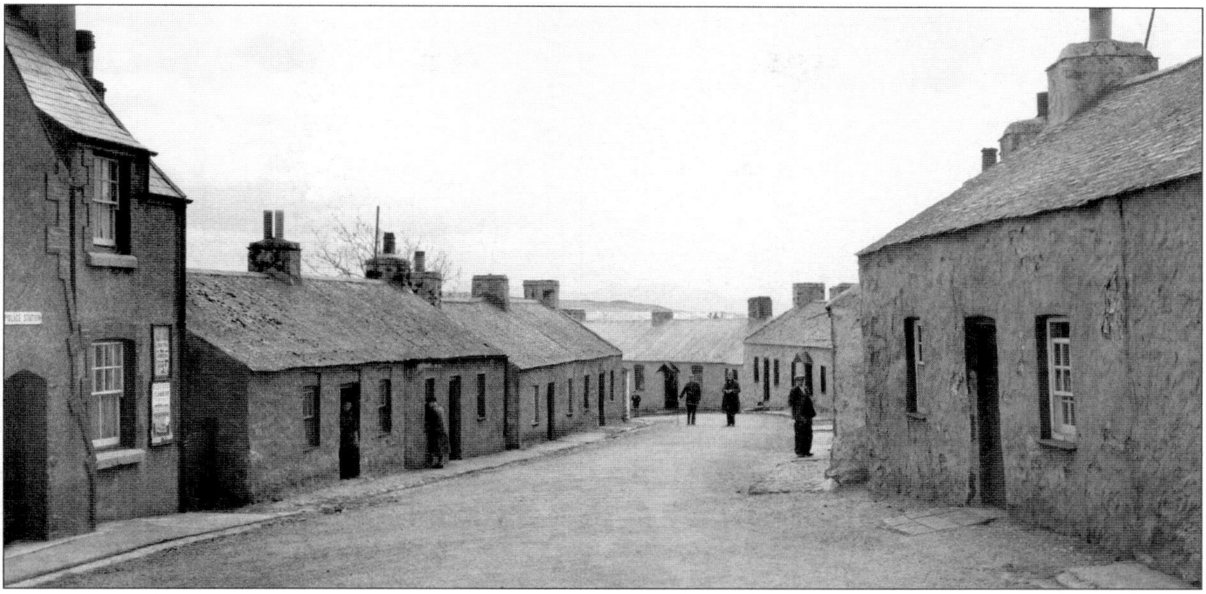

ABERFFRAW, *Bangor Street c1950* A272032 **ABERFFRAW,** *Stryd Bangor tua 1950* A272032

Most of the houses in this neat village street are low, single-storey cottages. Behind the picturesque façade, however, the sharp detail captured by the photographer's lens hints at underlying hardship and depression: note the crumbling rendering and cement-patched roofs. In the extreme left beside the police station, an army recruiting poster urges the village's young men to leave and join the modern army.

Mae'r rhan fwyaf o'r tai yn y pentref taclus yma yn isel ac yn fythynnod un llawr. Y tu ôl i'r ffasadau darluniadwy, mae manylion siarp wedi eu dal gan lens y ffotograffydd yn awgrymu caledi a dirwasgiad: sylwer ar y plaster ar y tai yn chwalu a'r toeon wedi eu trwsio gan ddarnau o sment. I'r eithaf ar y chwith, yn ymyl gorsaf yr heddlu, mae poster recriwtio'r fyddin yn annog dynion ifainc y pentref i adael ac ymuno â'r fyddin fodern.

◄ **NEWBOROUGH**
Pilot's Cove, Llanddwyn c1960 N174004
NIWBWRCH
Cildraeth y Peilot, Llanddwyn tua 1960 N174004

The low, stone-built cottages behind were originally inhabited by the pilots and lighthouse keepers who lived in this isolated spot. This was a highly treacherous stretch of coast, and there were two successive lighthouses built on the island. Pilots (note the pilot boat, right) used to guide vessels needing to navigate the bar and enter the narrow entrance to the Menai Strait to dock at the busy port of Caernarfon.

Yn wreiddiol bu'r bythynnod cerrig isel yn y tu cefn yn breswyl fannau i'r peilotiaid a cheidwaid y goleudai a fu'n byw yn y man unig yma. Roedd yr arfordir yma yn fradwrus iawn ac adeiladwyd dau oleudy un ar ôl y llall ar yr ynys. Roedd peilotiaid yn arfer tywys llongau a oedd arnynt eisiau mordwyo'r draethell er mwyn cael mynediad i'r fynedfa gul Afon Menai i ddocio ym mhorthladd prysur Caernarfon.

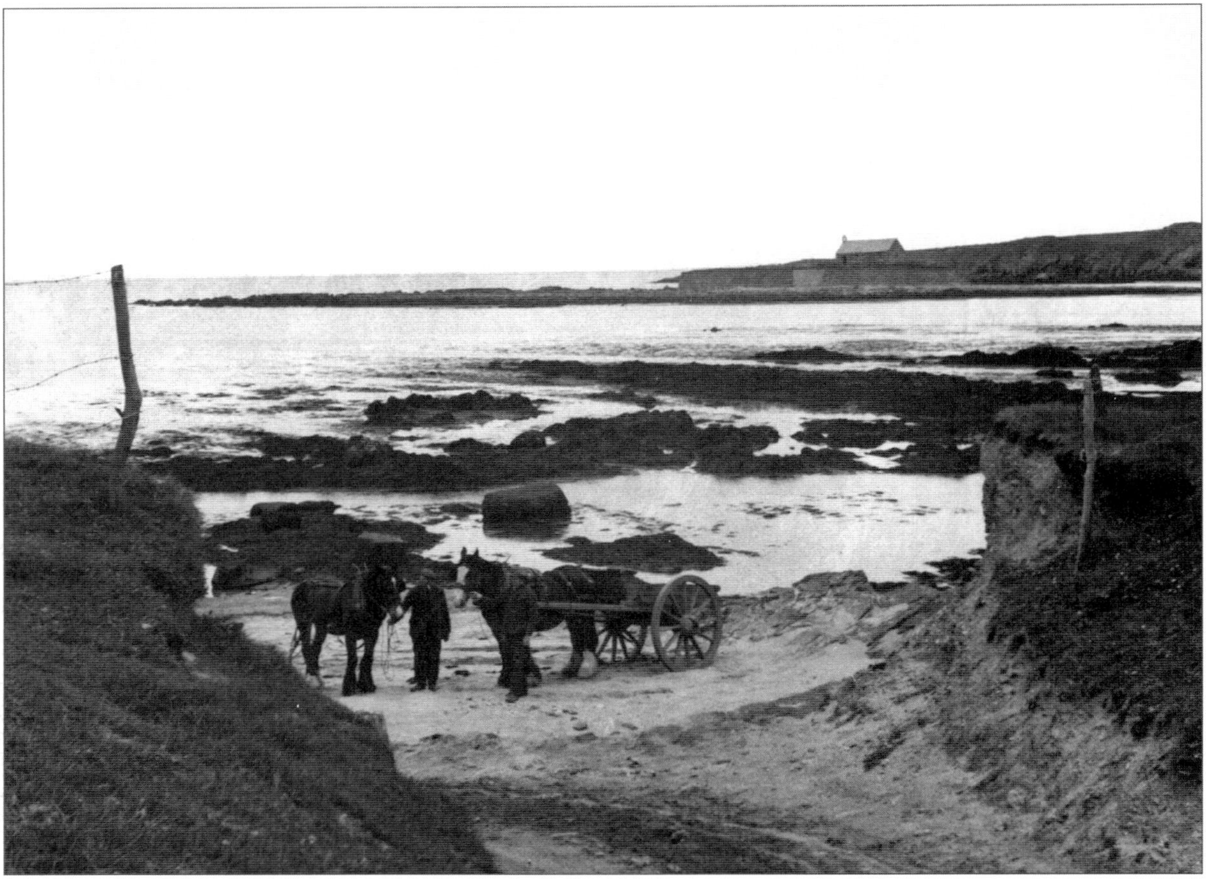

ABERFFRAW, *Llangwyfan Church c1940* A272046
ABERFFRAW, *Yr Eglwys yn y Môr, tua 1940* A272046

On the horizon we can see the outline of the 12th-century church of Llangwyfan and the circular sea-wall of its cemetery. It stands on an islet, surrounded by the sea at high tide, approached by a stone causeway. Dedicated to St Cwyfan, it is a typical example of Anglesey's small, early churches, sited in lonely places. In the foreground, a local farmer has brought his horse and cart down the sandy lane to load a cargo or perhaps to collect seaweed to put on his fields as fertiliser.

Ar y gorwel gellir gweld amlinelliad o Eglwys Llangwyfan o'r 12^{fed} ganrif a mur cylchog ei mynwent. Saif ar ynysig, wedi ei amgylchynu gan y môr ar y pen llanw, gyda sarn gerrig yn arwain iddi. Mae wedi ei chysegru i Sant Cwyfan, mae'n esiampl nodweddiadol o eglwysi cynnar bychain Ynys Môn . wedi eu lleoli ym mannau unig. Yn y blaendir gellir gweld ffarmwr lleol wedi dod â'i geffyl a throl lawr y lôn dywodlyd i lwytho llwyth neu efallai i gasglu gwymon i osod ar ei gaeau fel gwrtaith.

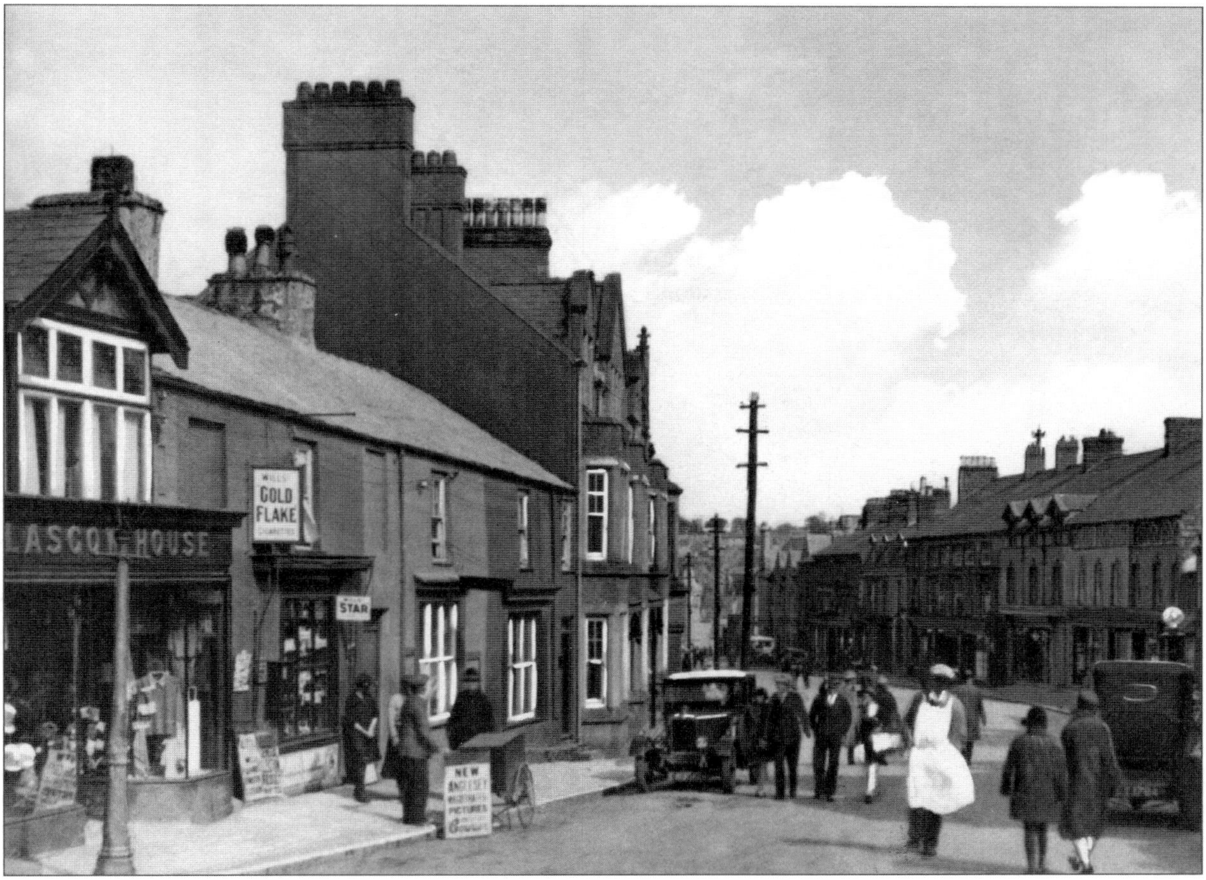

LLANGEFNI, *High Street c1950* L364012
LLANGEFNI, *Y Stryd Fawr tua 1950* L364012

Its location in the very centre of the island made Llangefni Anglesey's most important market town. This bustling scene is taken looking down High Street towards the Bull Hotel. The photograph captures a wealth of social detail. Signboards outside the newsagents, next door to Glascoed House drapery store (left), announce recent election results.

Mae ei leoliad yng nghanol yr ynys wedi gwneud Llangefni yn dref farchnadol fwyaf pwysig Ynys Môn. Mae'r olygfa brysur wedi ei chymryd yn edrych i lawr y Stryd Fawr tuag at Westy'r Tarw. Mae'r llun yn dal cyfoeth o fanylion cymdeithasol. Mae arwydd fyrddau y tu allan i siop gwerthwr papurau, drws nesaf i Dŷ Glascoed, siop dilledydd (ar y chwith) yn cyhoeddi canlyniadau etholiad diweddar.

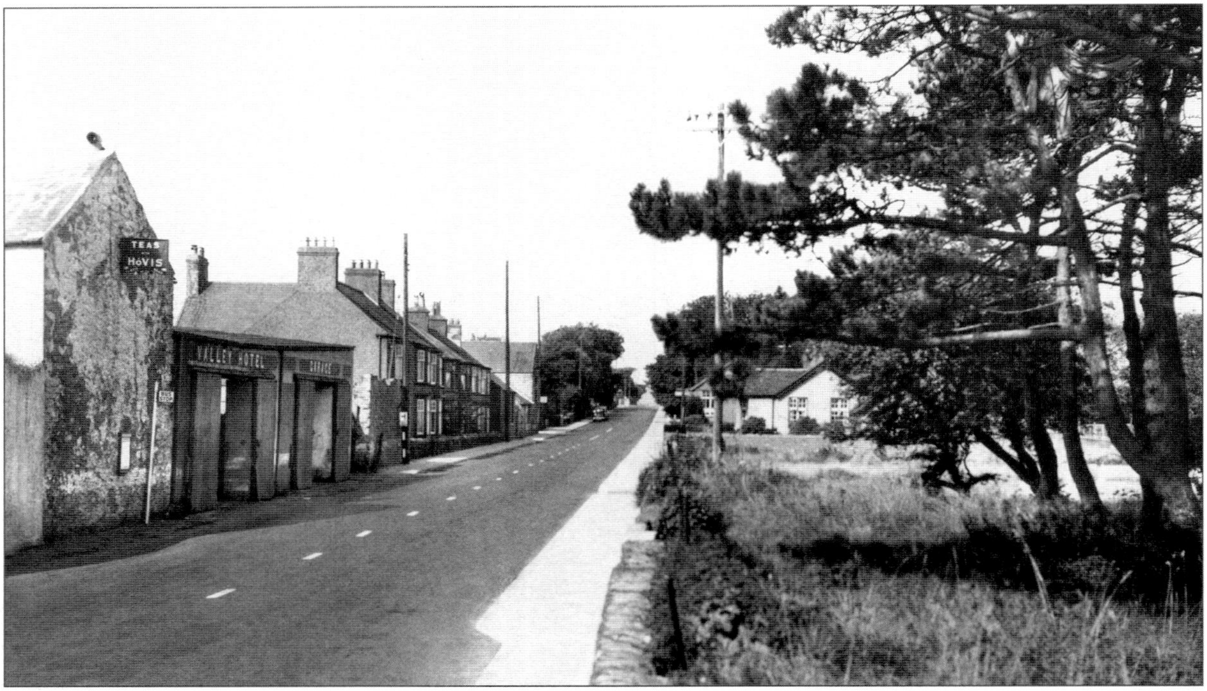

▲ **VALLEY,** *London Road c1955* V7024
Y FALI, *Ffordd Llundain tua 1955* V7024

Valley is one of a number of villages that benefited from its position alongside Thomas Telford's new London to Holyhead road by providing services for travellers. On the left beside the bus stop is a garage for the Valley Hotel, and a sign advertising teas.

Mae'r Fali yn un o niferoedd o bentrefi sydd wedi cael budd o fod ar ymyl Ffordd newydd Thomas Telford, y ffordd o Lundain i Gaergybi, trwy ddarparu gwasanaethau ar gyfer teithwyr. Ar y llaw chwith ar bwys safle'r bysiau, mae modurdy Gwesty'r Fali ac arwydd yn hysbysebu te.

► **FOUR MILE BRIDGE** *c1965* F181003
PONTRHYDYBONT, *Tua 1965* F181003

There has been a bridge here since at least the 17th century, linking Holy Island with the larger island of Anglesey. Before this, an earlier ford existed over the shallow Inland Sea slightly north of the bridge.

Mae pont wedi bod yma er o leiaf y 17eg ganrif yn cysylltu Ynys Gybi gydag Ynys Môn sydd yn fwy o faint.Cyn hynny, roedd rhyd gynharach yn bodoli dros Fôr y Mewndir bas, ychydig i'r gogledd o'r bont.

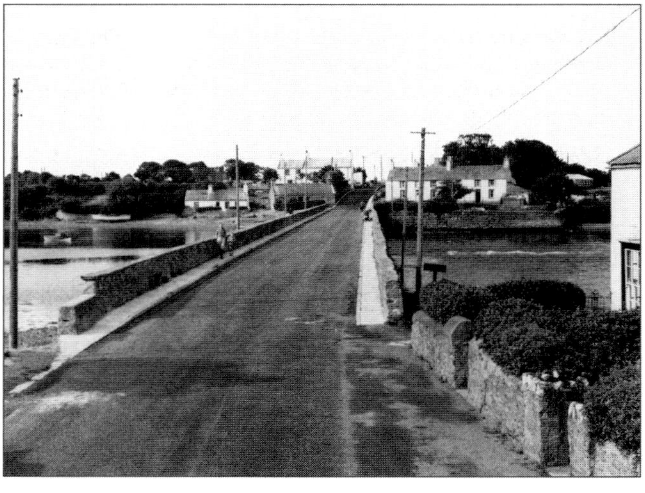

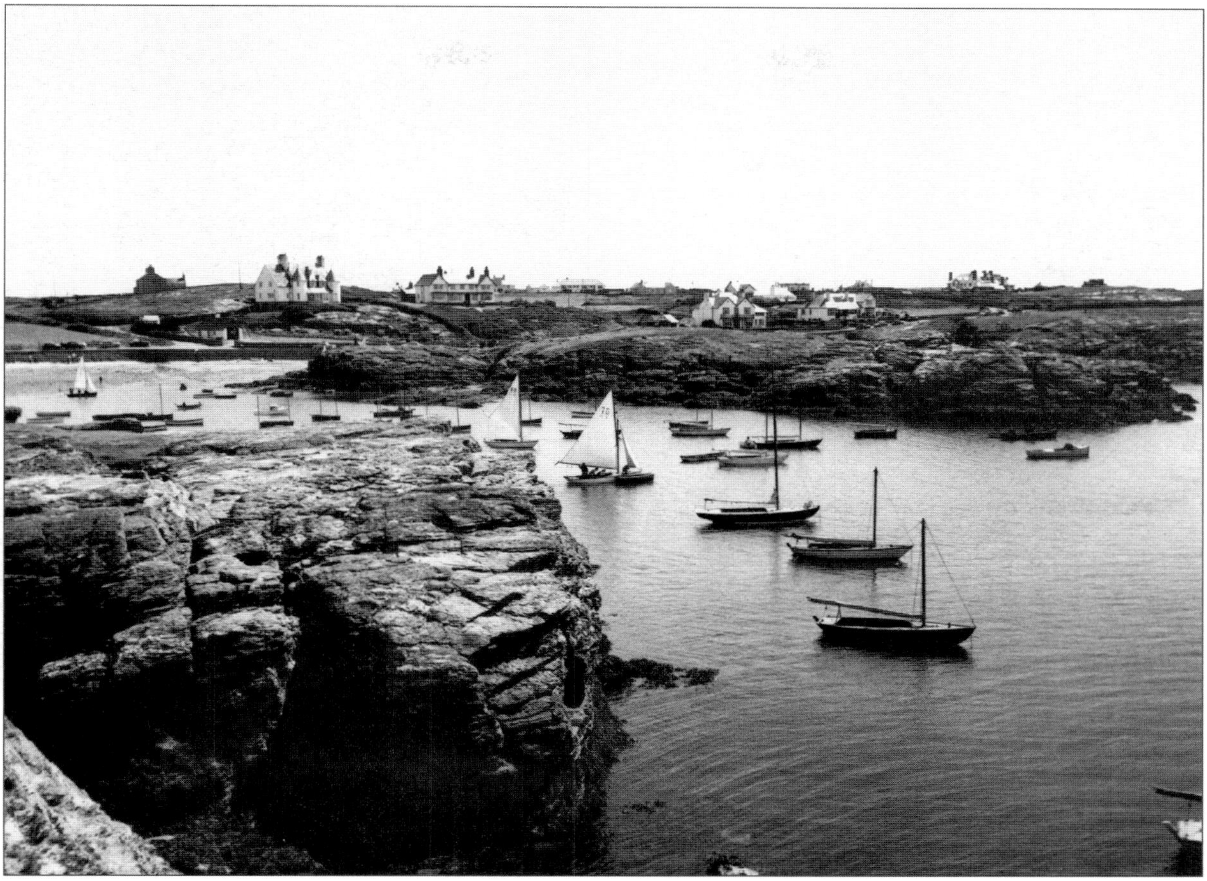

TREARDDUR BAY, *Porth Diana c1955* T273080
BAE TREARDDUR, *Porth Diana c1955* T273080

Pre-Cambrian rocks, some of the oldest rocks in Britain, form the inhospitable southern coast of Holy Island. In the broken coastline there are sheltered mooring places for small boats and a safe, sandy-bottomed landing beach. For centuries small landing places like these were used by local lobster fishermen, and by vessels bringing in heavy cargoes such as coal. Today they are full of yachts and pleasure boats.

Roedd creigiau cyn Gambriaidd, rhai o'r creigiau henaf ym Mhrydain, yn ffurfio arfordir digroeso deheuol Ynys Cybi, Yn yr arfordir toredig mae mannau angori cysgodol ar gyfer cychod bychain a thraeth glanio ac iddo waelod tywodlyd diogel. Am ganrifoedd roedd mannau angori bychain yn debyg i'r rhain wedi cael eu defnyddio gan bysgotwyr cimwch a gan longau yn cludo llwythau trymion megis glo. Heddiw maent yn llawn o gychod hwylio a chychod pleser.

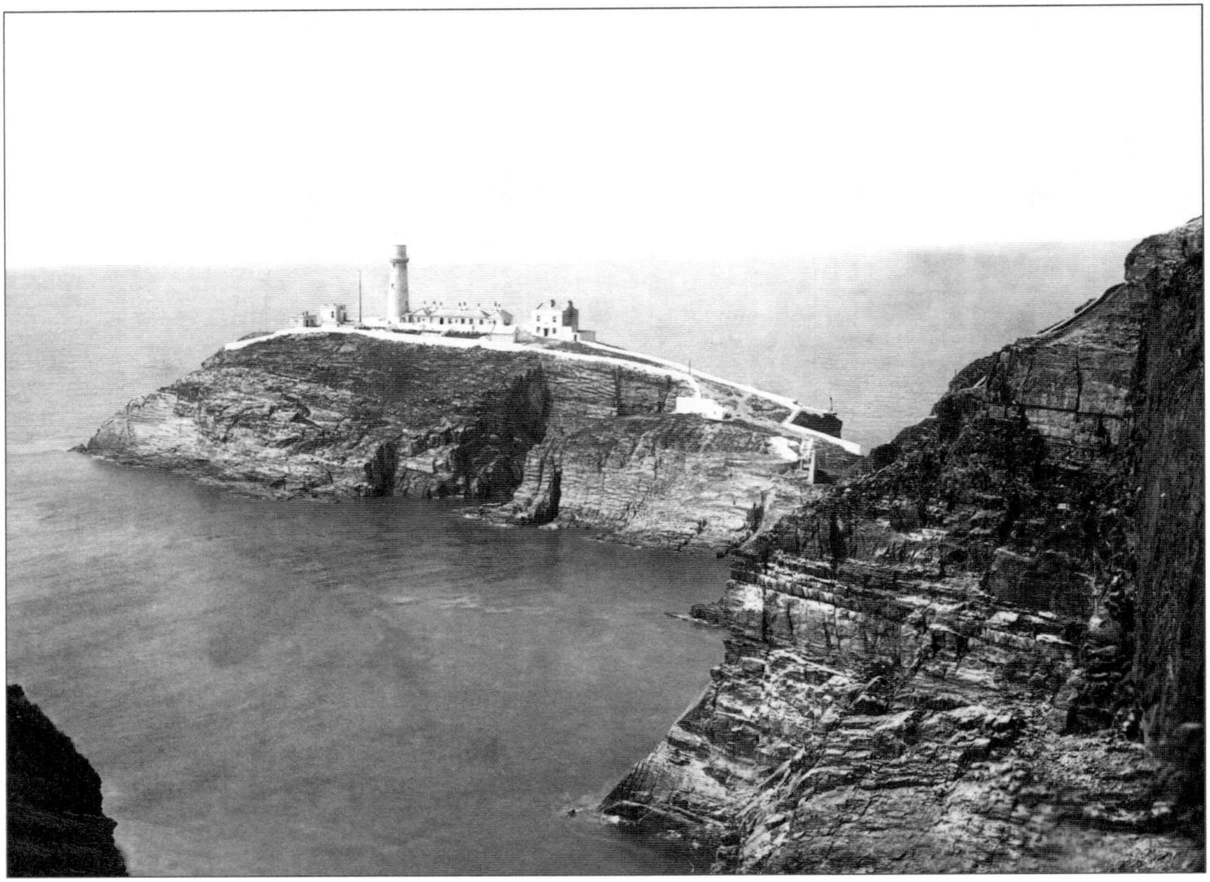

HOLYHEAD, *South Stack Lighthouse 1892* 30300
CAERGYBI, *Goleudy Ynys Lawd 1892* 30300

There were numerous shipwrecks around Holy Island before this lighthouse was built in 1809 on a small islet below the cliffs. A chain suspension bridge gave access onto the islet. Lighthouse keepers used a donkey to transport supplies down the steep cliff path to the cottages, which we can see beside the lighthouse.

Roedd nifer o longdrylliadau o amgylch Ynys Gybi cyn i'r goleudy gael ei adeiladu ar ynysig fechan o dan y clogwyni. Roedd pont grog gadwyn yn cynnig mynediad i'r ynysig. Bu ceidwaid y goleudy yn defnyddio asyn i gludo cyflenwadau i waered y llwybr serth i'r bythynnod y gallwn eu gweld gerllaw y goleudy.

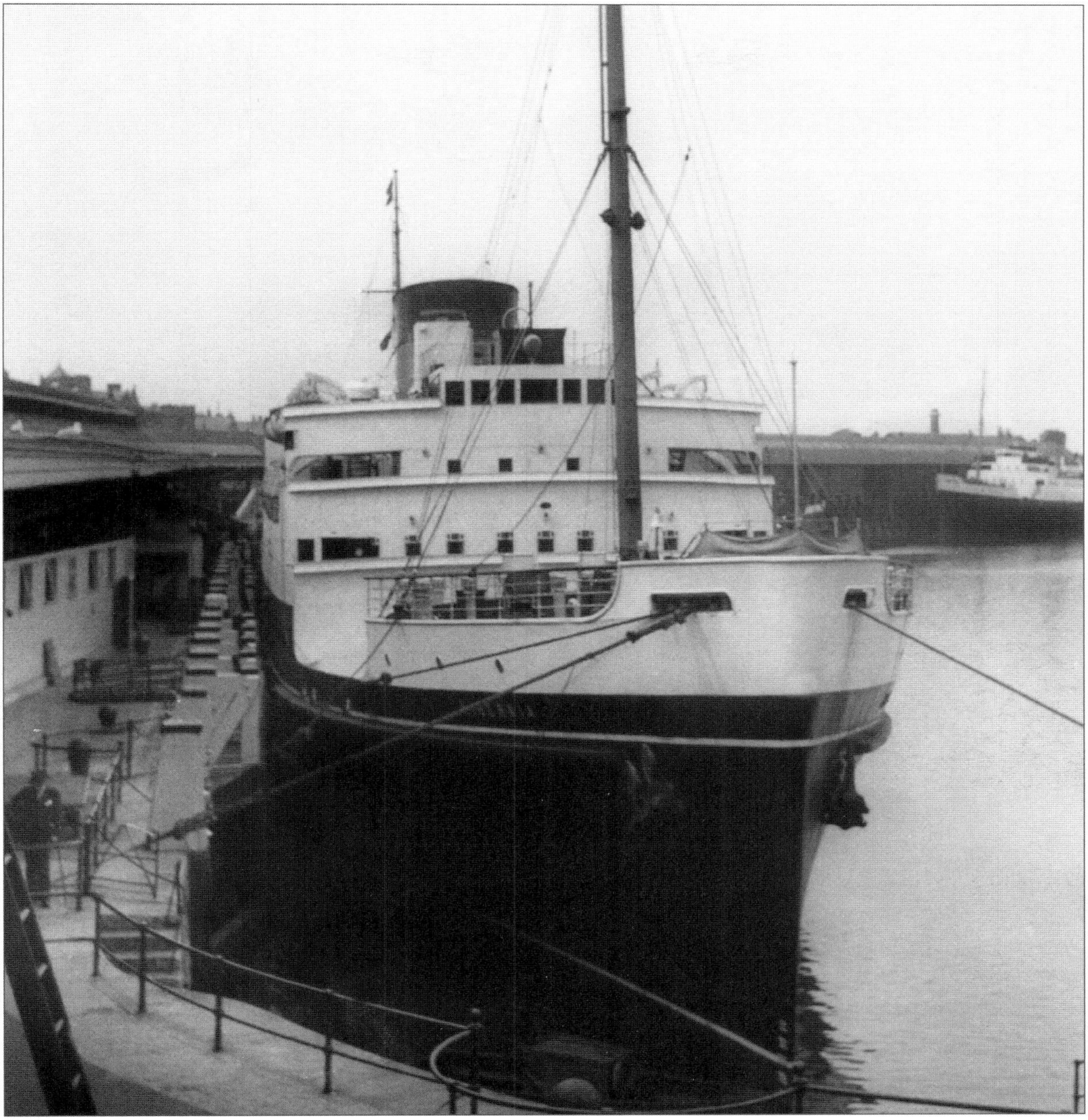

HOLYHEAD, *The Harbour c1965* H105184
CAERGYBI, *Y Porthladd tua 1965* H105184

Ferries are moored at the quay in the Inner Harbour. Holyhead offers the shortest possible sea crossing to Ireland, so it has long been a place of importance for travellers taking the mail boats or Irish Sea ferries to Dun Laoghaire, near Dublin.

Mae fferïau yn angori ger y cei yn y Porthladd Mewnol. Mae Caergybi yn cynnig y groesfan fyrrach bosibl i Iwerddon, felly am amser hir, mae wedi bod yn fan pwysig i deithwyr yn mynd ar y Cychod Post a Fferïau Môr Iwerddon i Dun Laoghaire, ger Dulyn

▶ **HOLYHEAD**
Market Street c1960 H105217
CAERGYBI
Stryd y Farchnad tua 1960 H105217

The seaport of Holyhead developed to become Anglesey's largest town. There was a wide range of shops in its long, winding central street - the town even boasted a branch of Astons, a chain of furniture stores (right). A bus has stopped further down the street beside the County Hotel and the ironmonger's shop. More people were beginning to own cars, but public transport was still extremely important.

Mae porthladd Caergybi wedi datblygu i fod yn dref fwyaf ar Ynys Môn. Roedd ystod eang o siopau yn ei stryd droellog ganolog-roedd y dref hyd yn oed yn ymffrostio cangen o Astons, cadwyn o siopau celfi (ar y de) Mae bws wedi aros ymhellach lawr y stryd gerllaw Gwesty'r Sir a'r siop haearnwerthwr.

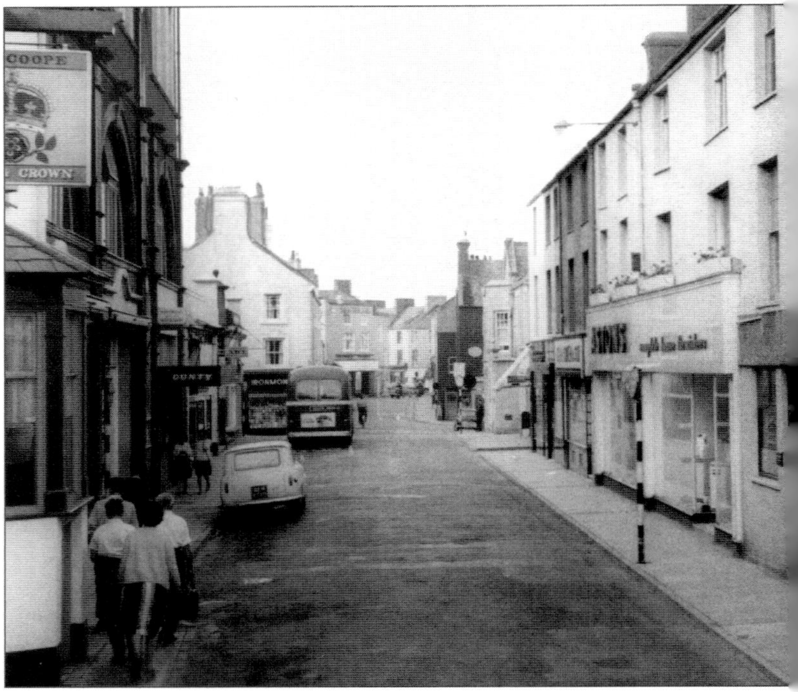

▶ **CHURCH BAY**
The Café c1940
R344021
BAE'R EGLWYS
Y Caffi tua 1940
R344021

The fine sandy beaches on Anglesey's western coast were less accessible, because the railways never reached here. Tourist development was never extensive. The wooden cabin near the beach at Church Bay, near Rhydwyn, supplied teas, lemonade and ice creams to beach-goers.

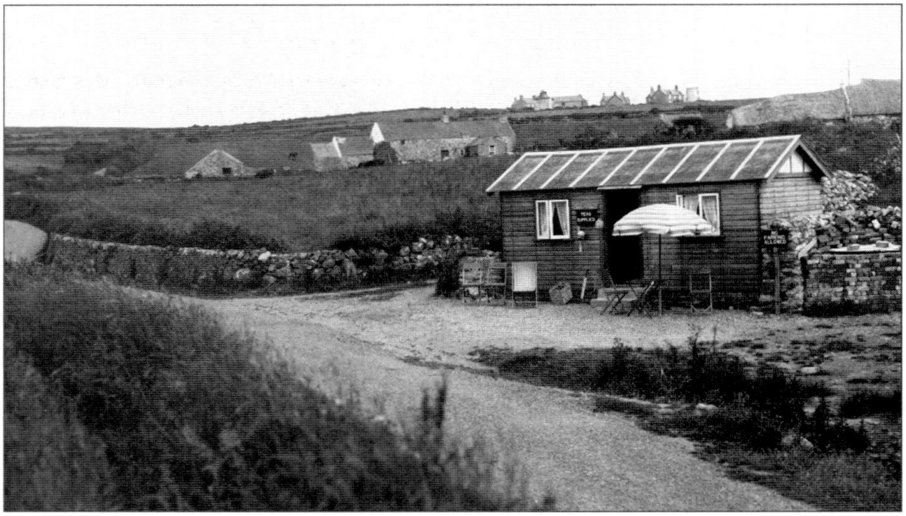

Ni fu traethau gwych arfordir gorllewinol Ynys Môn yn hawdd i'w cyrraedd oherwydd ni chyrhaeddodd y rheilffyrdd yma. Ni fu datblygiad twristiaeth yn eang. Roedd y cwt pren ger y traeth ym Mae'r Eglwys, ger Rhydwyn, yn darparu te, lemonêd a hufen iâ i fynychwyr y traeth.

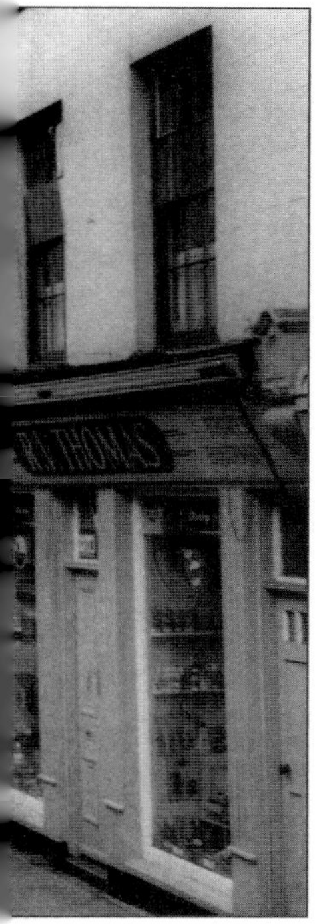

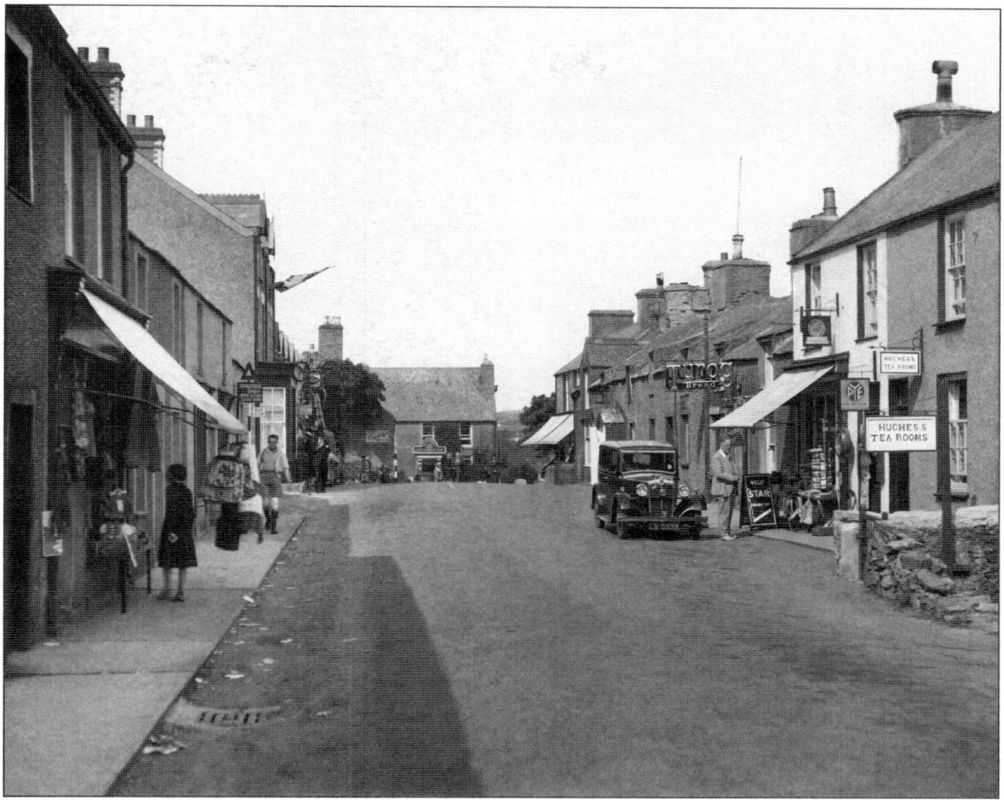

▲ **CEMAES BAY,** *High Street c1955* C317084
BAE CEMAES, *Y Stryd Fawr tua 1955* C317084

There was plenty of room to park in the 1950s, and traffic was sparse. Cars were even urged by a street sign (left) to sound their horns at a dangerous corner! Visitors to this former small seaport, attracted by the beach and coast, were catered for at the Stag Hotel (centre) and Hughes's tea rooms (right). The main street offered an array of small shops, including the haberdasher's on the left and a bakery and McMichael's radio shop on the right.

Roedd digon o le i barcio yn y 1950au ac roedd trafnidiaeth yn brin. Anogwyd gyrwyr ceir, gan arwydd stryd (ar y chwith) i swnio'u cyrn ar gornel peryglus! Roedd ymwelwyr i'r porthladd blaenorol yma yn cael eu denu gan y traeth a'r arfordir ac yn cael eu harlwyo gan Gwesty'r Carw (yn y canol) ac Ystafelloedd Te Hughes (ar y de). Roedd y Stryd Fawr yn cynnig amrywiaeth o siopau bychain, yn cynnwys siop dilledydd ar y chwith a phopty a siop radio McMichael ar y de.

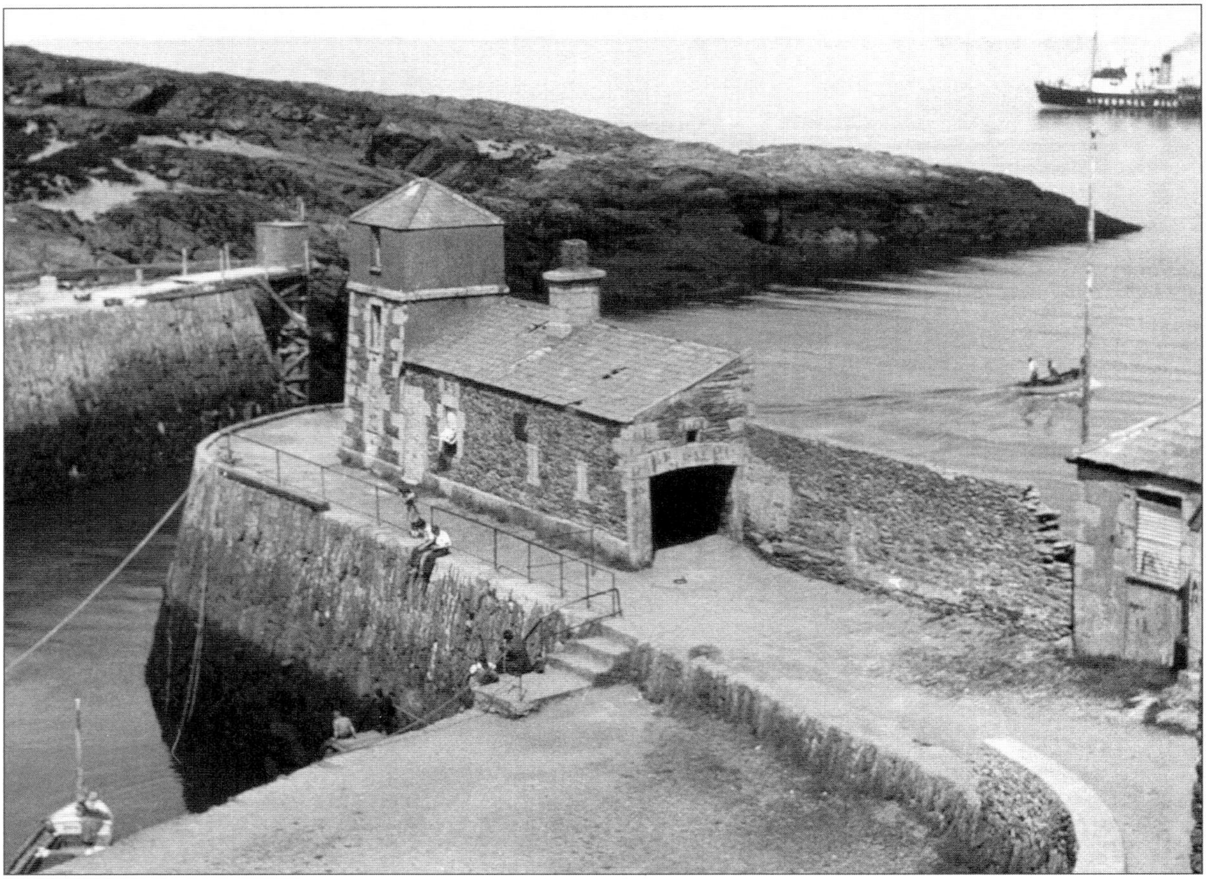

AMLWCH PORT, *The Harbour c1955* A274005
PORTH AMLWCH, *Y Porthladd tua 1955* A274005

This narrow creek in the northern, rocky coast of Anglesey was an unlikely site for an important port, but the harbour developed as a result of extensive copper mining on Parys Mountain, two miles away. This was once a busy port in the late 18th and 19th centuries. The port was improved in 1793 and again in 1816 by the building of piers and wharves, including the Watchhouse Pier, which we see in the foreground.

Roedd cilfach gul ar arfordir gogleddol Ynys Môn yn safle annhebygol ar gyfer porthladd pwysig, ond datblygodd y porthladd mewn canlyniad i fwyngloddio copr helaeth ar Fynydd Parys, dwy filltir i ffwrdd. Roedd hwn yn borthladd pwysig yn hwyr yn y 18fed a'r 19eg ganrif. Diwygiwyd y porthladd ym 1793 ac eto ym 1816 gan adeiladu pierau a glanfeydd, yn cynnwys Pier Tŷ Gwylio, y gallwn ei weld yn y blaendir.

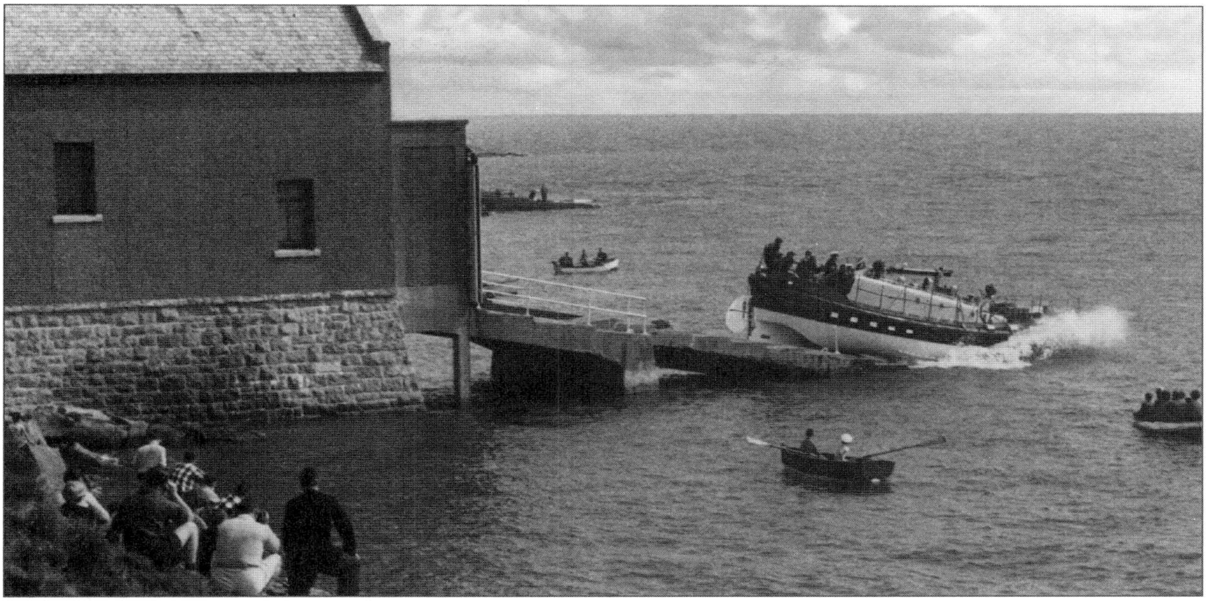

MOELFRE
The Launching of the Lifeboat c1955 M259218
MOELFRE
Lansiad y Bad Achub tua 1955 M259218

A small crowd of holiday-makers has gathered to watch the lifeboat being launched down the slipway. The village's location, looking out over the busy Liverpool sea lanes, makes it an ideal place for a lifeboat station. Moelfre's fishermen and mariners provided excellent crews, for the sea was in their blood, and they risked their own lives many times to save others.

Mae grŵp bach o bobl ar ei gwyliau wedi casglu i weld y bad achub yn cael ei lansio i waered y llithrfa. Mae lleoliad y pentref, yn edrych dros lonydd môr prysur Lerpwl, yn ei wneud yn lle delfrydol ar gyfer gorsaf bad achub. Mae pysgotwyr a morwyr Moelfre yn darparu criwiau ardderchog, oherwydd fod y môr yn eu gwaed ac maent wedi rhoi eu bywydau ar risg niferoedd o weithiau er mwyn achub eraill.

MOELFRE, *Ynys Moelfre c1960* M259254
MOELFRE, *Ynys Moelfre, tua 1960* M259254

The sedimentary, limestone layers of the small islet, across the Sound just off the coast, form a backdrop to this terrace of simple, single-storey cottages which face out to sea, with their backs to the land. Moelfre was noted as a traditional fishing village. Many of its inhabitants gained a living from the sea, though agriculture and stone quarrying were other forms of employment.

Mae haenau gwaddodol cerrig calch yr ynysig fechan, y tu draw i'r swnt, oddi ar yr arfordir yn ffurfio cefndir i'r teras syml yma o fythynnod un llawr sydd yn wynebu allan i'r môr gyda'u cefnau tua'r tir. Roedd Moelfre yn nodedig fel pentref bach pysgota traddodiadol. Bu llawer o'r trigolion yn ennill eu bywoliaeth o'r môr, er bod amaethyddiaeth a chwarela cerrig yn ffurf arall o gyflogaeth.

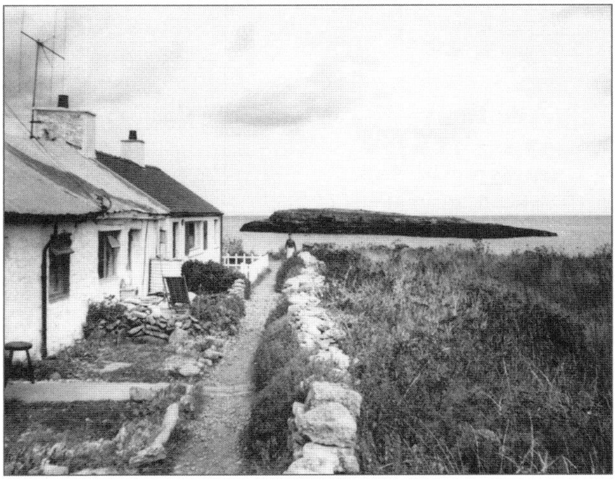

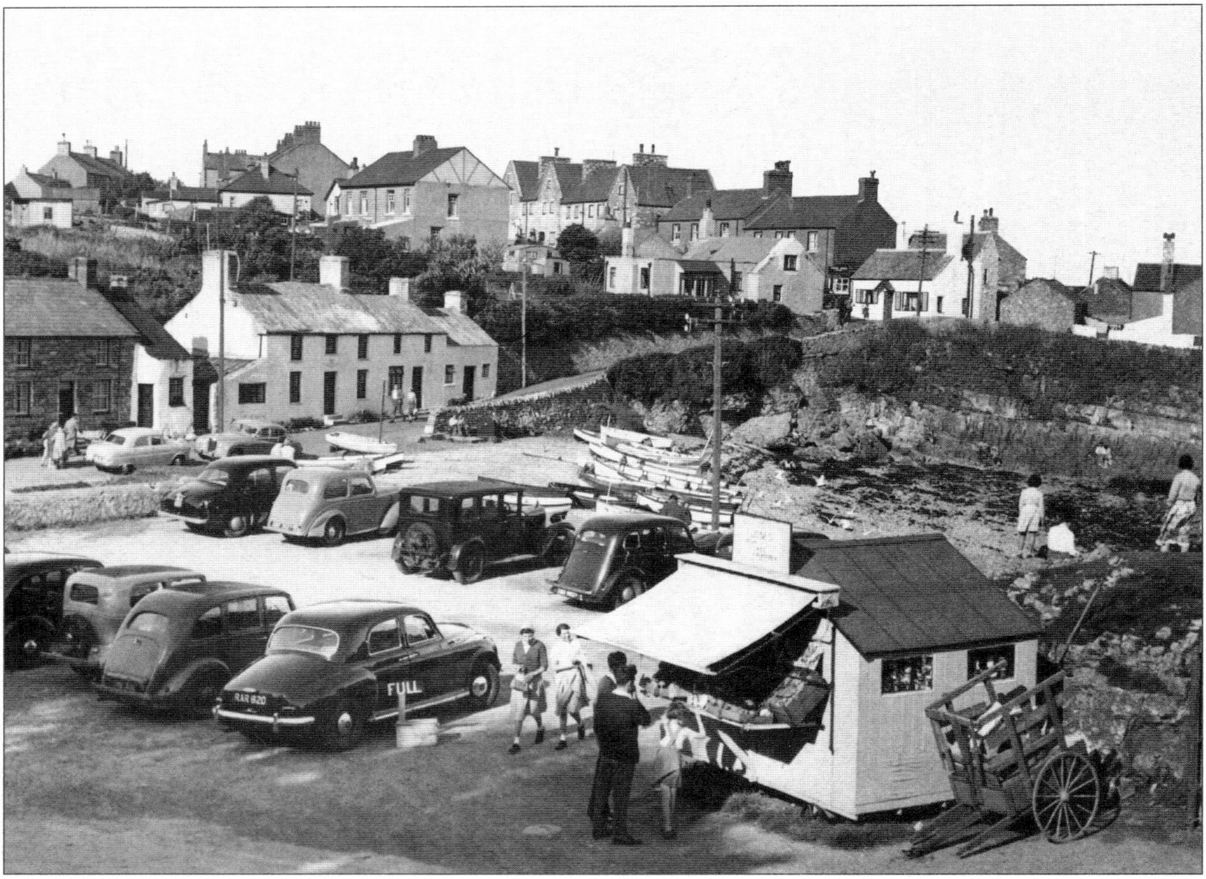

MOELFRE, *The Bay c1955* M259174
MOELFRE, *Y Bae tua 1955* M259174

On this bright summer's day, the car park in the heart of the village is packed full of cars. As the tide recedes, family groups explore the rock pools amongst the heavily-eroded limestone crags, or picnic on the gravel beach. Tourism developed here because of the growth of family motoring from the 1950s onwards.

Ar ddydd disglair o haf, mae'r maes parcio yng nghanol y pentref yn llawn ceir. Wrth i'r llanw encilio, mae grwpiau o deuluoedd yn fforio pyllau'r creigiau ymhlith clogwyni sydd yn drwm dan effaith erydu'r cerrig calch neu yn mwynhau picnic ar y traeth graean.. Datblygodd twristiaeth yma oherwydd tyfiant moduro teuluol o'r 1950au ymlaen.

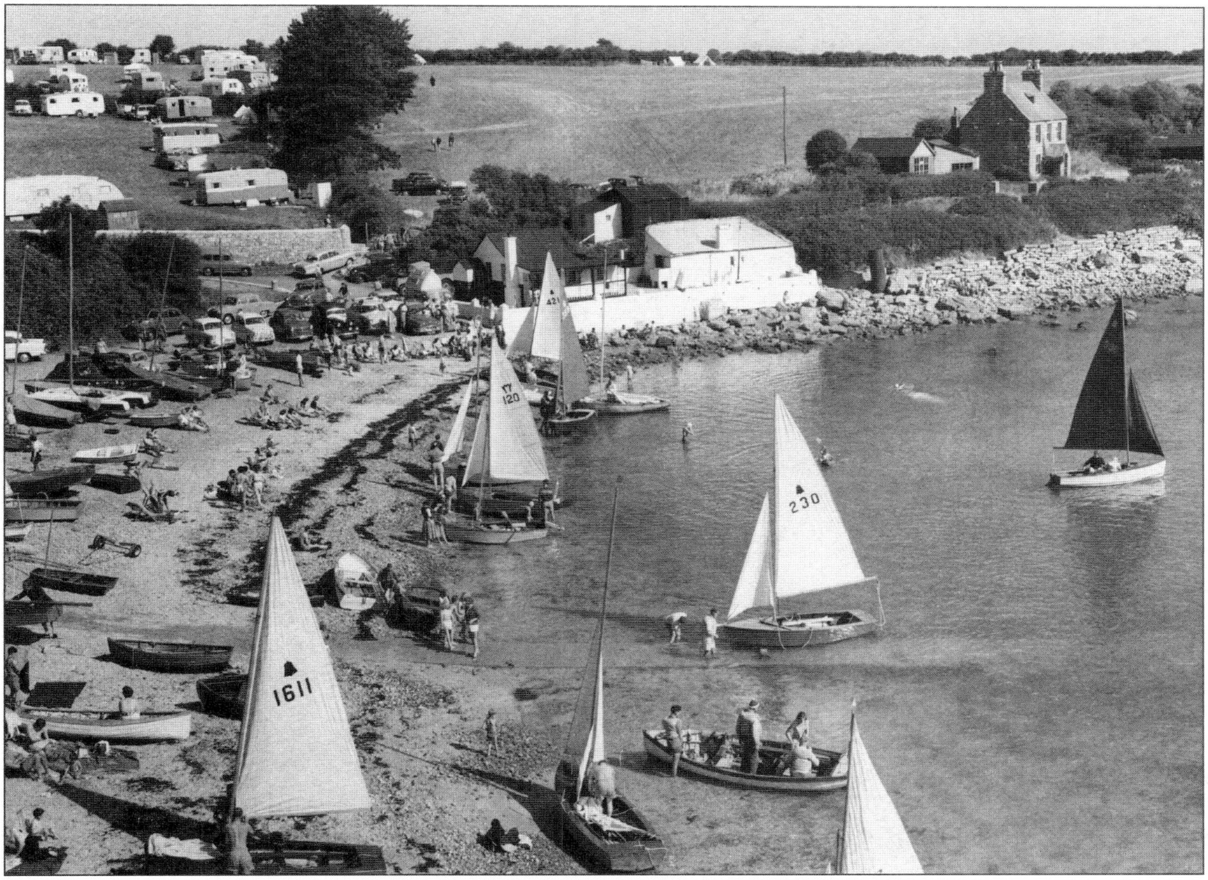

MARIANGLAS, *Traeth Bychan c1960* M290130 **MARIANGLAS,** *Traeth Bychan tua 1960* M290130

The beach at Traeth Bychan, near Benllech, is packed with small pleasure boats, and a regatta is taking place in the bay. Tourism developed in this area with the expansion of car ownership. An unfortunate consequence, however, was the blight of caravans parks, which are particularly numerous along Anglesey's northern coastline.

Mae'r traeth ar Draeth Bychan , ger Benllech, yn llawn o gychod pleser bach ac mae regata yn digwydd yn y bae. Datblygodd twristiaeth yn yr ardal yma gan yr ehangiad o berchnogaeth ceir. Canlyniad anffodus, serch hynny, yw'r difwyno gan barciau carafannau, sydd yn neilltuol o niferus ar hyd arfordir gogleddol Ynys Môn.

RED WHARF BAY
Castle Rock c1950 R338024
TRAETH COCH
Craig y Castell tua 1950
R338024

In the early 19th century, the impressive buttress of Castle Rock, at the westernmost end of Red Wharf Bay, was quarried for a fine stone in great demand for elegant fireplaces and ornamental stonework, which was exported by sea. By the 20th century, with the wharf long since abandoned, the local economy depended on tourists, who enjoyed miles of exposed sandy beach at low tide.

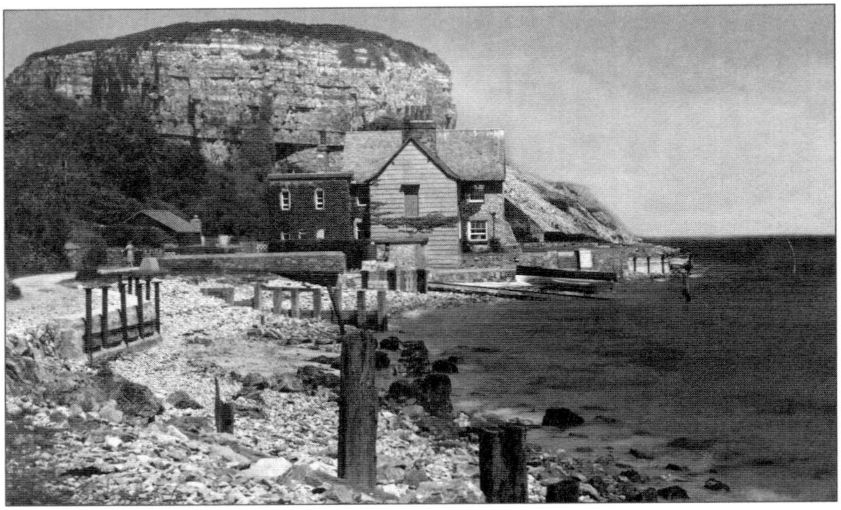

Yn gynnar yn y 18ed ganrif roedd bwtres trawiadol cerrig calch Craig y Castell ar ben gorllewinol Traeth Coch yn cael ei chwarela am gerrig gwych ac roedd galw mawr amdanynt ar gyfer llefydd tân coeth a gwaith carreg addurnol, a allforiwyd ar y môr. Erbyn y 20fed ganrif, gyda'r cei wedi ei hen adael, daeth yr economi lleol yn ddibynnol ar deithiwr, a fwynhaodd milltiroedd o draeth tywodlyd wedi ei amlygu gan y trai.

PENTRAETH
The Square c1945 P317018
PENTRAETH, *Y Sgwâr tua 1945*
P317018

As we can see from the freshly painted road sign, restored after the ending of the Second World War, Pentraeth village developed at an important crossroads. Routes to Llangefni, Menai Bridge, Beaumaris and Benllech lead from the Square, which is the focal point of this small village. On the left is the Cloth Hall Stores, the main general store, run by Thomas & Sons.

Fel y gallwn weld ar yr arwydd ffordd, newydd ei beintio, wedi ei adfer ar ôl diwedd yr Ail Ryfel Byd, datblygodd pentref Pentraeth fel croesffordd bwysig. Roedd ffyrdd i Langefni, Y Borth, Biwmares a Benllech yn arwain o'r sgwâr, sydd yn bwynt ffocal i'r pentref bychan. Ar y llaw chwith mae Storfa Neuadd Frethyn, y prif siop gyffredin yn perthyn i Thomas a'i Feibion.

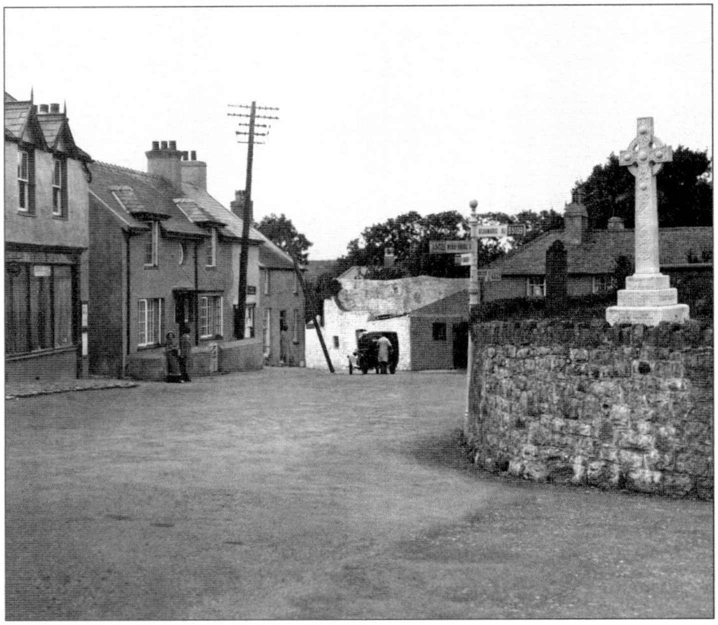

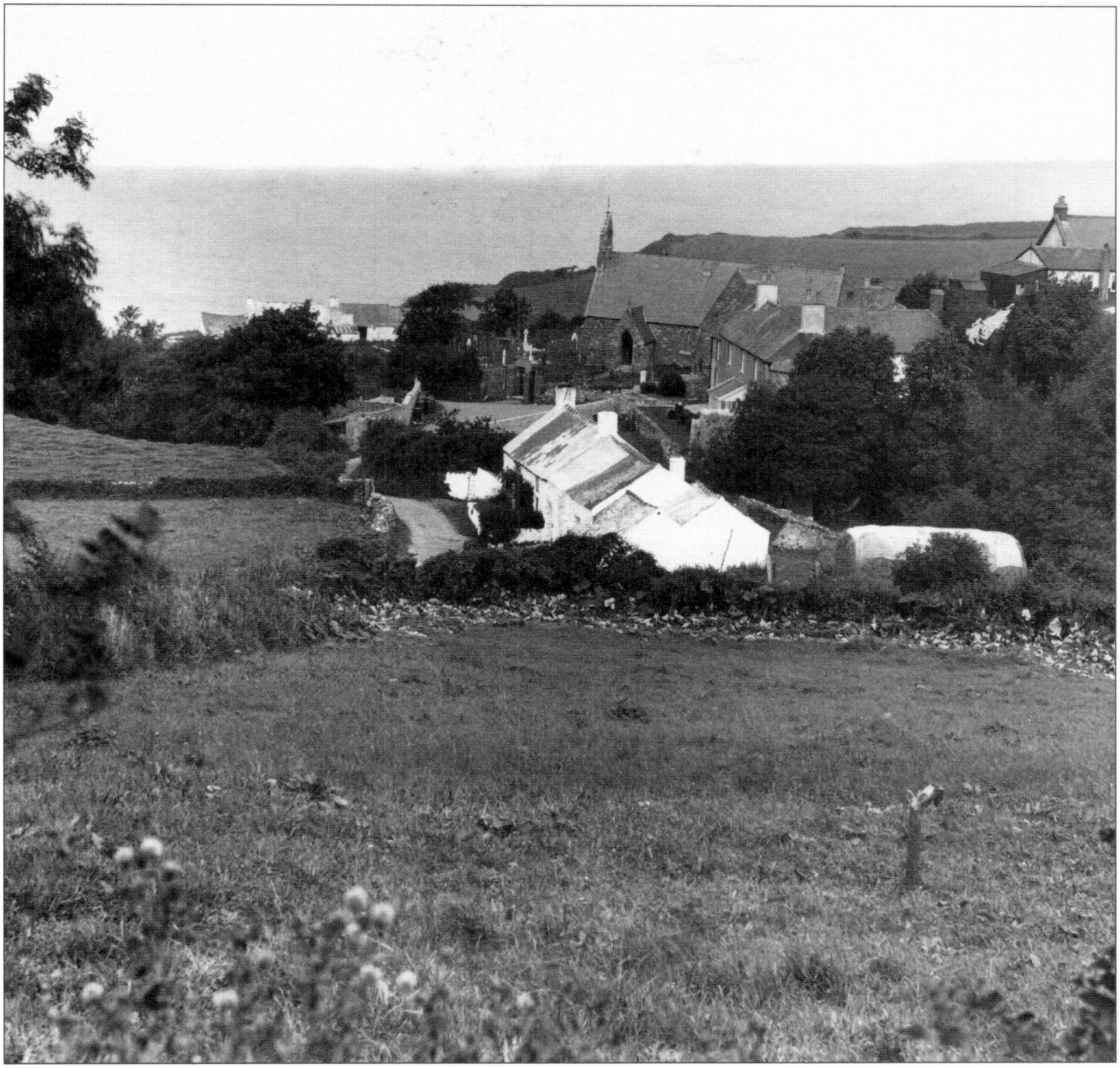

LLANDDONA, *The Church c1950* L437006
LLANDDONA, *Yr Eglwys tua 1950* L437006

The quiet village of Llanddona has developed on a hill overlooking Red Wharf Bay around the 15th-century church, which is dedicated to St Dona. The simple, low, single-storey cottages in the foreground are typical of the pre-Victorian buildings which once existed across much of rural Anglesey. A haystack (right) is anchored with a tarpaulin and ropes to protect it from the gales.

Mae pentref tawel Llanddona wedi datblygu ar fryn yn edrych dros Traeth Coch o amgylch eglwys o'r 15ed ganrif, wedi ei chysegru i'r Santes Dona. Mae'r bythynnod isel syml yn y blaendir yn nodweddiadol o adeiladau cyn Fictoraidd a fu unwaith yn bodoli ar draws llawer o Ynys Môn wledig. Mae tas wair (ar y de) wedi ei hangori gan darpolin a rhaffau i'w hamddiffyn rhag y tymhestloedd.

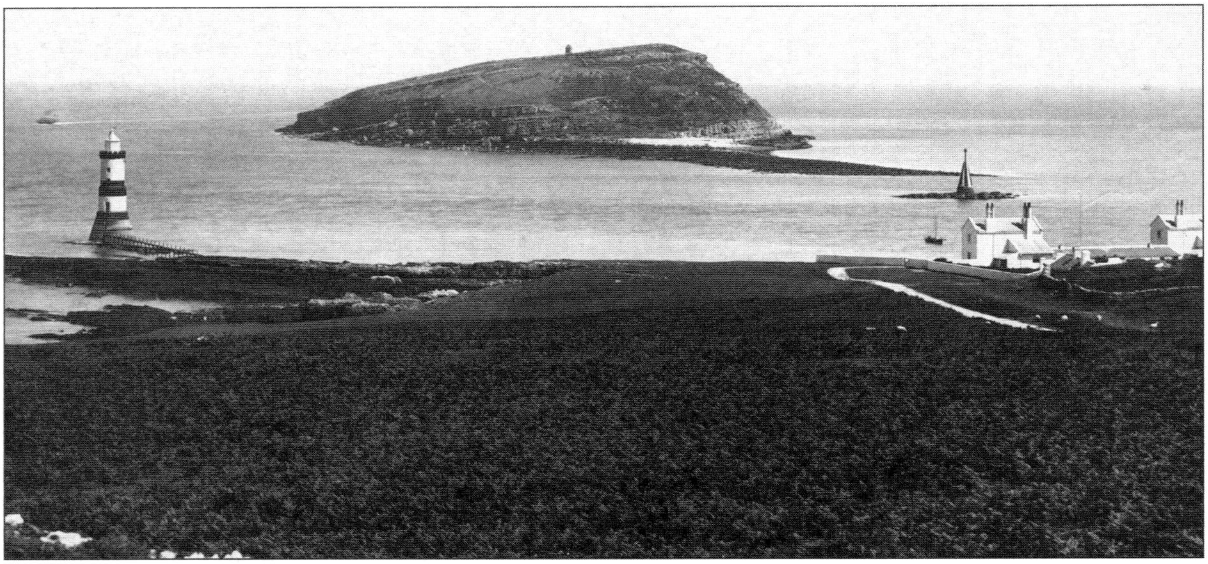

PENMON LIGHTHOUSE *1890* 23156
GOLEUDY PENMON *1890* 23156

Monks of the early Welsh church seem to have deliberately sought out remote, isolated places. In the middle ages a monastic church was sited on Puffin Island - its stone tower is just visible on the island's skyline. There is a strong tide race at the northern end of Anglesey, so the small lighthouse and the buoy on the islet warn vessels of danger. Lighthouse-keepers and pilots lived in the cottages at Black Point.

Bu mynaich yr Eglwys fore i'w gweld yn dewis yn fwriadol mannau anghysbell unig. Yn y canol oesoedd roedd safle eglwys fynachaidd wedi ei lleoli ar Ynys Seiriol – mae ei thŵr cerrig i'w gweld ar orwel yr ynys. Mae ras llanw cryf ar ben gogleddol Ynys Môn, felly mae'r goleudy a'r bwi ar yr ynysig yn rhybuddio llongau o'r perygl. Bu ceidwaid y goleudy a pheilotiaid yn byw yn y bythynnod ar Trwyn Du.

BEAUMARIS, *The Castle and the Recreation Ground 1911* 63307
BIWMARES, *Y Casatell a'r Tir Adloniant 1911* 63307

An Edwardian lady and child sit beside the ivy-covered castle ruins. Beaumaris was the last and most technically advanced of Edward I's chain of north Wales castles; it is a superb example of a concentric castle, taking advantage of a flat marshy site. Redundant castles gained new importance as tourist attractions.

Mae menyw Edwardaidd a phlentyn yn eistedd gerllaw adfeilion y castell sydd wedi eu gorchuddio gan eiddew. Biwmares oedd y diwethaf a'r mwyaf uwch dechnegol o gadwyn cestyll Edward y cyntaf, yng Ngogledd Cymru; mae'n esiampl ardderchog o gastell consentrig, yn cymryd mantais o'r safle corsog gwastad. Mae cestyll diangen wedi ennill pwysigrwydd newydd fel atyniadau twristiaeth.

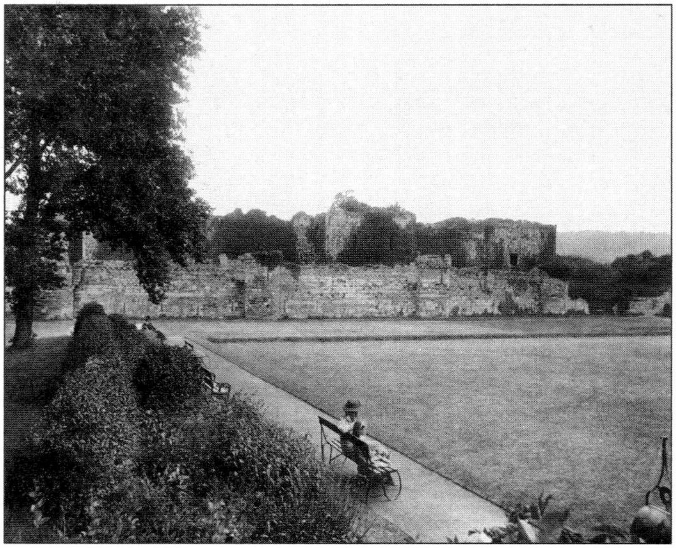

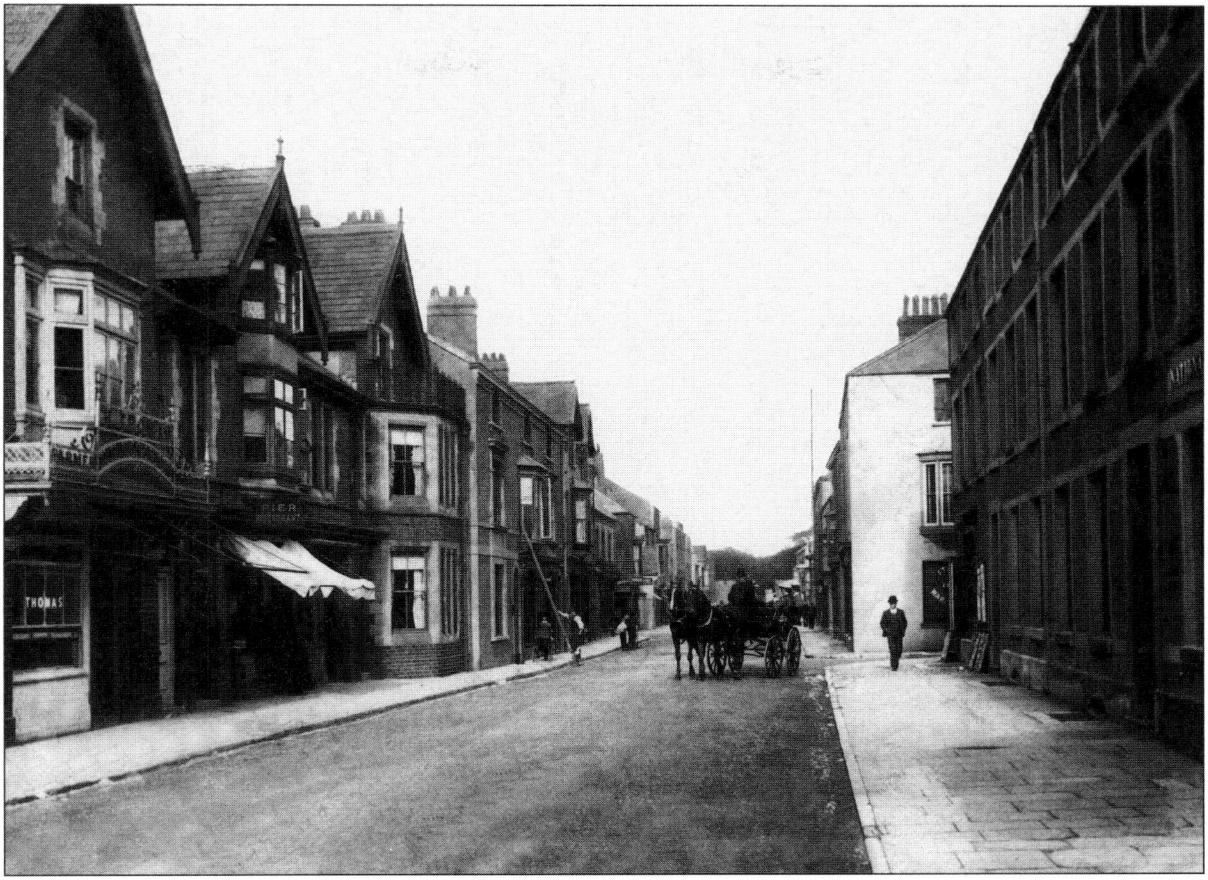

BEAUMARIS, *Castle Street 1904* 53021
BIWMARES, *Sryd y Castell 1904* 53021

The houses in the main street are far older than their elegant Georgian and Victorian frontages would suggest, for Castle Street was the most important thoroughfare in Edward I's medieval town. Beaumaris was a fashionable, elegant town, with a number of families from the wealthy gentry living in the vicinity. Notice the liveried coachman in his top hat driving the two ladies in the horse-drawn carriage.

Mae'r tai yn y stryd fawr yn henach na mae ei drychiadau blaen Sioraidd a Fictoraidd yn awgrymu, oherwydd Stryd y Castell roedd y brif ffordd yn nhref ganol oesol Edward y cyntaf. Roedd Biwmares yn dref ffasiynol a thrawiadol, gyda nifer o deuluoedd y gwŷr mawr yn byw yn y cylchoedd. Sylwch ar y cerbydwr mewn lifrai a'i het dal yn gyrru'r ddwy foneddiges mewn cerbyd wedi ei dynnu gan geffylau.

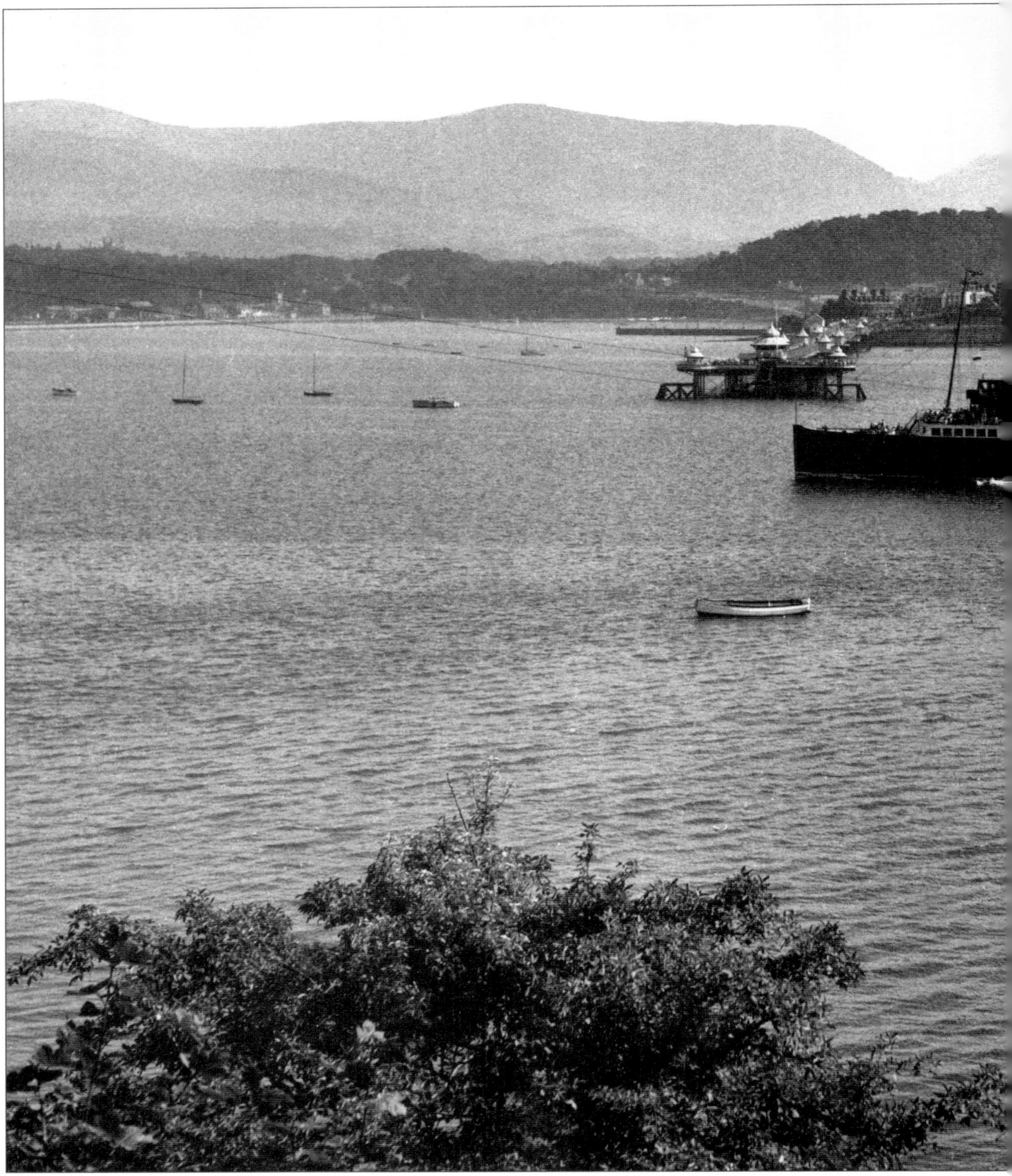

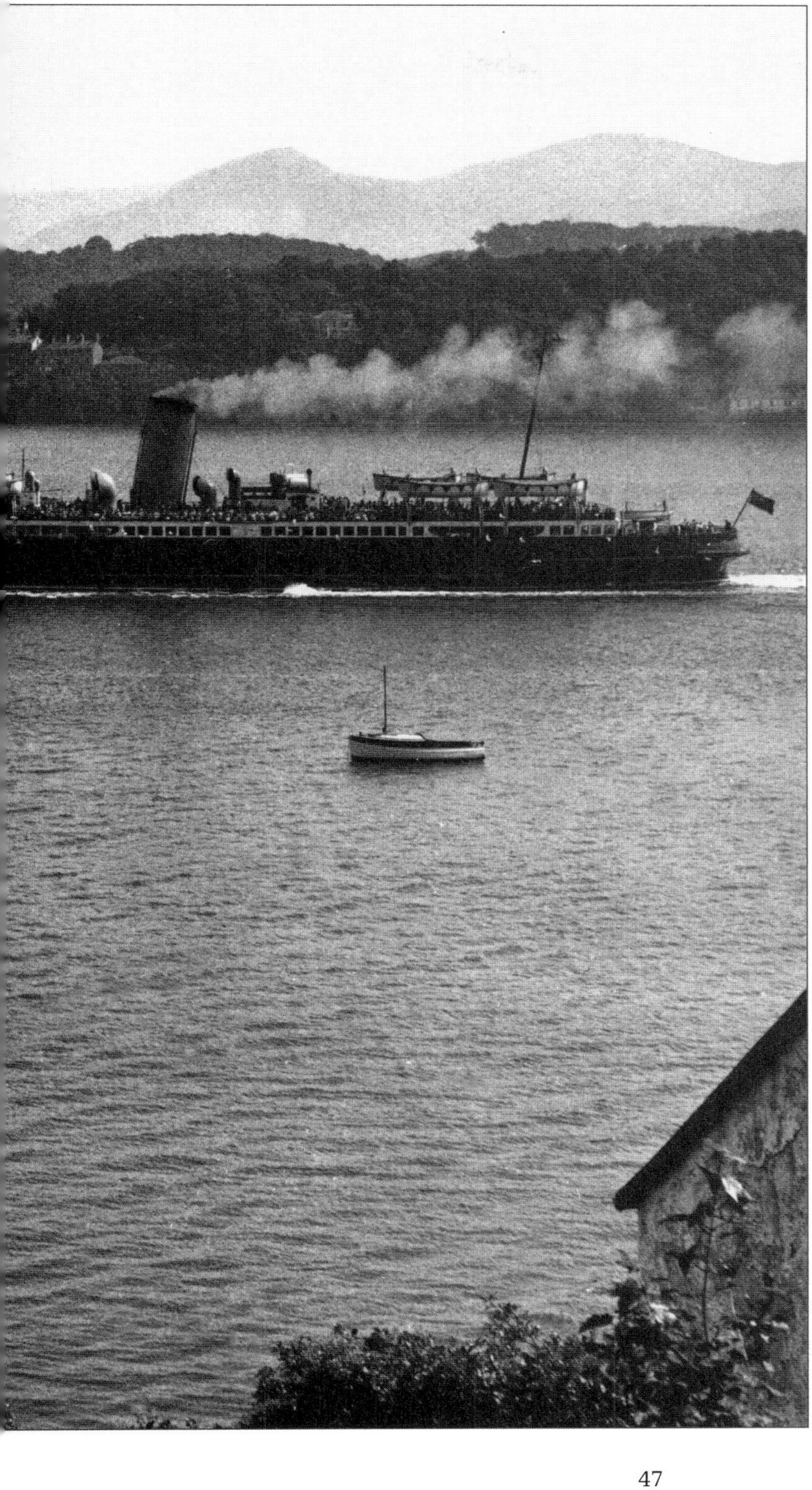

BEAUMARIS
View From The Gazelle Hotel c1960 B44168
BIWMARES
Golygfa o'r Gwesty Gafrewig tua 1960 B44168

The Gazelle Hotel stood near Beaumaris, and this spectacular view shows one of the Liverpool and North Wales Steamship Company's steamers in the Menai Strait, with Bangor pier just visible on the opposite shore. The steamer service ran between Caernarfon and Liverpool, calling at Menai Bridge, Bangor, Beaumaris and Llandudno piers.

Safodd Gwesty'r Afrewig ger Biwmares ac mae'r olygfa ysblennydd yma yn dangos un o agerlongau Cwmni Agerlong Lerpwl Gogledd Cymru yn Afon Menai, gyda phier Bangor braidd yn weladwy ar y lan ar yr ochr draw. Roedd y gwasanaeth agerlong yn mynd rhwng Caernarfon a Lerpwl ac yn galw ym mhierau'r Borth, Bangor a Biwmares.

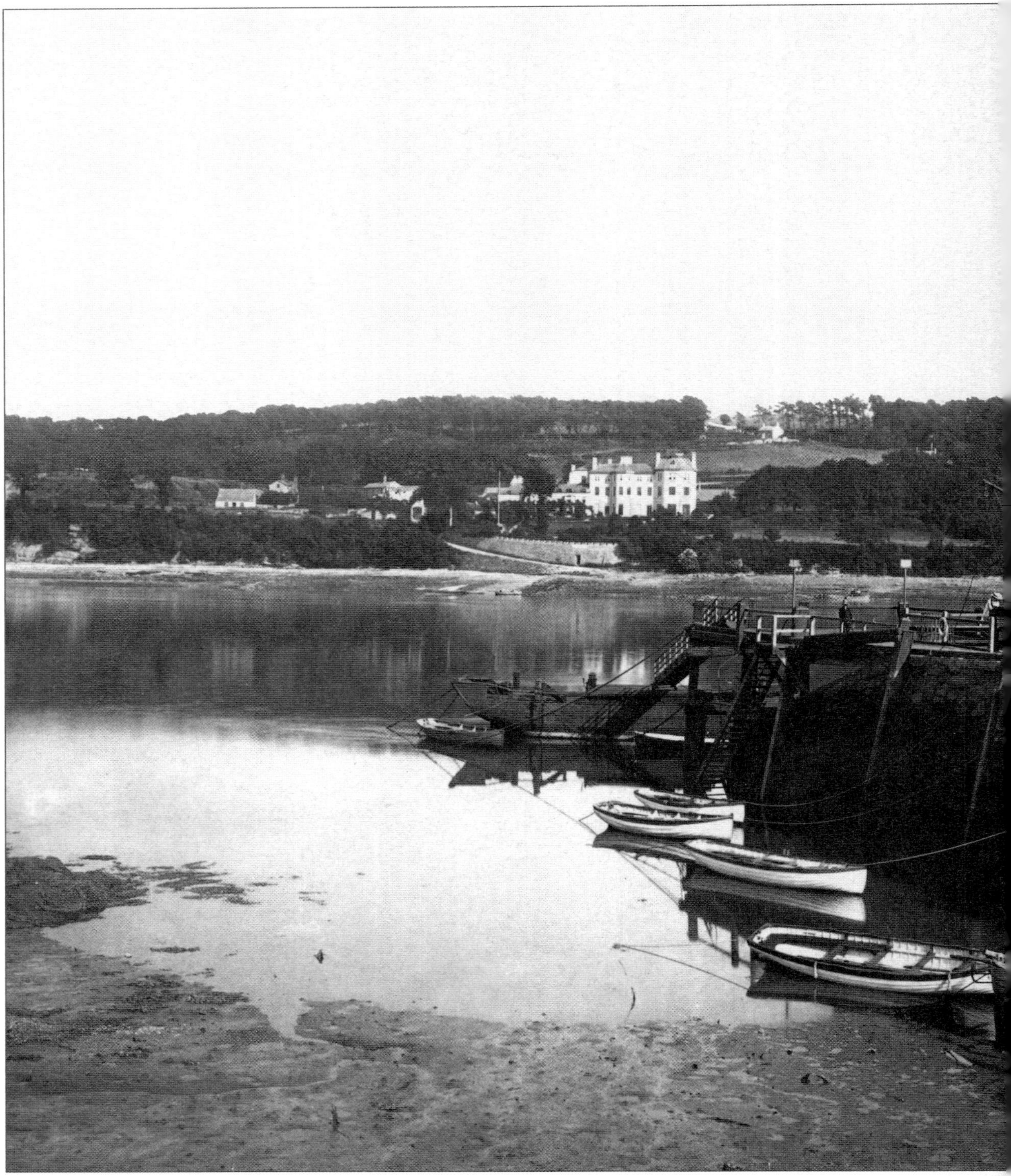

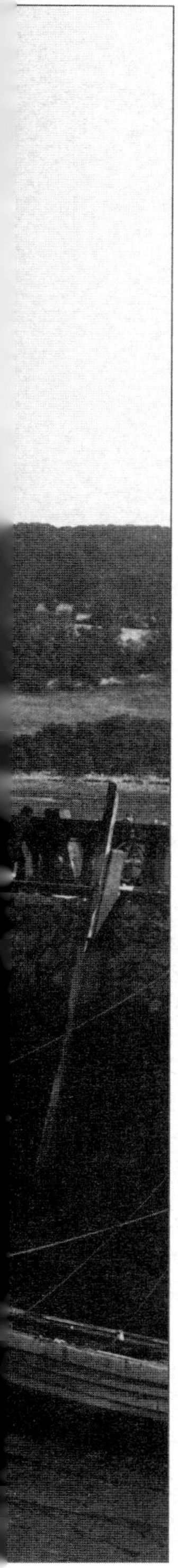

ARFON AND CENTRAL SNOWDONIA ARFON AC ERYRI GANOLOG

AT THE CORE of this area is a rugged, mountainous heartland. This is divided by deep glacial valleys and lakes into several distinct mountain blocks - the Carneddau, the Glyder range and Moel Siabod , the central Snowdon group, and the Nantlle ridges with Moel Hebog. Roads run along the valleys. Agriculture is difficult, because of the harsh climate and high rainfall, and the acid, rocky soils. Pastoral farming predominates, though in the past crops of oats, rye and barley were grown in the valley bottoms. The bulk of Snowdonia consists of Ordovician sedimentary layers, overlying Cambrian rocks. Tremendous pressures in the earth's crust metamorphosed the rocks and created vast beds of slate. Volcanic intrusions also left embedded ores of metals.

AR GRAIDD YR ARDAL yma mae perfeddwlad garw mynyddog. Rhennir y rhain gan gymoedd rhewlifol dwfn a llynnoedd i nifer o flociau mynyddog amlwg y Carneddau, amrediad Glyder a Moel Siabod, grŵp Eryri ganolog ac esgeiriau Nantlle gyda Moel Hebog. Mae ffyrdd yn rhedeg ar hyd y cymoedd. Mae amaethyddiaeth yn anodd oherwydd hinsawdd garw a glawiadau uchel a'r tir creigiog sur. Mae amaethyddiaeth fugeiliol tra-arglwyddiaethu, er yn y gorffennol roedd cnydau o geirch, rhyg a haidd yn cael eu tyfu ar waelod y cymoedd Mae rhan fwyaf o Eryri yn cynnwys haenau gwaddodol o Ordofigaidd, dros greigiau Cambrian. Mae pwysau dychrynllyd yng nghrwst y ddaear wedi gweddnewid y creigiau a chreu gwelyau anferth o lechfaen. Mae ymyrraeth folcanig hefyd wedi gadael gwelyad o fwynau o fetelau.

BANGOR, *The George Hotel 1890* 23208a
BANGOR, *Gwesty Siôr 1890* 23208a

Viewed from across the Menai Strait, the imposing George Hotel and Posting House was at this time run by W Dudley Davies. It was popular with tourists who came to admire Telford's fine suspension bridge. Before the bridge opened in 1826, this was the site of Bangor ferry. The original road leading to the ferry can be seen coming down from the Penrosgarnedd ridge.

Wrth edrych ar draws Y Fenai mae Gwesty Siôr a'r Tŷ Coetsh mawreddog ar y cyfnod yma dan reolaeth W Dudley Davies. Roedd yn boblogaidd gyda ymwelwyr a ddaeth i edmygu pont grog gwych Telford. Cyn i'r bont agor ym 1826, dyma oedd safle Fferi Bangor. Gellir gweld yr hen ffordd i'r fferi yn dod i lawr o gyfeiriad esgair Penrhosgarnedd.

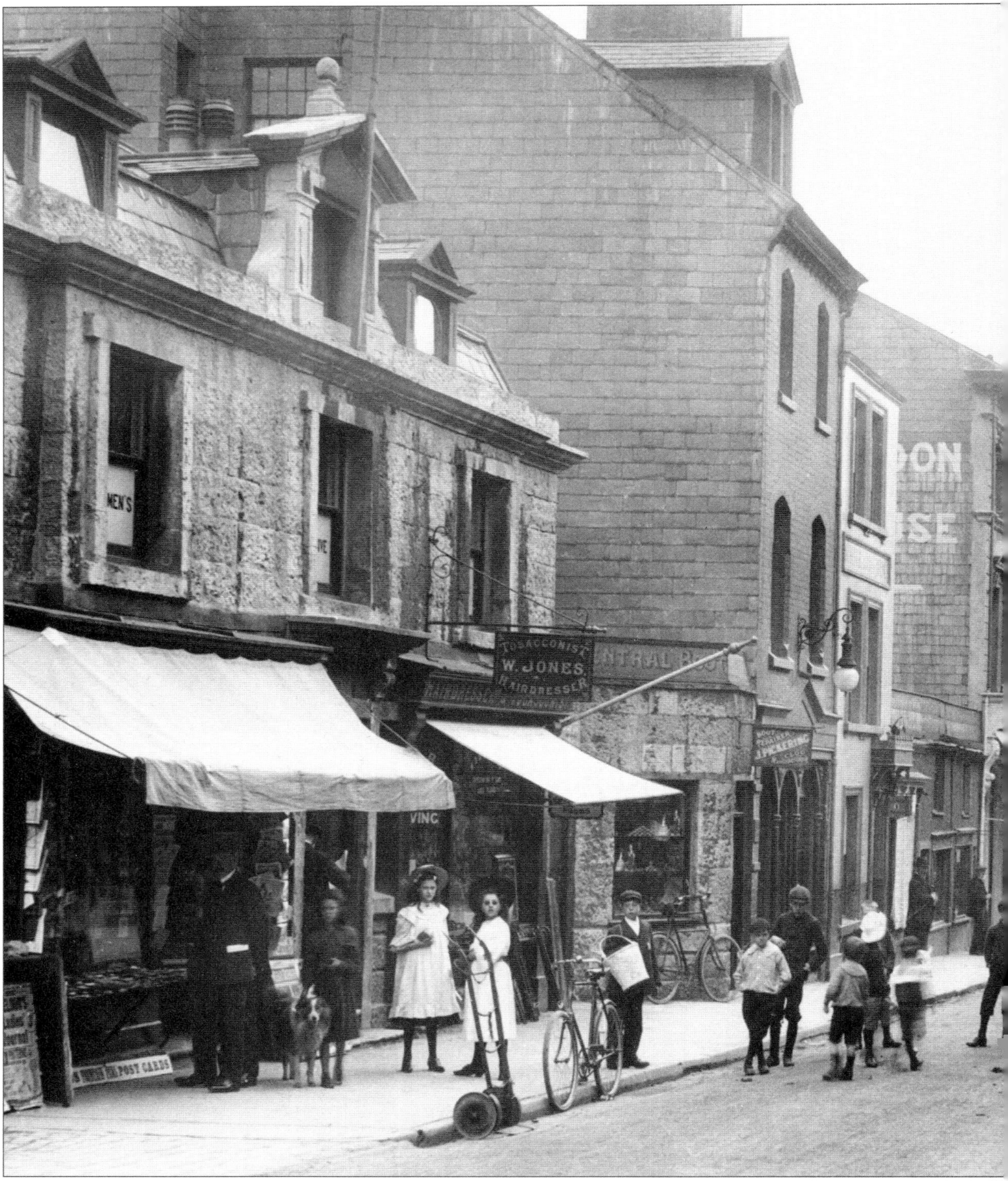
MEN'S
TOBACCONIST
W. JONES
HAIRDRESSER
POST CARDS

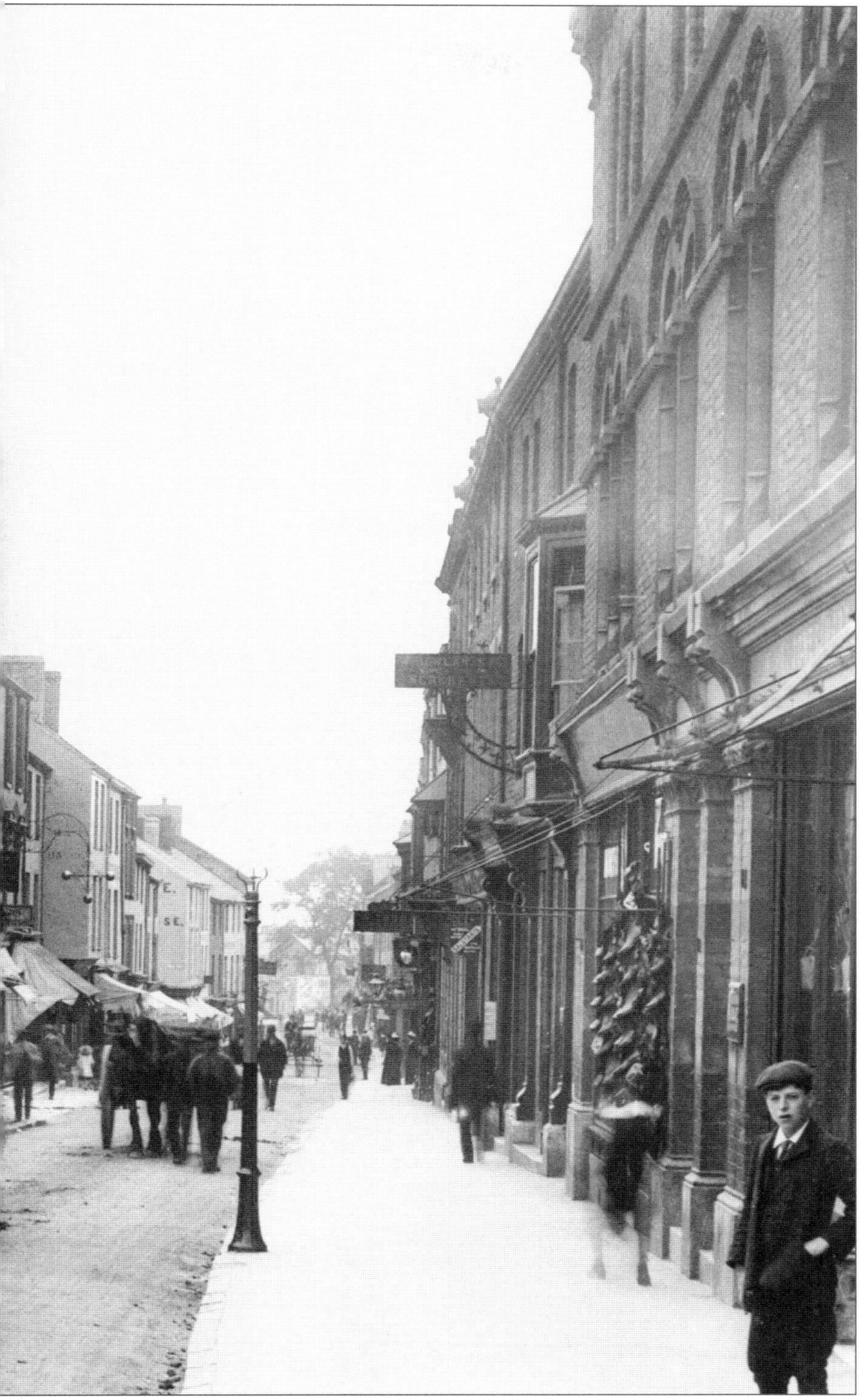

BANGOR
High Street 1908 60733
BANGOR
Y Stryd Fawr 1908 60733

Bangor is one of the most important towns in north Wales, and its High Street was bustling with shoppers and children playing in the street when the photographer took this photograph. He has captured a wealth of social detail. Newspaper boards outside the newsagent's report on an uprising in Zululand (left). Next door is W Jones's combined tobacconist's and hairdresser's shop; beyond, Pickering's, the shoemaker's, made clogs for those too poor to afford leather shoes.

Mae Bangor yn un o'r trefi mwyaf pwysig yng Ngogledd Cymru ac roedd ei Stryd Fawr yn llawn o siopwyr a phlant y chwarae yn y stryd wrth i'r ffotograffydd dynnu'r llun yma. Mae wedi dal cyfoeth o fanylion cymdeithasol. Mae byrddau papurau newyddion y tu allan i siop y gwerthwr papurau yn adrodd am wrthryfel yng ngwlad y Zwlw (ar y chwith) Drws nesaf mae siop W Jones, cyfuniad o siop gwerthwr tybaco a siop trin gwallt; y tu ôl, roedd Pickering, y crydd, yn gwneud clocsiau i'r sawl na allent fforddio esgidiau lledr.

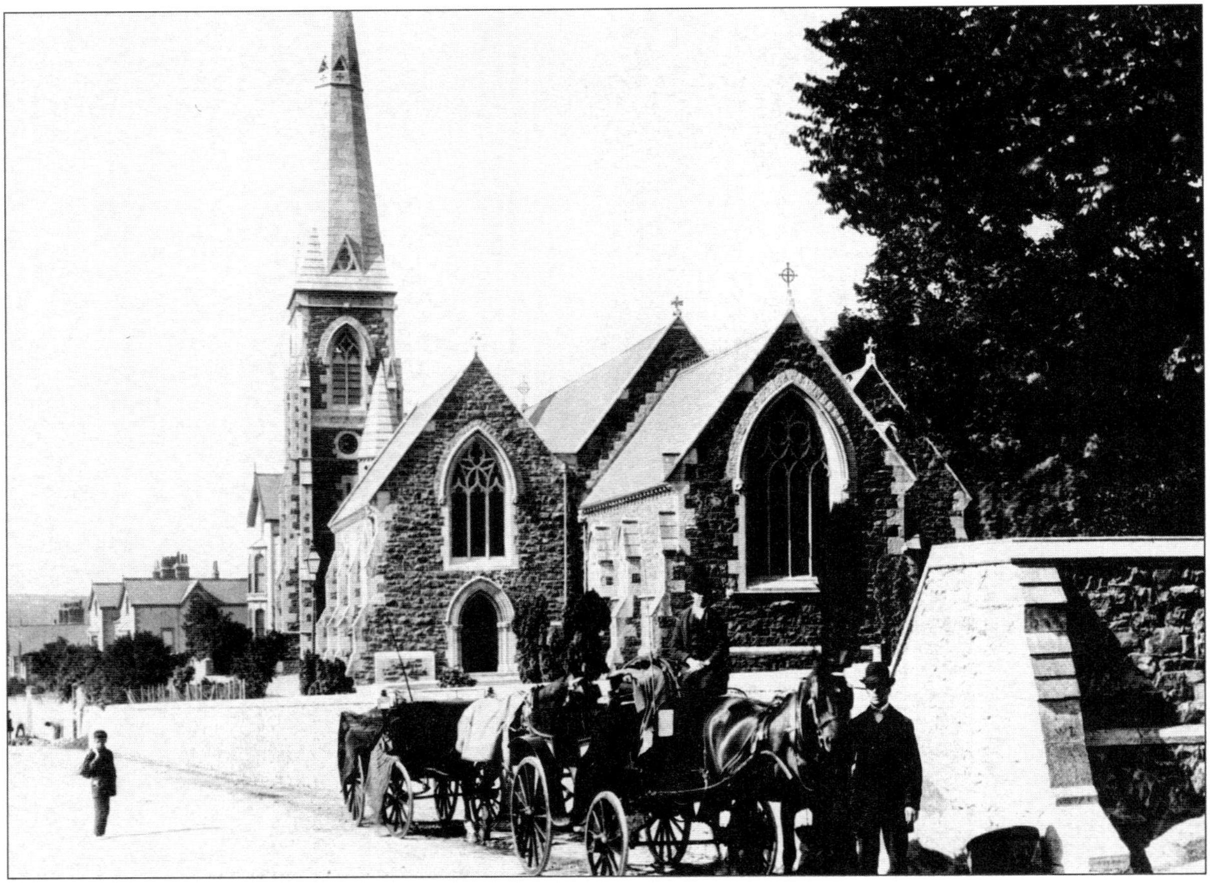

UPPER BANGOR, *St James' Church 1890* 23173
BANGOR UCHAF, *Eglwys St Iago 1890* 23173

Churches with spires are not the norm in north Wales, and this is a clue that we are looking at a Victorian church. The church of St James in Station Road, completed in 1866 at a cost of £4,000, was built for the English visitors who patronized the fashionable area of Upper Bangor. Notice the line of horse-drawn traps waiting to pick up the congregation.

Nid yw eglwysi gyda meindyrau yn gyffredin yng Ngogledd Cymru a dyma gliw ein bod n edrych ar eglwys Fictoraidd. Mae Eglwys Sant Iago yn Stryd yr Orsaf, wedi ei gorffen ym 1866 ar draul o £4,000 wedi ei hadeiladu ar gyfer ymwelwyr Saesneg a fu'n noddi ardal ffasiynol Bangor Uchaf. Sylwch ar y rhestr o gerbydau gwych yn cael eu tynnu gan geffylau yn aros ar gyfer y gynulleidfa.

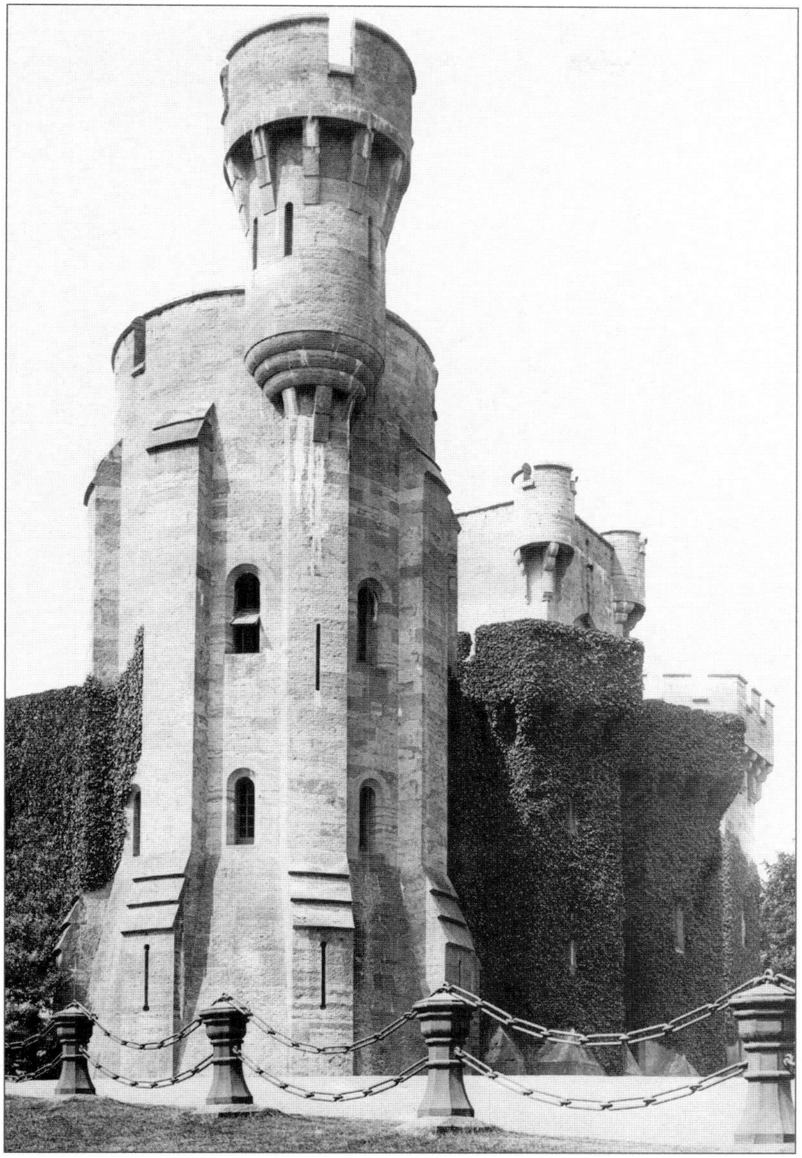

PENRHYN CASTLE, *The Entrance 1890* 23131
CASTELL PENRHYN, *Y Fynedfa 1890* 23131

The machicolated turrets and battlements may be reminiscent of an earlier age, but this was no military fortress: it was the neo-Norman country seat of Lord Penrhyn, the wealthiest landowner in north Wales. Begun in 1827, it was designed by the architect Thomas Hopper, and took 13 years to complete. Building work was financed from the profits from Jamaican sugar plantations and the Welsh slate industry.

Mae'r tyrrau rhyngdyllog a bylchfuriau yn dwyn ar gof oes gynharaf, ond nid caer filwrol oedd hwn: roedd yn sedd wledig neo-Normanaidd yr Arglwydd Penrhyn, y tir feddiannwr mwyaf cyfoethog yng Ngogledd Cymru. Fe'i dechreuwyd ym 1827, wedi ei ddylunio gan Thomas Hopper a gymrodd 13 mlynedd i'w orffen. Talwyd am y gwaith adeiladu gan elw planhigfeydd siwgr yn Jamaica a diwydiant llechi Cymreig.

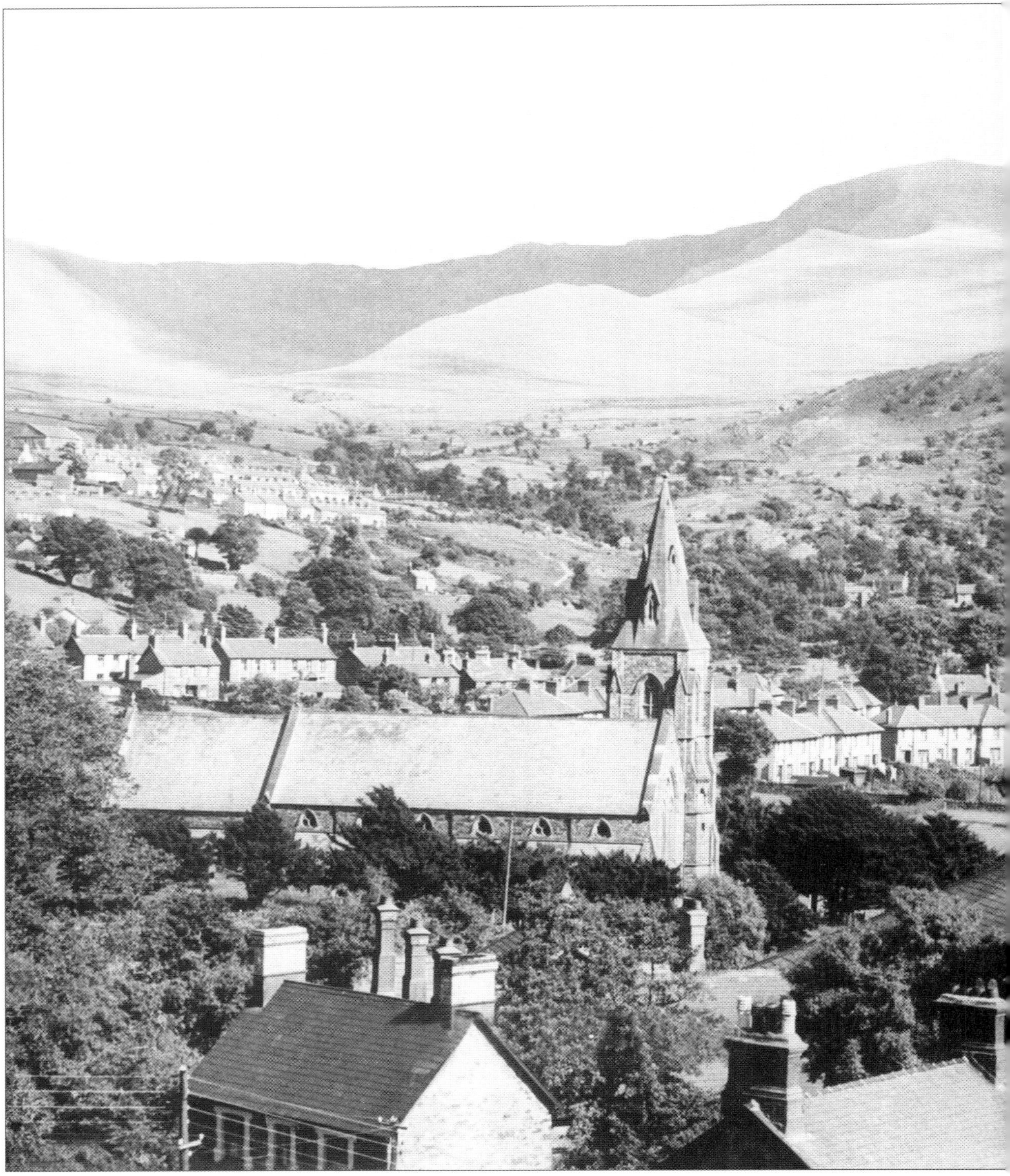

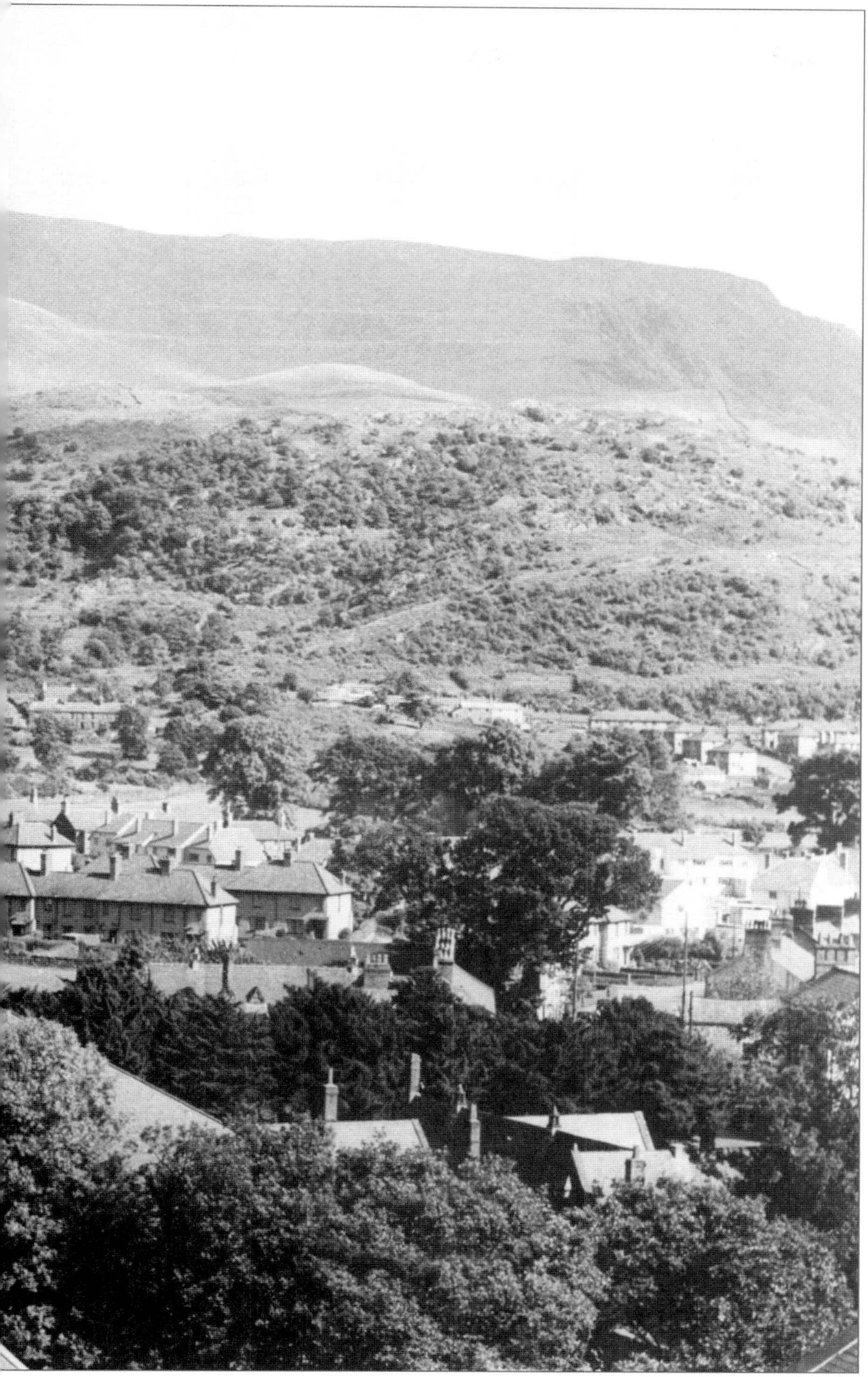

BETHESDA
Carnedd Dafydd c1960
B77015
BETHESDA
Carnedd Dafydd tua 1960 B77015

Behind the town of Bethesda, nestling in the heavily-wooded Ogwen valley, the summit of Carnedd Dafydd rises to 3426 ft. The little town of Bethesda developed in response to the Welsh slate industry.

Y tu ôl i dref Bethesda, wedi nythu yng nghoed trwm Dyffryn Ogwen, mae brig Carnedd Dafydd yn codi i 3426 troedfedd. Mae tref fechan Bethesda wedi datblygu yn sgil diwydiant llechfaen Cymreig.

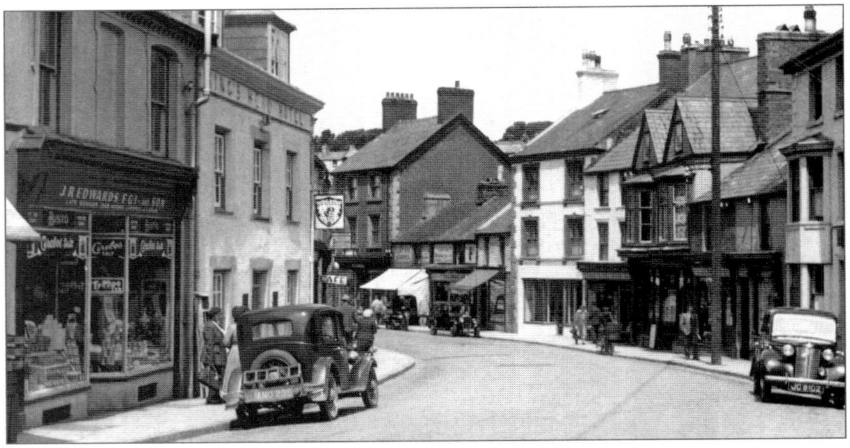

BETHESDA
High Street c1965 B77027
BETHESDA
Y Stryd Fawr tua 1965 B77027

Unlike Llanberis, Bethesda has always been a heavily industrial town, with little to attract tourists. The town and its surrounding satellite villages grew to house the workforce of Penrhyn Quarries. Its High Street is crammed with small shops and public houses serving the needs of local people rather than visitors.

Yn annhebyg i Lanberis, mae Bethesda wastad wedi bod yn dref yn drwm dan ddylanwad diwydiant, gyda nemor dim i ddenu twristiaid. Mae'r dref a'r pentrefi lloeren o amgylch wedi tyfu i anheddu gweithlu Chwareli Penrhyn. Mae ei Stryd Fawr yn llond o siopau bychain a thafarndai i ddiwallu anghenion pobl leol yn hytrach nag ymwelwyr.

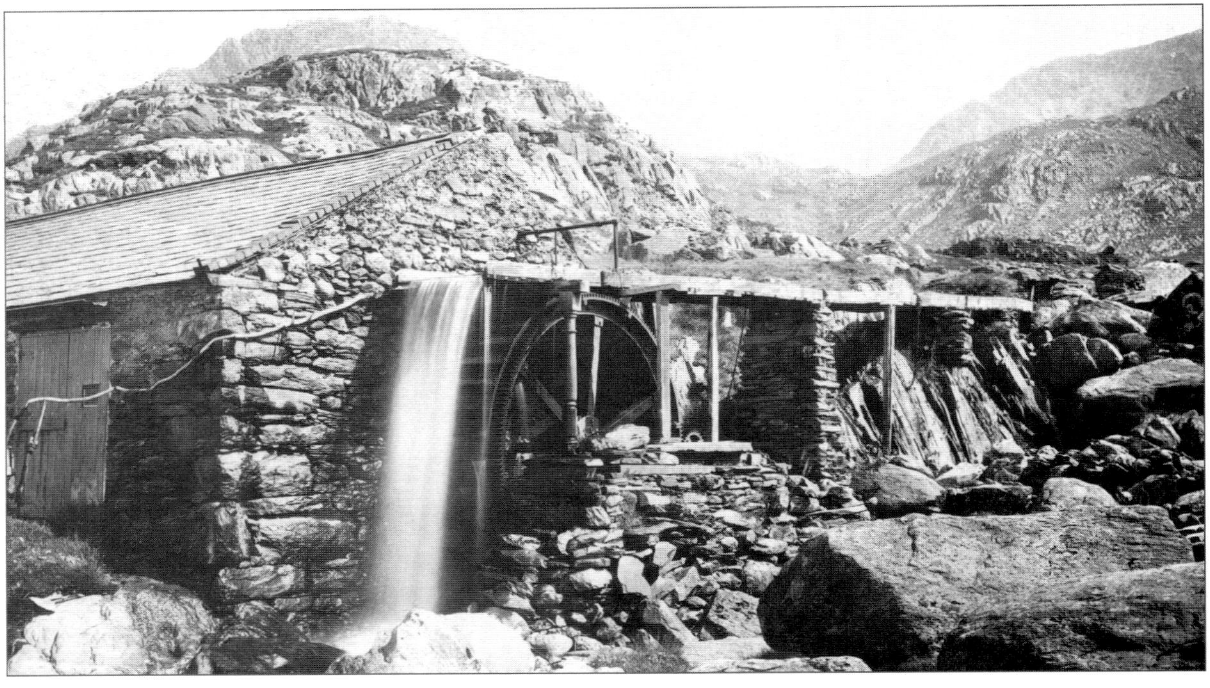

OGWEN, *The Mill 1890* 23138
OGWEN, *Y Felin 1890* 23138

A fast flowing mountain stream has been diverted into a millrace to power the overshot wheel of Ogwen Mill near Bethesda. Water power was harnessed to grind corn and to work fulling mills for the Welsh woollen industry, and later for industrial purposes.

Mae nant sydd yn llifo'n gyflym wedi ei ddargyfeirio i fewn i ffrwd y felin er mwyn pweru olwyn y Felin ger Bethesda Harneisiwyd pŵer dŵr i falu ŷd ac i weithio melinau pandai ar gyfer y diwydiant gwlân Cymreig ac yn ddiweddarach ar gyfer pwrpasau diwydiant.

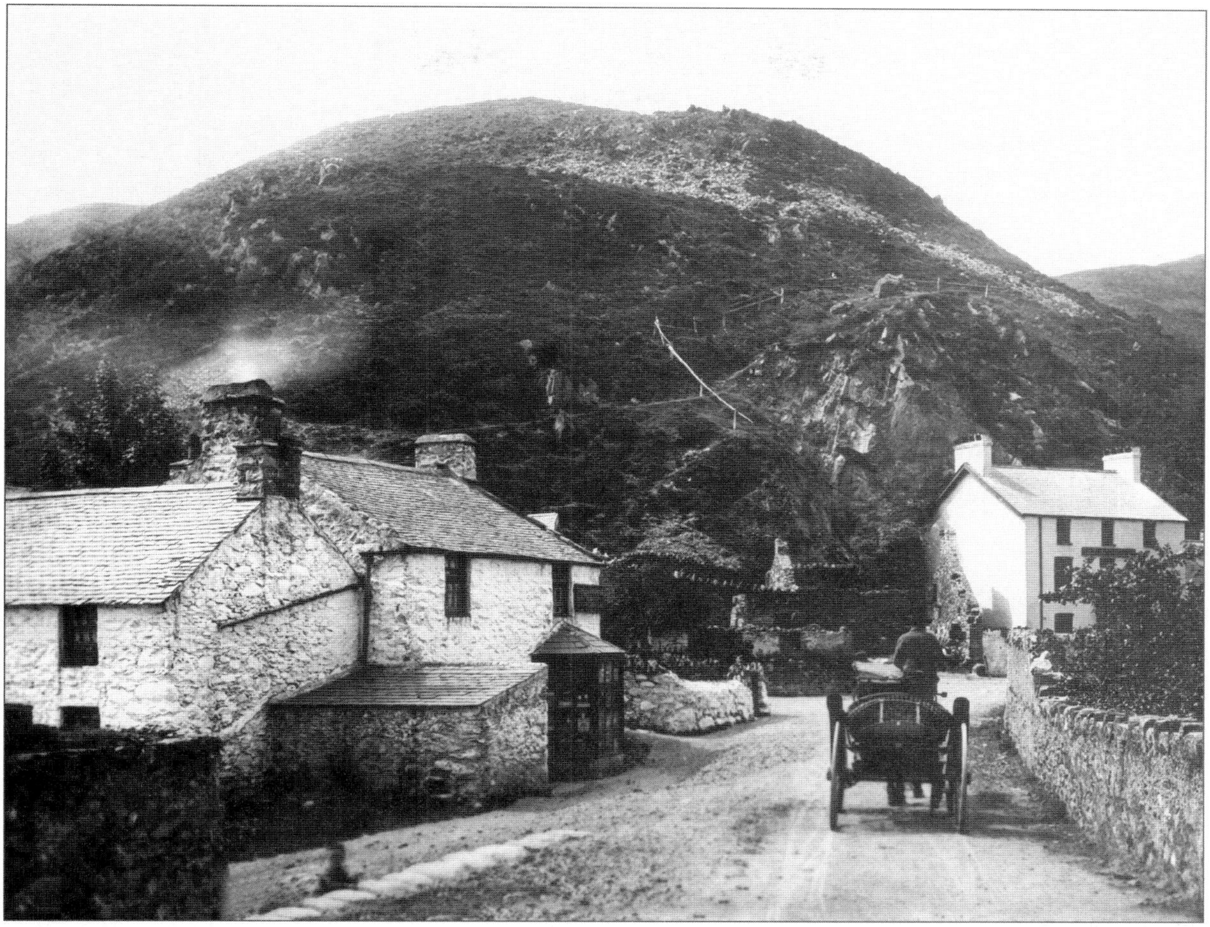

NANT FFRANCON *1887* 19931
NANT FFRANCON *1887* 19931

A horse and cart make their way past a cluster of traditional stone cottages, which include a store selling flour and provisions (left). The older cottages are sturdily built from local stone and slate. Their small square chimneys and small windows tell us they are pre Victorian in date. They contrast with the newer, three-storey, brick-built Victorian inn in the background.

Mae ceffyl a throl yn gwneud ei ffordd heibio clwstwr o dai cerrig traddodiadol, sydd yn cynnwys siop yn gwerthu blawd a bwydydd (ar y chwith). Mae'r bythynnod henach wedi eu hadeiladu'n gadarn allan o gerrig lleol a llechi. Mae eu simneiau bychain sgwâr a'u ffenestri bychain yn dweud wrthym eu bod cyn oes Fictoraidd. Maent yn gwrthgyferbynnu â'r dafarn Fictoraidd sydd yn fwy newydd gyda thri llawr, wedi ei adeiladu allan o briddfeini cochion

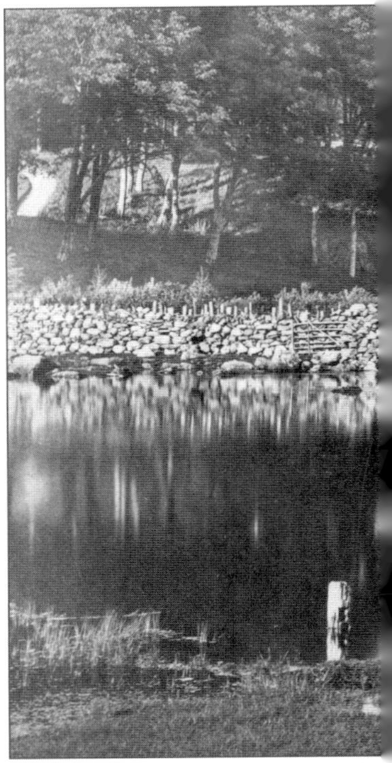

▶ **CAPEL CURIG,** *The Bridge c1870* 5100
CAPEL CURIG, *Y Bont tua 1870* 5100

The lake of Dyffryn Mymbyr lies in a broad, windswept upland valley. It is almost divided into twin lakes by a central delta. Beside the stone causeway and bridge, rowing boats invite anglers or sightseers to venture out on the water. Capel Curig village stands at a junction of valleys on the London to Holyhead road, and has long been a stopping place for travellers and visitors.

Mae llyn Dyffryn Mymbyr yn gorwedd mewn cwm uwchdir llydan gwyntog. Mae bron wedi ei wahanu yn efell lynnoedd gan y delta canolog. Ger y sarn gerrig a'r bont, mae cychod rhwyfo yn gwahodd pysgotwyr neu ymwelwyr i fentro allan ar y dŵr. Saif pentref Capel Curig ar gyffordd y cymoedd ar y ffordd o Lundain i Gaergybi ac mae wedi bod yn arosfa am amser hir i deithwyr ac ar gyfer ymwelwyr

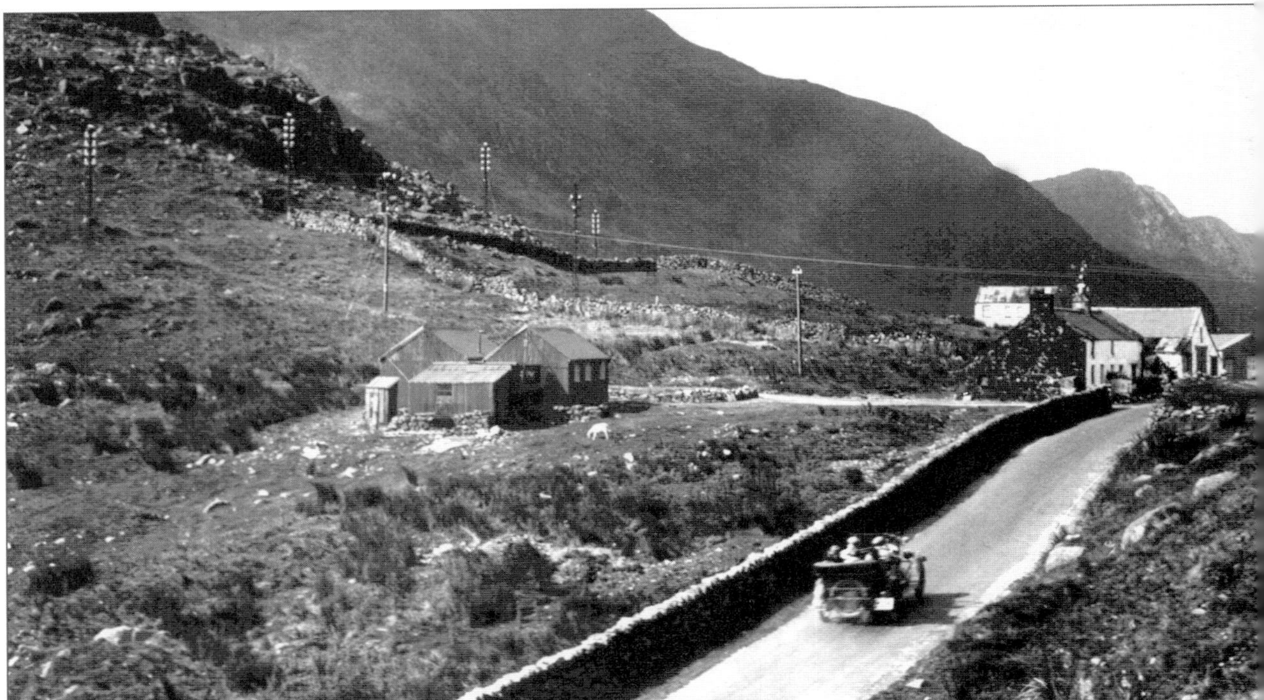

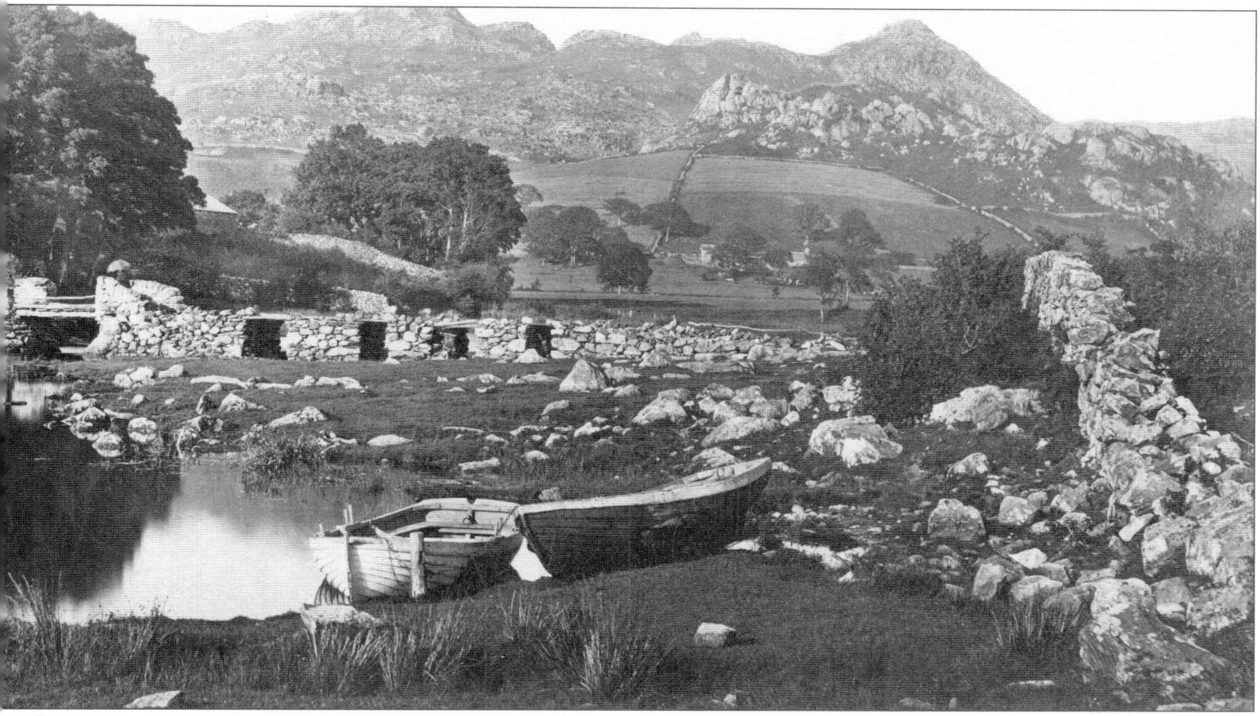

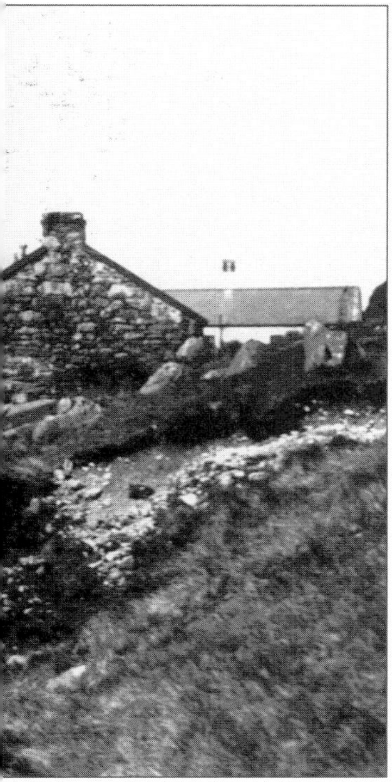

LLANBERIS, *The Top of Llanberis Pass c1955* L66027
PEN BWLCH LLANBERIS, *tua 1955* L66027

This open-topped car laden with tourists has just crawled up the narrow, zig-zag road to the top of the pass. At a height of 1169 ft, this is one of the highest passes in north Wales accessible by road. Spectacular views of the Snowdon and Glyder mountains rewarded visitors at the top on a clear day. The Gorphwysfa Hotel offered refreshments.

Mae'r car pen agored wedi ei lwytho gan dwristiaid newydd ddringo i fyny'r ffordd igam-ogam i ben y bwlch. Ar uchder o 1169 troedfedd, mae hwn yn un o'r bylchau uchaf yng Ngogledd Cymru, y gellir cael mynediad iddo gan heol. Cafodd ymwelwyr eu gwobrwyo gan olygfeydd ysblennydd o ben mynyddoedd Yr Wyddfa a'r Glyder, ar ddiwrnodau clir. Roedd Gwesty'r Orffwysfa yn cynnig lluniaeth

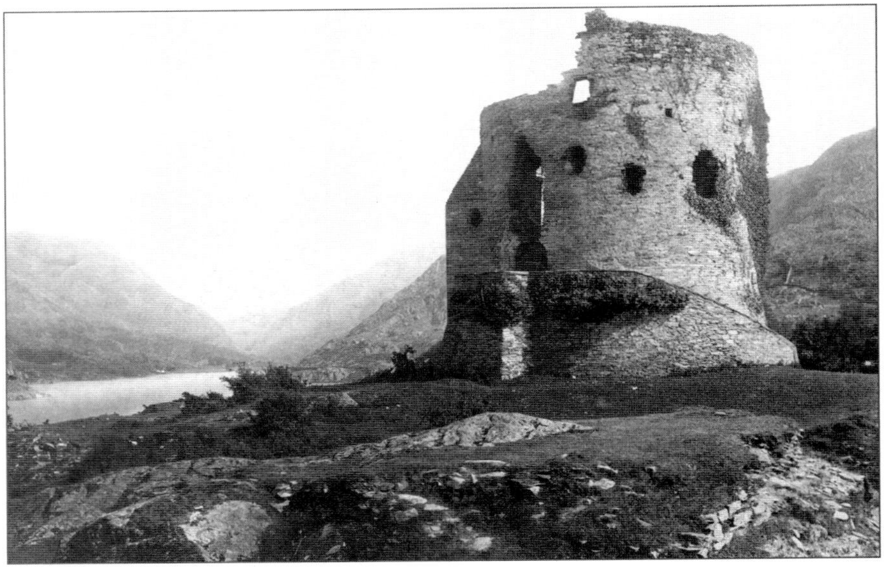

LLANBERIS PASS,
Dolbadarn Castle 1896
37760
BWLCH LLANBERIS,
Castell Dolbadarn 1896
37760

With its round keep and massive masonry, Dolbadarn Castle is one of the finest examples of a castle of the Welsh princes. Unlike other 'gateway' castles, such as Cricieth, which guard the approaches to the kingdom, Dolbadarn stands in the heart of the territory of Llewellyn Fawr, who used the title of Lord of Snowdon, and held important royal cattle ranches in the upland cwms nearby.

Gyda'i gorthwr crwn, gwaith maen anferth, mae Castell Dolbadarn un o esiamplau gorau o gastelli'r tywysogion Cymreig Yn annhebygol i gestyll mynedfa eraill, megis Criccieth, sydd yn gwarchod dynesfeydd y deyrnas, saif Dolbadarn yng nghalon tiriogaeth Llewelyn Fawr, a fu'n defnyddio'r teitl Arglwydd yr Wyddfa, ac yn dal ffermydd gwartheg pwysig yng nghymoedd ucheldiroedd y cymoedd cyfagos.

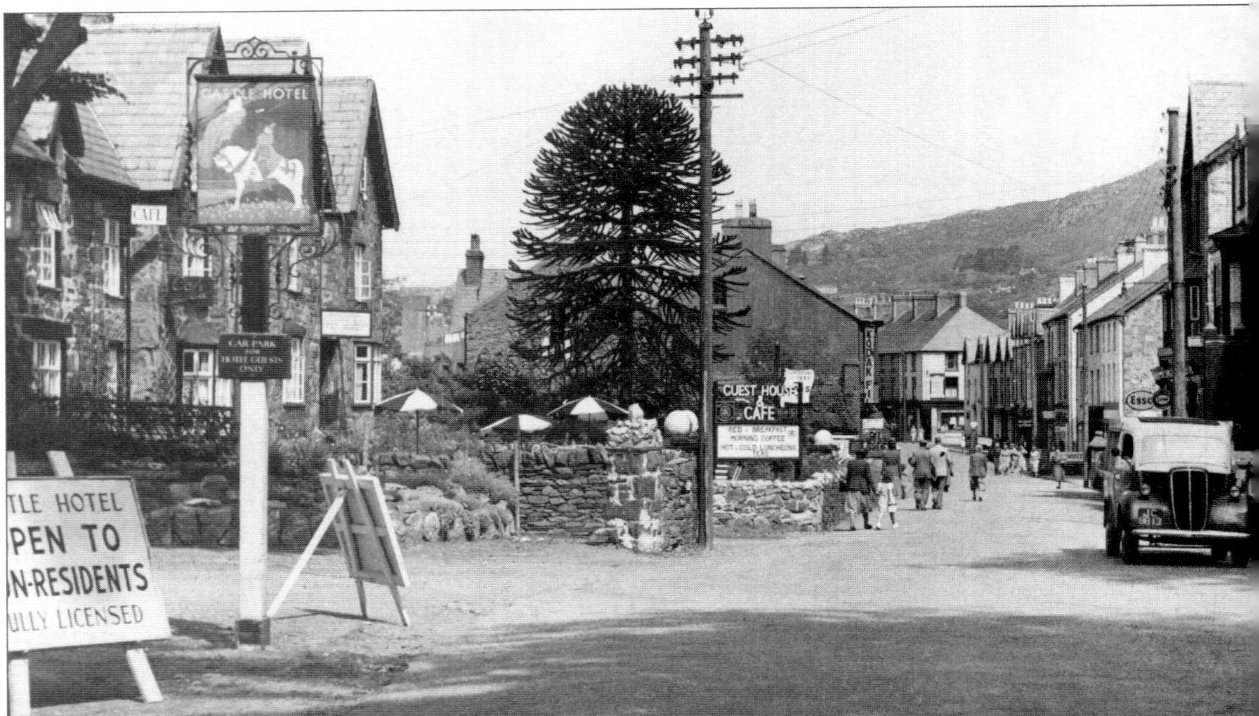

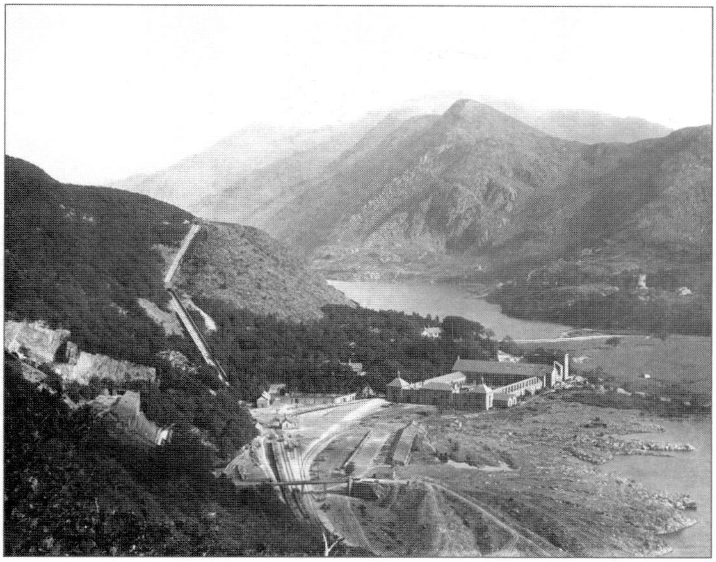

LLANBERIS
View of Snowdon 1896 37766
LLANBERIS
Golyfga'r Wyddfa 1896 37766

In the foreground we can see the workshops of Dinorwic Quarries. The striking architecture was modeled on that of a fort. Above rise slate waste tips and a steep incline, down which laden wagons of slate slabs were winched. In the 19th century, Dinorwic Quarries was one of the two biggest slate quarries in the world.

Yn y blaendir gellir gweld gweithdai Chwarel Dinorwig. Mae'r bensaernïaeth drawiadol wedi ei selio ar ffurf caer. Uwchben tomennydd sbwriel llechfaen a llethr serth, bu wagenni yn llawn o slabiau o lechfaen yn cael eu winsio i lawr. Yn y 19fed ganrif roedd Chwarel Dinorwig yn un o ddau gwarel llechfaen mwyaf y byd.

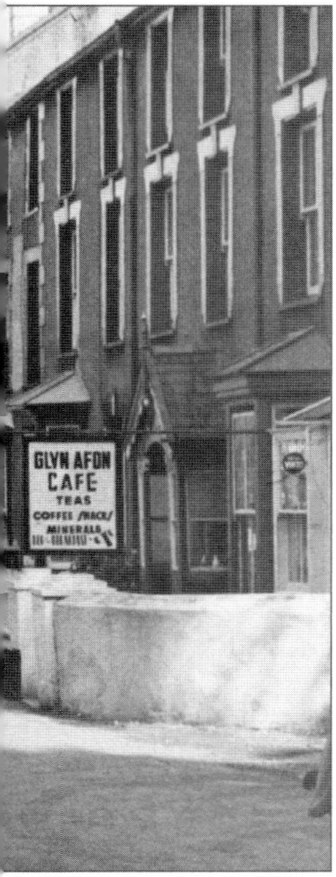

LLANBERIS, *High Street c1960* L66184
LLANBERIS, *Y Stryd Fawr tua 1960* L66184

Llanberis village first began to expand as a result of slate quarrying, but its position at the foot of Snowdon, in the heart of some of the most spectacular scenery in Wales, made it a magnet for tourists. In this busy street we see the signs for a hotel, a guest house, a souvenir shop and several cafes. The Castle Hotel is on the left. Beyond the Glyn Afon Café on the right is an Esso garage.

Dechreuodd pentref Llanberis ddatblygu yn sgil chwarela llechfaen, ond mae ei leoliad ar draed yr Wyddfa, yng nghanol rhai o'r golygfeydd mwyaf ysblennydd yng Nghymru, yn ei wneud yn fagnel i dwristiaid. Yn y stryd brysur hon gellir gweld arwyddion gwesty, gwestai, siop cofroddion a nifer o dafarndai bwyta. Mae Gwesty'r Castell ar y chwith. Y tu ôl i Gaffi Afon Glyn ar y de, mae modurdy Esso.

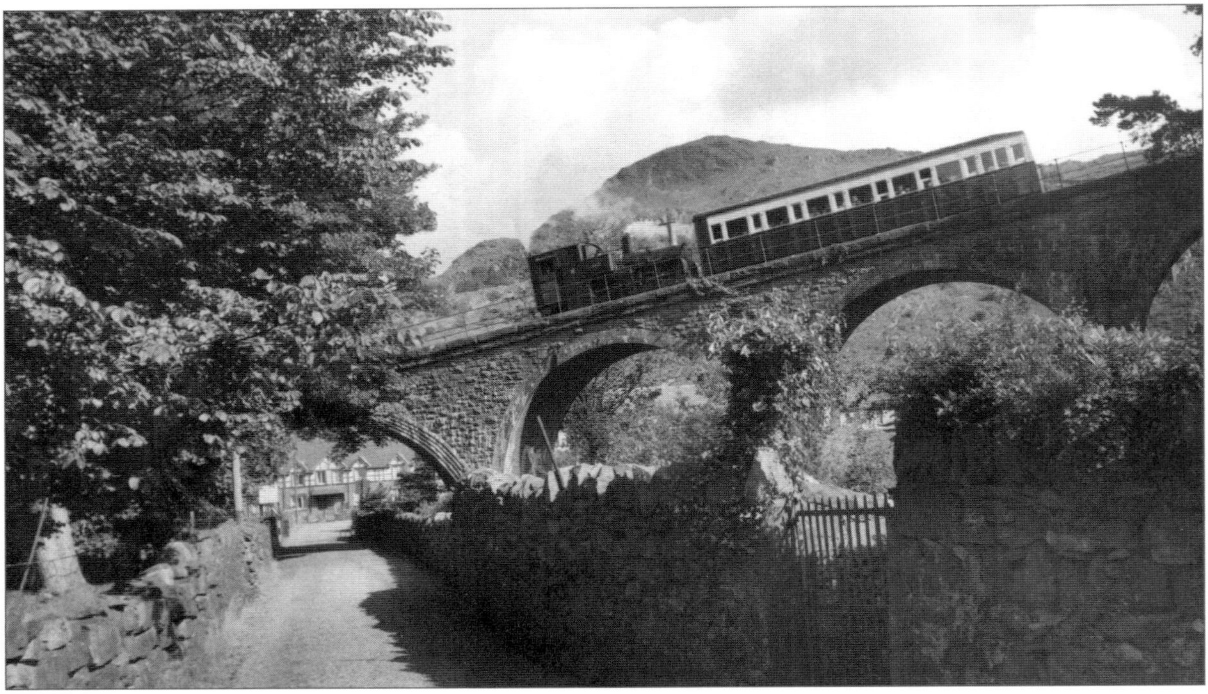

▲ **LLANBERIS**
The Snowdon Mountain Railway c1960 L66253
LLANBERIS
Rheilffordd yr Wyddfa. tua 1960 L66253.

The Vaynol Estate manager, Captain N P Stewart, declared in 1894 that Snowdon 'should not be the monopoly of climbers'. After the mountain railway was completed in 1896, a far greater number of visitors were able to enjoy the views (weather permitting) from Wales's highest mountain. The gradient, as we can see, was extremely steep for a railway, and a rack and pinion mechanism was used, modelled on railways in Switzerland.

Ym 1894, datganodd y Capten N P Stewart, rheolwr Ystad y Faenol, 'na ddylai'r Wyddfa fod yn fonopoli i ddringwyr' Wedi i'r rheilffordd gael ei gorffen ym 1896, roedd nifer fwyaf o ymwelwyr yn gallu mwynhau'r golygfeydd (a'r tywydd yn caniatáu) oddi ar fynydd uchaf Cymru. Roedd y graddiant, fel y gallwn weld, yng ngor-serth ar gyfer rheilffordd, a defnyddiwyd mecanwaith rac a phiniwn, ar fodel rheilffyrdd y Swistir

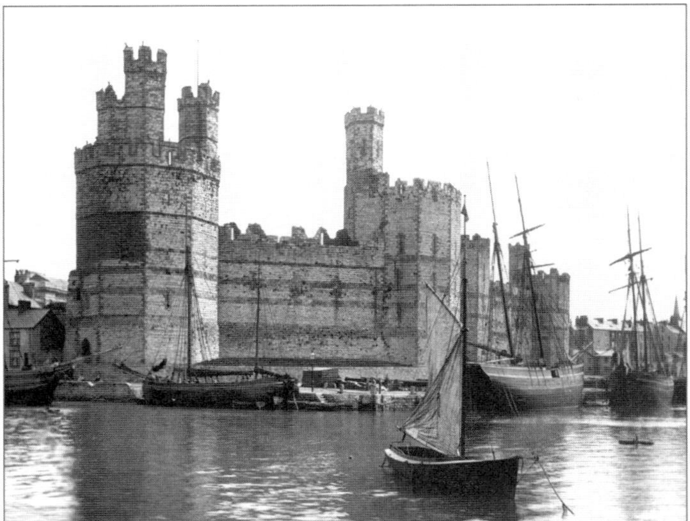

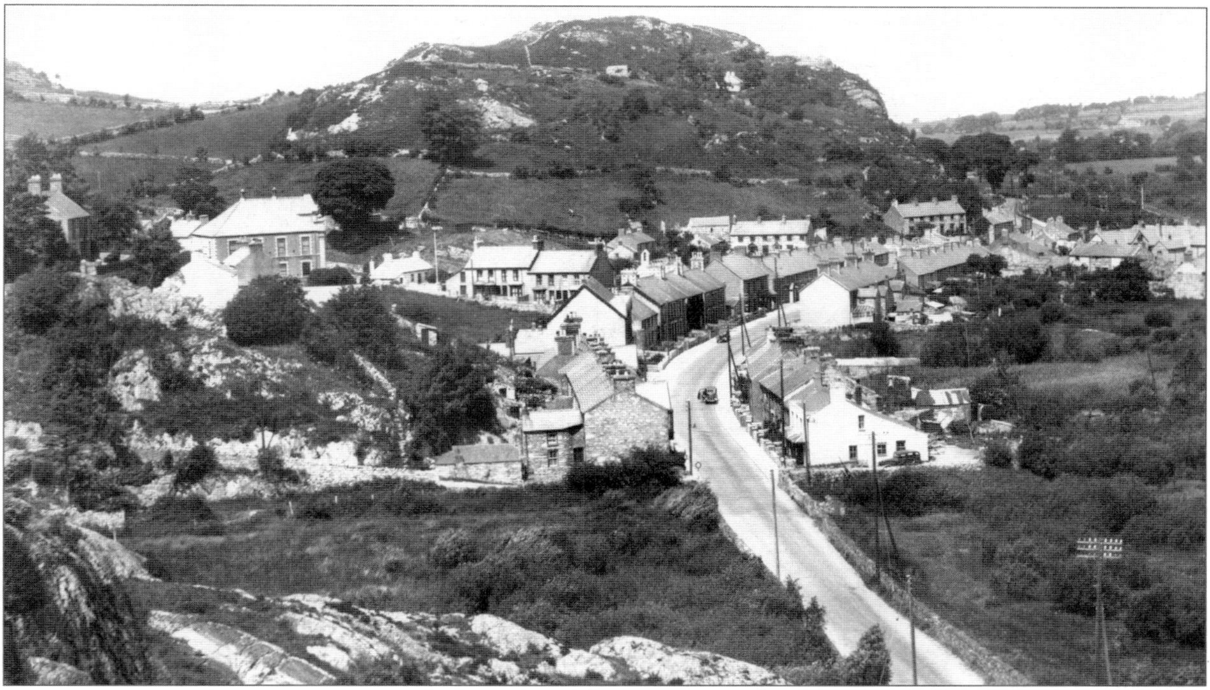

CWM Y GLO, *The Village from the Rocks c1955* C701002
CWM Y GLO, *Y Pentref oddi ar y Creigiau, tua 1955* C701002

Many of the residents of these rows of stone-built, terraced cottages were employed in the slate industry or its ancillary industries. Cwm y Glo was one of a number of small villages encircling the Dinorwic Quarries, the most important source of employment in the area.

Mae nifer o drigolion o'r rhesi yma o dai teras, wedi eu hadeiladu o gerrig yn gweithio yn y diwydiant llechfaen neu ei ddiwydiannau ategol. Roedd Cwm y Glo yn un o'r nifer o bentrefi bychain o amgylch Chwarel Dinorwig, y ffynhonnell fwyaf pwysig o gyflogaeth yn yr ardal

◄ **CAERNARFON CASTLE** *1890* 23112
CASTELL CAERNARFON *1890* 23112

In 1890 the Welsh slate industry was at its peak of production, and the busy harbour at Caernarfon is full of slate ships, with rows of roofing slates stacked on the quay ready for loading. Behind rise the towers and banded walls of Caernarfon Castle, Edward I's magnificent medieval fortress.

Ym 1890 roedd y diwydiant llechfaen Cymreig ar frig ei gynhyrchiad ac roedd porthladd prysur Caernarfon yn llawn o longau llechfaen, gyda rhesi o lechi to wedi pentyrru ar y cei yn barod i'w llwytho. Y tu ôl, gwelir codiad tyrrau a gwelydd bandog Castell Caernarfon, caer canoloesol gwych Edward y cyntaf.

▼ **WAUNFAWR,** *The Post Office 1935* 86876
WAUNFAWR, *Y Swyddf Bost 1935* 86876

Despite its scenic location between the mountains of Moel Elio and Moelwyn Mawr, Waunfawr was strictly an industrial village. Many of its residents worked in Hafodywern slate quarry or local iron mines. The name (meaning 'a great moor') offers clues to the village's origins, for many quarrying settlements began when squatters built small cottages on common land.

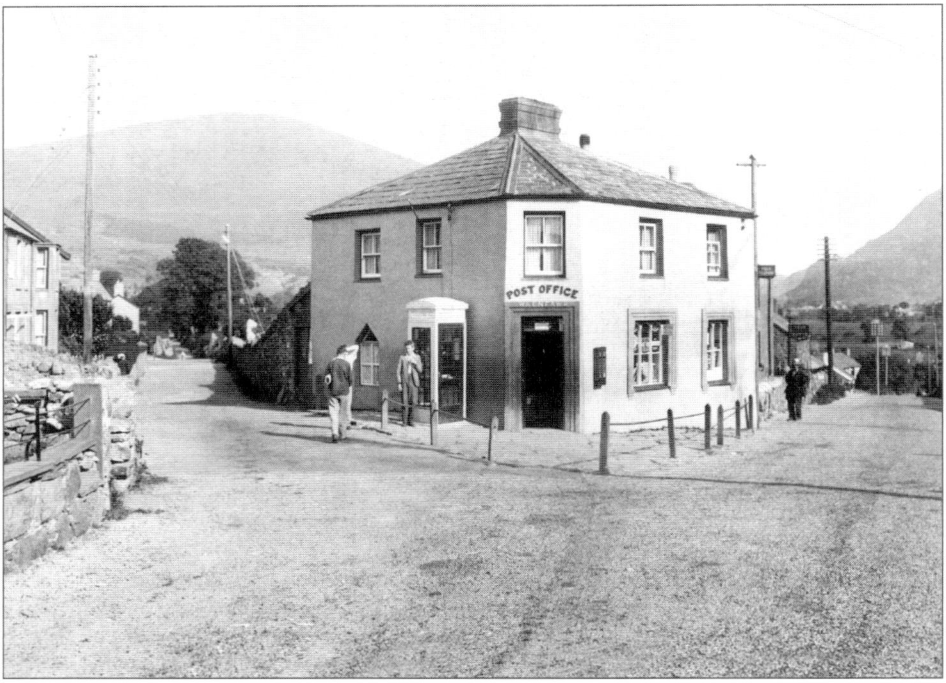

◀ Er gwaethaf ei leoliad golygfaol rhwng mynyddoedd Moel Elio a Moelwyn Mawr, yn fanwl roedd Waunfawr yn bentref diwydiannol. Roedd nifer o'r trigolion yn gweithio yng nghwarel llechfaen Hafodywern neu weithfeydd mwyngloddio haearn. Mae'r enw (a'i ystyr yw rhos fawr) yn cynnig cliw i darddiad y pentref, oherwydd i nifer o anheddau ddechrau wrth i sgwatwyr adeiladu tai bychain ar dir comin.

► **BETWS GARMON**
The Snowdon Ranger Hotel 1933 85671
BETWS GARMON
Gwesty Ceidwad yr Wyddfa 1933 85671

The Snowdon Ranger Hotel stands on the shores of Llyn Cwellyn in one of the most beautiful valleys in north Wales. The original founder of the hotel acted as a mountain guide. One of the paths up the southern ridge of Snowdon starts close by. Later it became a popular stopping place for early motorists and other visitors; the hotel offered boat hire and fishing permits.

Saif Gwesty Ceidwad yr Wyddfa ar lannau Llyn Cwellyn, un o gymoedd mwyaf prydferth yng Ngogledd Cymru. Roedd sefydlydd gwreiddiol y gwesty yn actio fel tywysydd mynydd. Mae un o'r llwybrau i fyny'r esgair ddeheuol yr Wyddfa yn dechrau gerllaw. Yn ddiweddarach daeth yn arosfa boblogaidd gan y modurwyr cynnar ac ymwelwyr eraill; roedd y gwesty yn cynnig cychod i'w llogi a hawlenni pysgota.

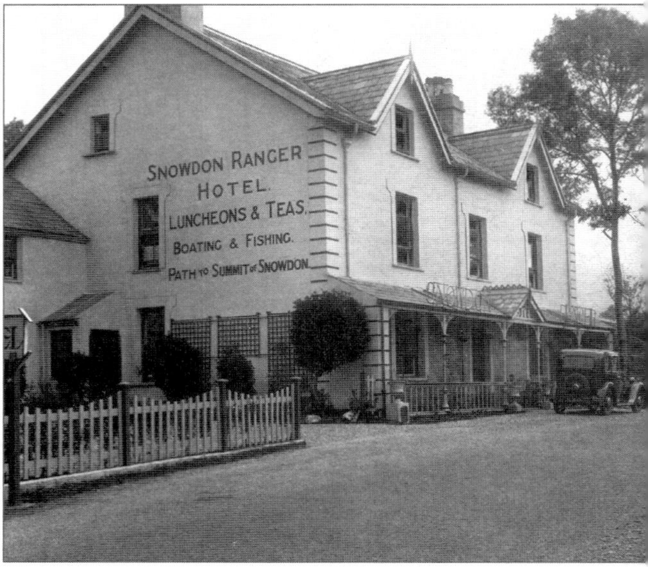

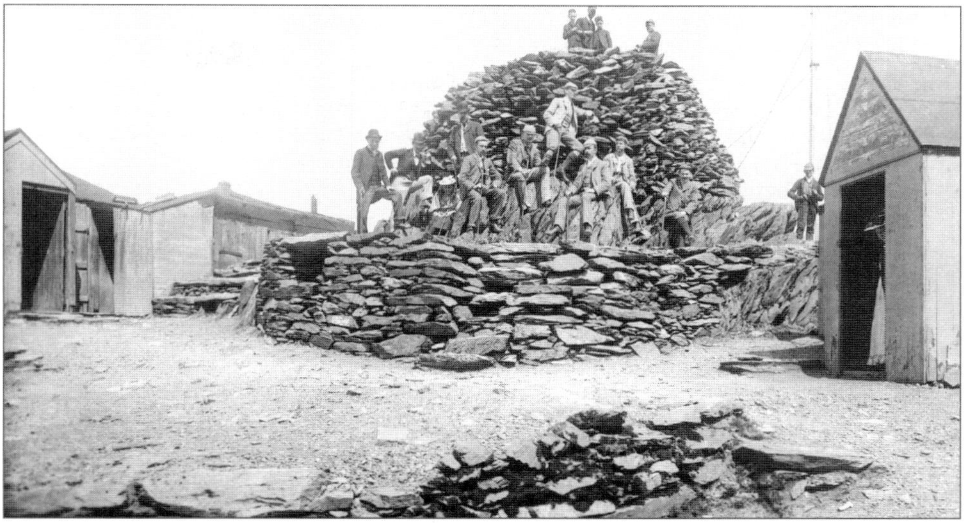

▲ **SNOWDON,** *The Summit Hotels and the Summit Cairn 1892* 30162
YR WYDDFA, *Gwesty'r Copa a Charnedd y Copa 1892* 30162

Snowdon, rising to 3565 feet, is the highest mountain in Wales. Mountain guides offered their services to intrepid Victorian walkers wanting to ascend Snowdon. The serious expression on the faces of the young men, one clad in plus fours, posing for their photograph on the summit cairn, suggests the effort involved. A number of wooden cabins, euphemistically described as 'hotels', offered shelter and refreshment.

Yr Wyddfa, sydd yn codi i 3565 o droedfeddi, yw'r mynydd uchaf yng Nghymru. Roedd tywysyddion mynydd yn cynnig eu gwasanaeth i ddringwyr Fictoraidd di-ofn ag arnynt awydd i ddringo'r Wyddfa. Mae mynegiad difrifol ar wynebau'r dynion ifainc, un wedi ei wisgo mewn trowsus pen glin, yn aros am eu llun ar garnedd y copa yn awgrymu'r ymdrech wrth ddringo. Mae nifer o gytiau pren, yn cael eu disgrifio'n bersain fel "gwestai", yn cynnig lloches a lluniaeth.

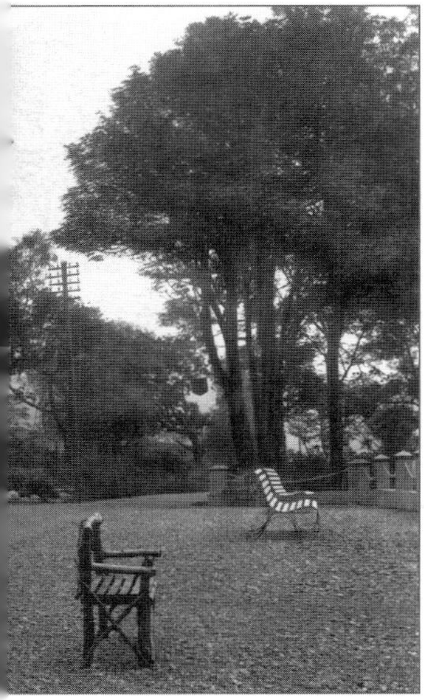

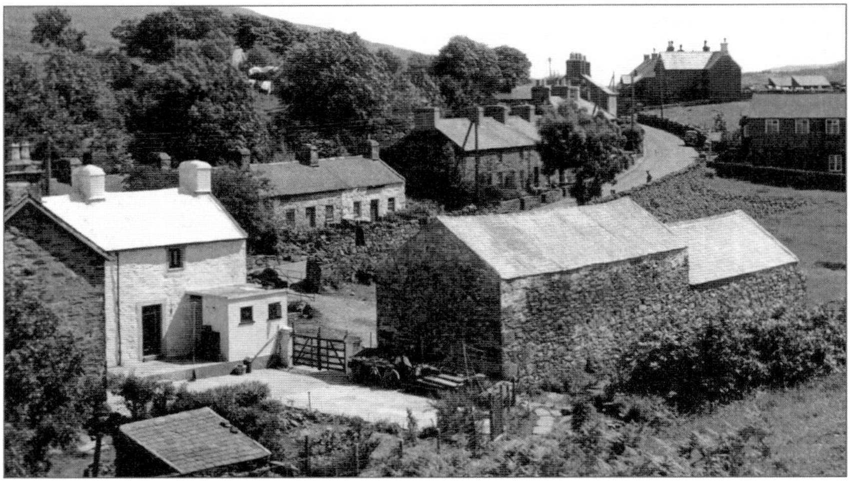

RHYD DDU
General View c1955 R342038
RHYD DDU
Golygfa Gyffredinol tua 1955 R342038

The rugged stone and rubble-built cottages in the upland hamlet of Rhyd Ddu, with their overhanging slate roofs and solid square chimneys, have to be stoutly built to withstand local weather conditions. This is an area of high rainfall, and gale-force winds frequently batter the valley. The hamlet's name gives us a clue to the origins of the settlement: Rhyd Ddu means 'the black ford'.

Mae'r bythynnod wedi eu hadeiladu o gerrig garw a rwbel ym mhentrefan ucheldir Rhyd Ddu, gyda'u toi llechfaen gordo a simneiau caled cryf, yn gorfod cael eu hadeiladu'n gryf i wrthsefyll amodau tywydd lleol. Mae hwn yn ardal o lawiad uchel ac mae gwyntoedd graddfa tymhestloedd yn curo'r cwm. Mae enw'r pentrefan yn cynnig cliw am darddiad yr anheddiad: yr ystyr yw 'rhyd sydd yn ddu'.

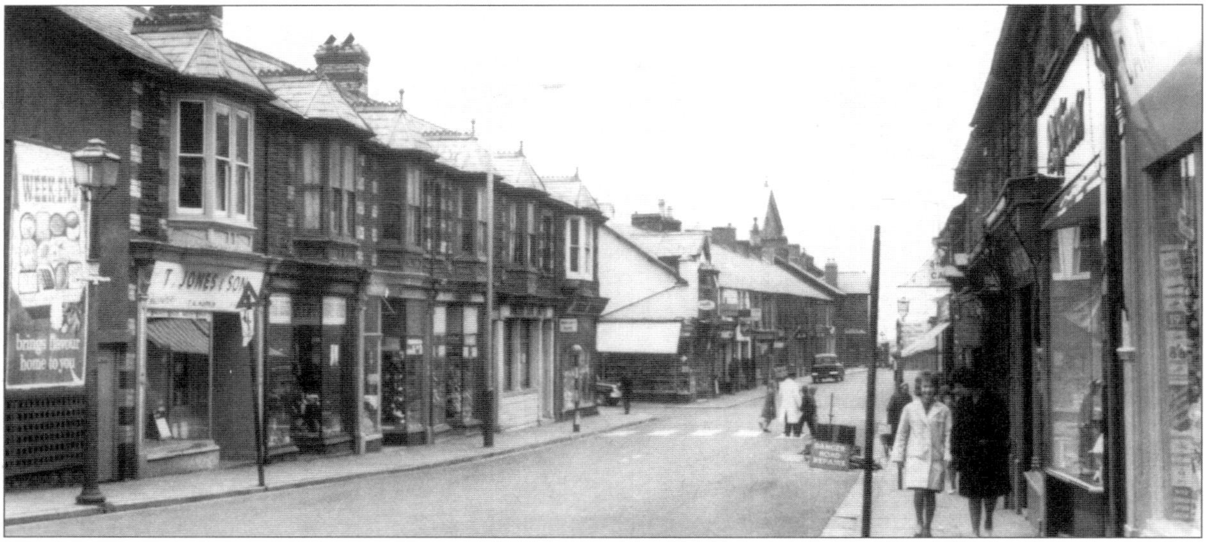

PENYGROES, *Water Street c1965* P324007
PENYGROES, *Stryd y Dŵr tua 1965* P324007

Penygroes, standing at the entrance to the Nantlle valley, is an industrial small town which expanded in the mid 19th century as a result of slate quarrying. The array of shops and the Barclays bank on the corner serve a strictly local, Welsh-speaking community. A lollipop man at the crossing beyond ushers local schoolchildren across the main Caernarfon to Porthmadog road.

Mae Penygroes, a saif wrth fynediad Cwm Nantlle yn dref fechan ddiwydiannol a ehangodd yng nghanol y 19eg ganrif yn sgil chwarela llechfaen. Mae trefn y siopau a Banc Barclays ar y gornel yn gwasanaethu cymdogaeth gyfyng sydd yn siarad Cymraeg. Mae dyn lolipop ar y groesfan yn tywys plant ysgol leol ar draws y ffordd o Gaernarfon i Borthmadog.

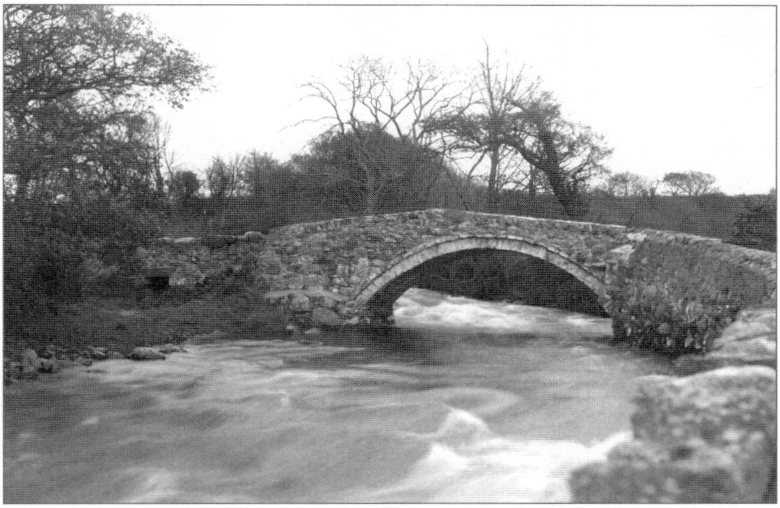

PONTLLYFNI
Pont Y Cim c1940 P320001
PONTLLYFNI
Pont y Cim tua 1940 P320001

The fast flowing river Llyfni carries water from the whole of the mountainous Nantlle valley out into Caernarfon Bay. The elegant single-arched stone bridge at Pont y Cim is an earlier crossing point; today it is bypassed by the main Caernarfon to Pwllheli road.

Mae Afon Llyfni sydd yn llifo'n gyflym yn cario dŵr o holl fynyddoedd Cwm Nantlle allan i Fae Caernarfon. Mae'r bont gerrig un bwa coeth ym Mhont y Cim yn fan croesi gynharach; heddiw mae ffordd yn ei osgoi gan ffordd fawr Caernarfon i Bwllheli

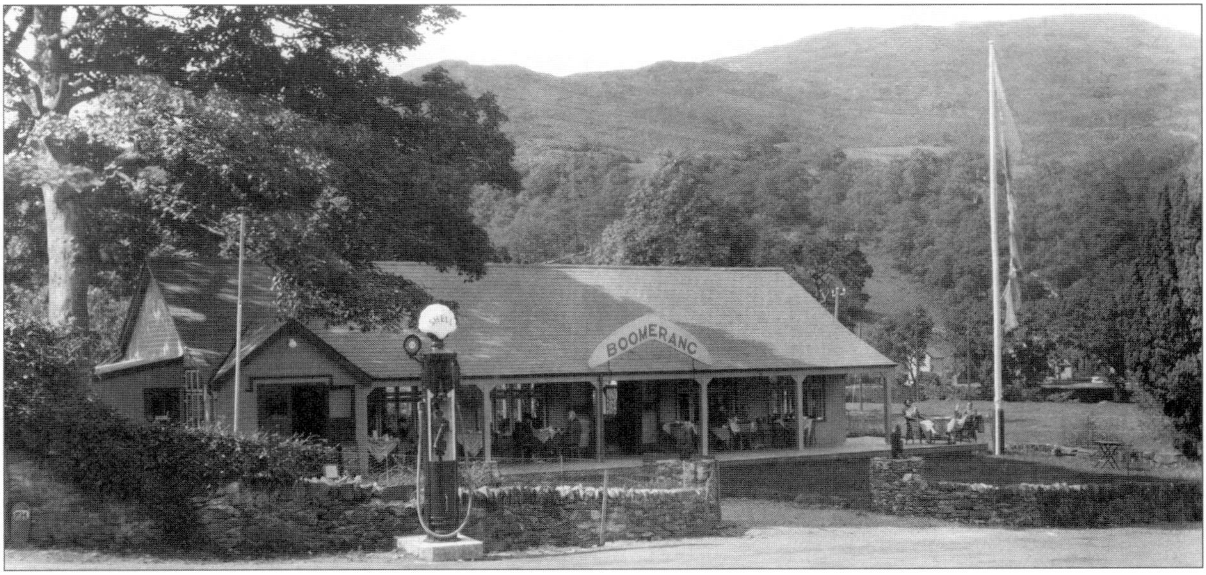

BEDDGELERT, *The Boomerang Café c1950* B49060
BEDDGELERT *Caffi'r Bwmerang tua 1950* B49060

Since the 18th century, the small village of Beddgelert has attracted visitors because of its location in the very heart of the mountains. Over the years services for visitors have adapted to changing times. At the Boomerang café, visitors sit at tables on a sheltered open-air terrace. The delightful old-fashioned petrol pump encourages passing motorists to refuel at one of the last fuel-stops before Llanberis Pass.

Er y 18fed ganrif, mae pentref bychan Beddgelert wedi denu ymwelwyr oherwydd ei leoliad yng nghanol y mynyddoedd. Dros y blynyddoedd mae gwasanaethau ar gyfer ymwelwyr wedi ei haddasu ar gyfer amseroedd newidiol. Yng Nghaffi'r Bwmerang mae ymwelwyr yn eistedd ar fyrddau ar deras awyr agored. Mae'r pwmp petrol hen ffasiwn hyfryd yn annog modurwyr sydd yn mynd heibio i ail lenwi â thanwydd yn un o stopiau tanwydd diwethaf cyn Bwlch Llanberis.

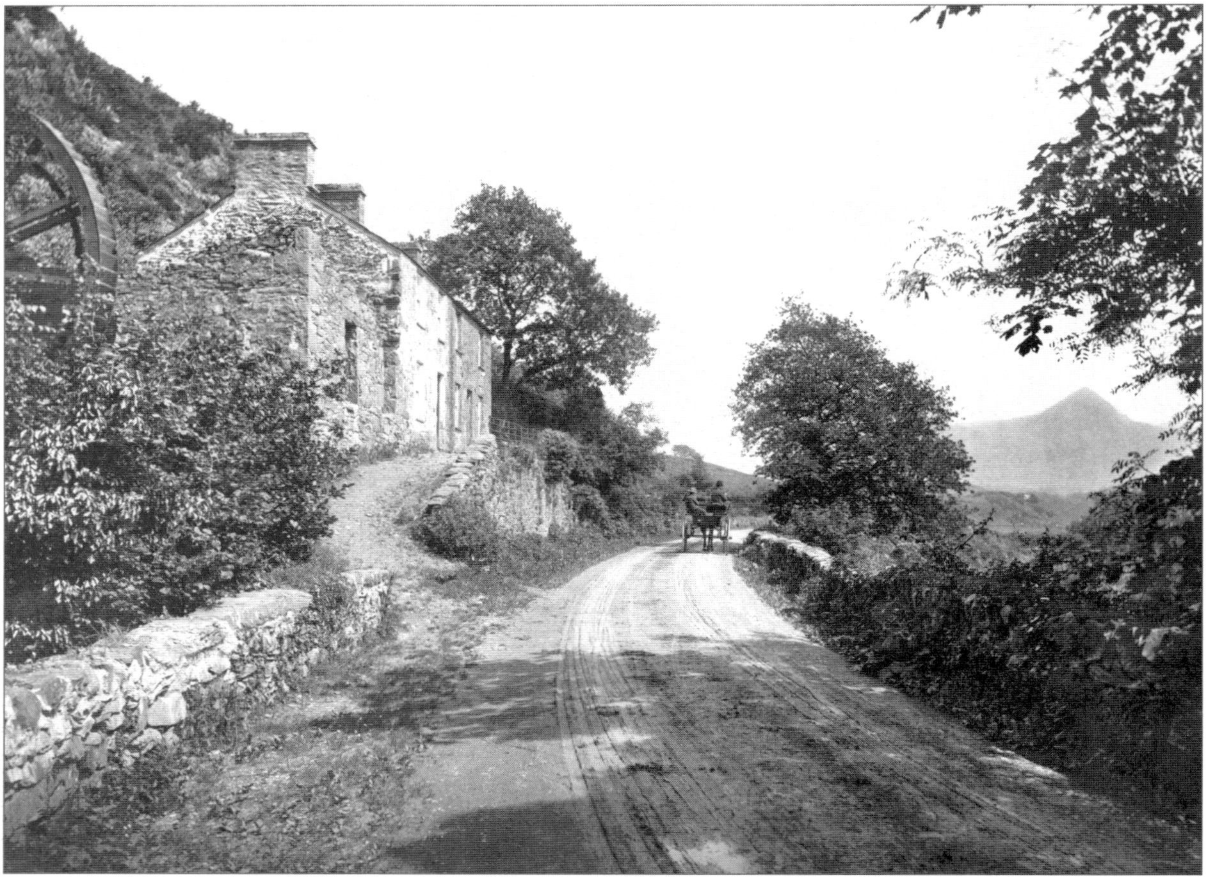

ABERGLASLYN, *A Mountain Road 1890* 1852B
ABERGLASLYN, *Heol Fynydd 1890* 1852B

The sharp detail captured by the Victorian photographer highlights the difficulties of travel in the past amongst the mountains of north Wales - although it is summer, the un-surfaced road is rutted and muddy. A water wheel is visible beside the cottages in the extreme left of the picture.

Mae'r manylion siarp wedi eu dal gan y ffotograffydd Fictoraidd yn uwch oleuo trafferthion teithio yn y gorffennol ymhlith mynyddoedd Gogledd Cymru – er ei bod hi'n haf mae'r ffordd, heb ei wynebu, yn rhigol ac yn fwdlyd.Gellir gweld olwyn ddŵr gerllaw y bythynnod ar ochr eithaf chwith y darlun.

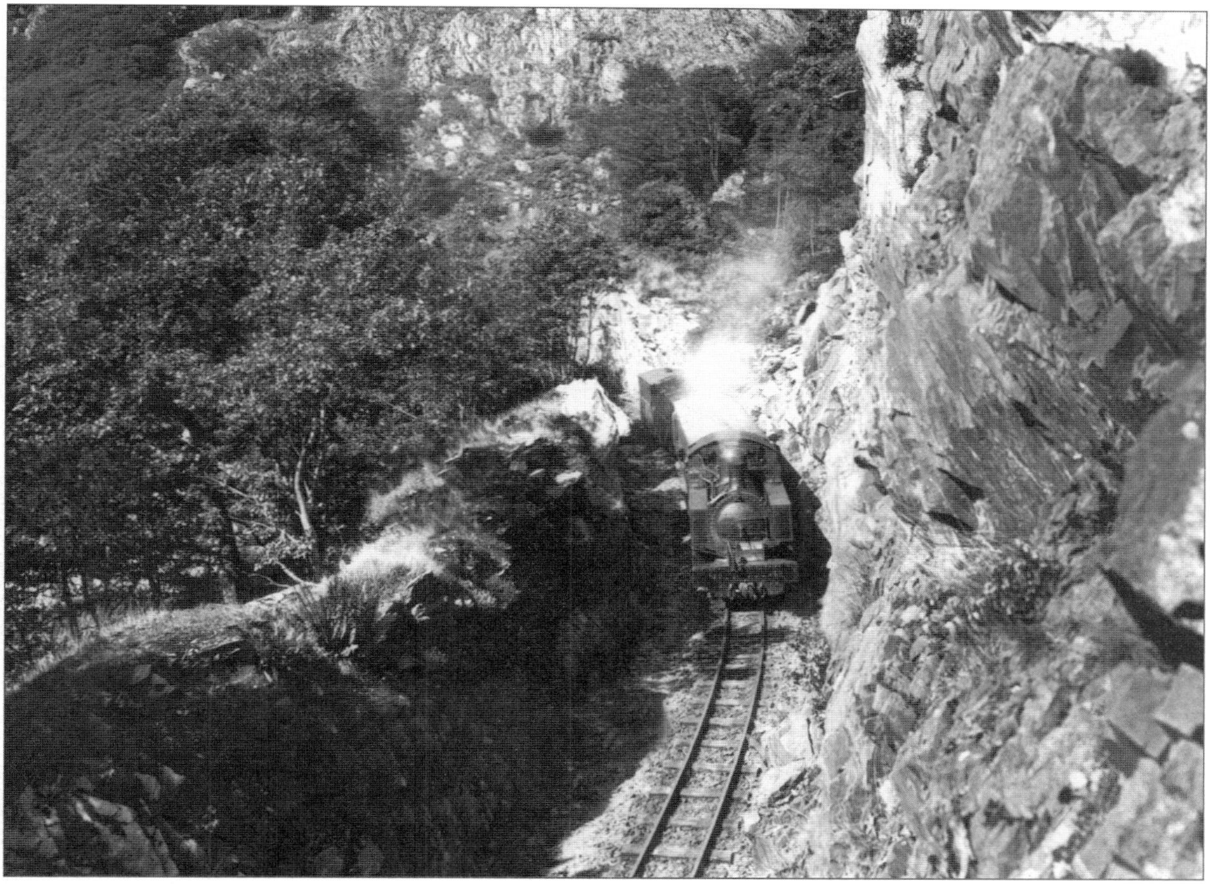

ABERGLASLYN, *The Railway 1925* 77830
ABERGLASLYN, *y Rheilffodd 1925* 77830

A train hauls its carriages along a gorge in the Aberglaslyn valley. This section of the Welsh Highland Railway, which passes through the very heart of the mountains, was not completed until 1923. The rugged nature of the landscape here, and the narrowness of the cutting, hewn through solid rock, hint at the challenges that faced its builders. The railway closed in 1936.

Mae trên yn tynnu cerbydau ar draws geunant yng Nghwm Aberglaslyn. Ni orffennwyd yr adran yma o Reilffordd Ucheldir Cymru, sydd yn mynd heibio canol y mynyddoedd, tan 1923. Mae natur garw y dirwedd yma, a chulni'r toriad, wedi ei dorri trwy graig galed, yn awgrymu'r her a wynebwyd gan yr adeiladwyr. Caeodd y rheilffordd ym 1936.

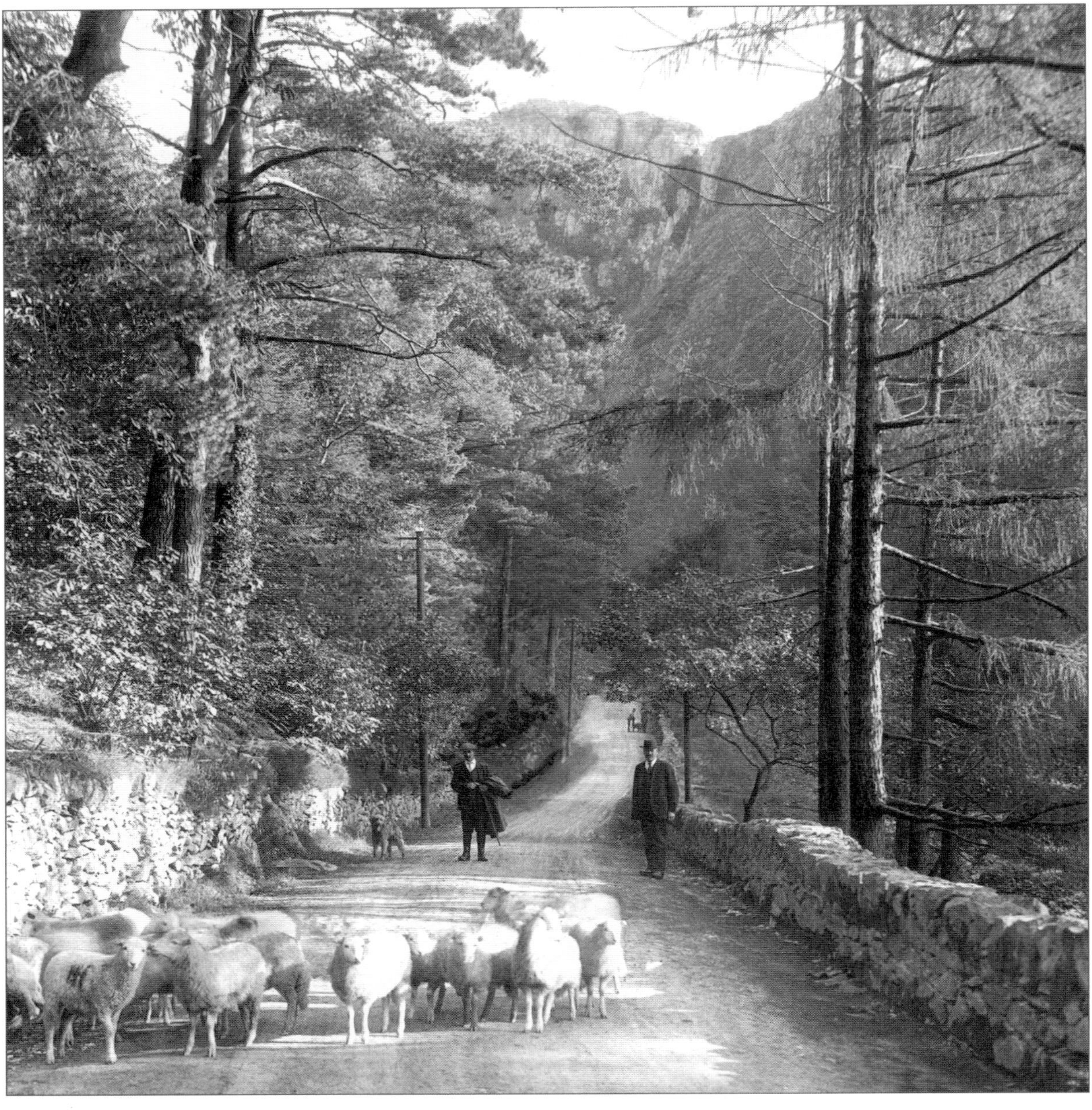

ABERGLASLYN PASS *1913* 65771
BWLCH ABERGLASLYN *1913* 65771.

A small flock of Welsh mountain sheep are being driven along the road through Aberglaslyn pass. The breed is hardy, and well adapted to thrive on poor grazing. The narrow gorge is heavily wooded. Most of the woodland consists of deciduous native trees, but the conifers are 18th- and 19th-century introductions.

Mae praidd fechan o ddefaid yn cael ei gyrru ar y ffordd ar draws Bwlch Aberglaslyn . Mae'r brîd yn galed ac wedi addasu yn dda i ffynnu ar borfa wael. Mae'r ceunant cul wedi ei goedio'n drwm. Mae'r goedwig yn cynnwys coed collddail cynhenid, ond mae'r coed conifferaidd wedi eu cyflwyno yn y 18fed a'r 19eg ganrif.

THE LLŶN PENINSULA AND EIFIONYDD
PENRHYN LLŶN AC EIFIONYDD

THE LLŶN PENINSULA, the Land's End of Wales, has many similarities with Anglesey. Like Anglesey it contains much fertile low-lying land, and agriculture has always been important. There are a number of volcanic hills. Llŷn has mineral resources, which include stone, slate, lead, silver and manganese. Mining and quarrying occurred only on a small scale here, however, and the peninsula never experienced massive industrialisation. With its long seafaring tradition, sea captains and sailors from Llŷn crewed many of the region's fleet of sailing vessels in the industrial period. The main resorts developed along the south-east coast. Railways never penetrated beyond Pwllheli, and because of this, the area remained quite isolated until the coming of the motor car. In Eifionydd, a massive land reclamation scheme, undertaken by William Alexander Madocks, reclaimed over 4000 acres from the sea through the building of an embankment. An unexpected consequence was the formation of a deep water channel, caused by the scouring action of the pent-up waters of the River Glaslyn; this created one of the most important ports in Wales at Porthmadoc. Ffestiniog slate was exported from here in the 19th century.

MAE GAN BENRHYN LLŶN, ateb Cymru i Bengwaedd yng Nghernyw, nifer o gyffelybion ag Ynys Môn; Yn debyg i Ynys Môn, mae'n cynnwys llawer o dir isel ffrwythlon ac mae amaethyddiaeth wastad wedi bod yn bwysig. Mae nifer o fryniau folcanig. Mae gan Llŷn adnoddau mwynol, yn cynnwys cerrig, plwm, arian a manganîs. Serch hynny ddigwyddodd mwyngloddio a chwarela yma ar raddfa fechan ac ni phrofodd y penrhyn ddiwydiant anferth. Gyda'i draddodiad mordwyol hir, roedd capteiniaid môr a llongwyr Llŷn yn criwio nifer o lyngesau llongau hwylio'r rhanbarth yn ystod cyfnod y diwydiant. Datblygodd y prif gyrchfannau ar hyd arfordir y de-ddwyrain. Ni chyrhaeddodd y rheilffyrdd ymhellach na Phwllheli, ac oherwydd hynny, bu'r ardal yn eithaf unig nes dyfodiad y car modur. Yn Eifionydd, bu cynllun adenilliad anferth, wedi ei weithredu gan William Alexander Madocks, adenillwyd dros 4000 o erwau o'r môr trwy godi arglawdd. Canlyniad annisgwyliadwy oedd ffurfiad sianel dŵr ddwfn, wedi ei chreu gan weithred sgwrio dyfroedd cronedig Afon Glaslyn; creodd hynny uno borthladdoedd mwyaf pwysig yng Nghymru ym Mhorthmadog. Roedd llechfaen Ffestiniog yn cael ei allforio oddi yma er y 19fed ganrif.

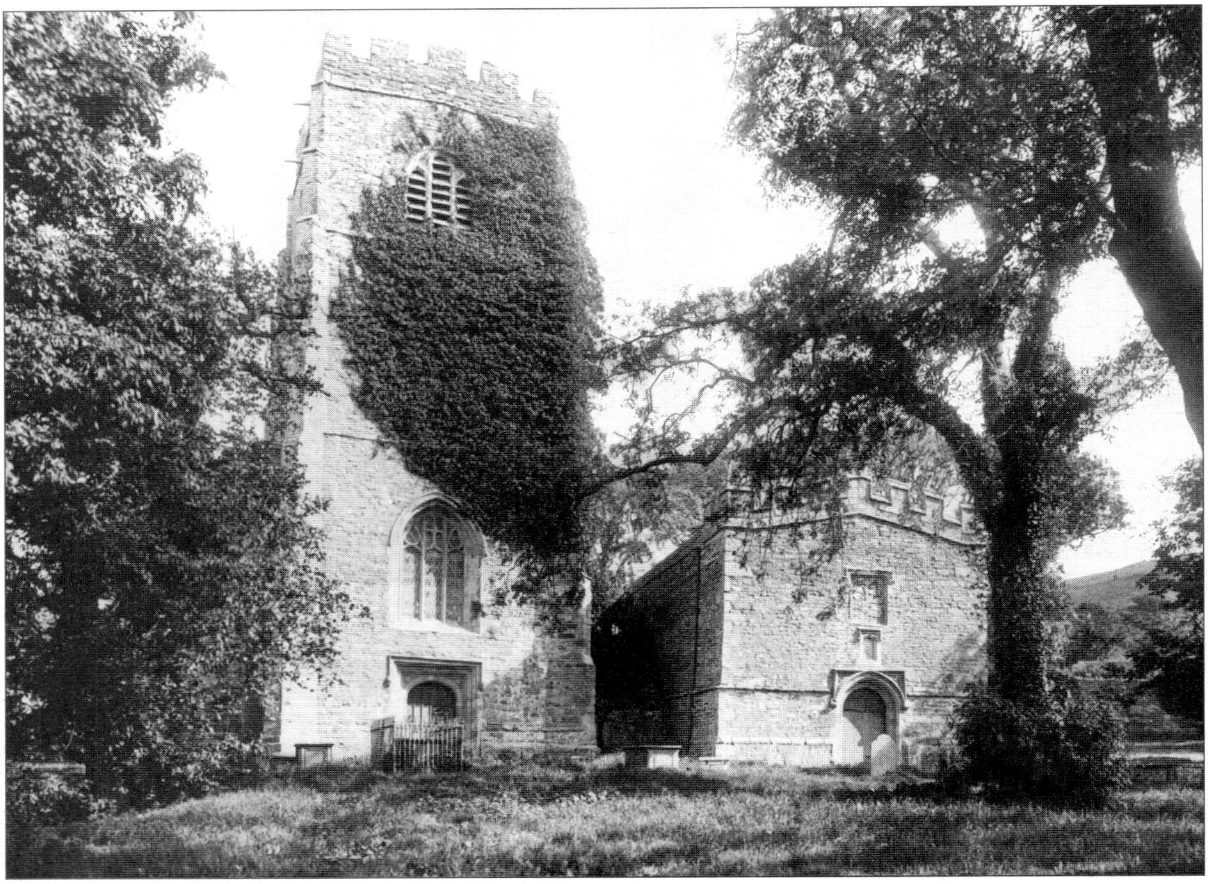

CLYNNOGFAWR, *St Beuno's Church 1894* 34720
CLYNNOGFAWR, *Yr Eglwys 1894* 34720

'The fairest Church of all Caernarvonshire', wrote John Leyland in 1536. Clynnog church, dedicated to the Welsh saint Beuno, was probably founded around 617. This monastic collegiate church was once one of the wealthiest churches in north-west Wales, holding extensive lands in Caernarvonshire and Anglesey. It was also an important stopping place for pilgrims on the route to Bardsey Island, whose donations helped to swell its coffers. We see this great wealth reflected in its size and fine late Perpendicular architecture, which was carried out by its provost in the reign of Edward IV. The tower was added in 1532. An excavation under the chapel revealed traces of an earlier church thought to be the site of the original church of St Beuno, who was second only in Wales to St David. The church was restored in 1858.

'Yr Eglwys decaf yn holl sir Gaernarfon,' ysgrifennodd John Leyland ym 1536. Mae'n debyg i Eglwys Clynnog, wedi ei chysegru i Sant Beuno, gael ei sefydlu tua 617. Bu yr eglwys fynachaidd a cholegol unwaith yn un o eglwysi cyfoethocaf Gogledd Orllewin Cymru, gan ddal tir helaeth yng Nghaernarfon ac ar Ynys Môn. Roedd hefyd yn arosfa bwysig i bererinion ar y ffordd i Ynys Enlli, gyda'u rhoddion yn chwyddo'r coffrau. Roedd pensaernïaeth berpendicwlar, wedi ei weithredu gan y profost, yn ystod teyrnasiad Edward y pedwerydd. Ychwanegwyd y dŵr ym 1532. Yn ystod cloddiad o dan y capel, amlygwyd olion eglwys gynharaf, a chredid mai dyma oedd eglwys wreiddiol Sant Beuno, a oedd yn ail yn unig i Dewi Sant. Adferwyd yr eglwys ym 1858.

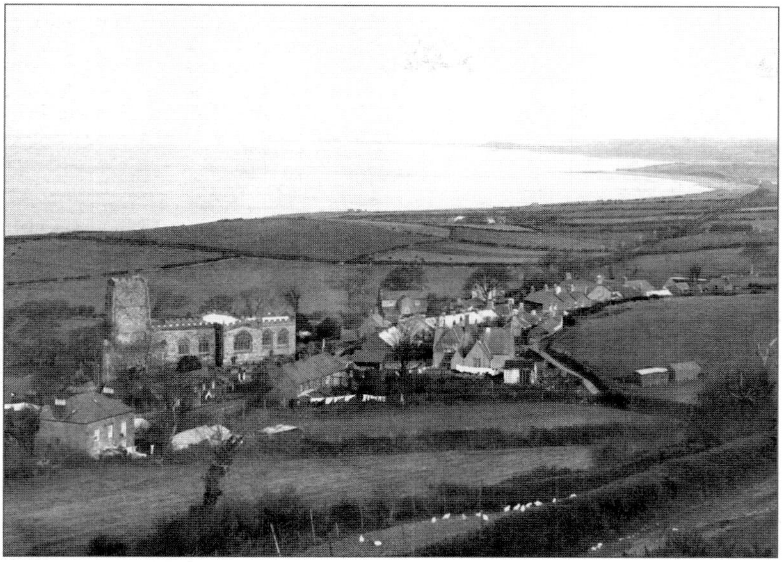

CLYNNOG
General View c1955 C561054
CLYNNOG
Golygfa Gyffredinol tua 1955
C561054

The small village of Clynnog has developed beside the ancient church on a narrow coastal strip of reasonably fertile countryside below Bwlch Mawr, on the shores of Caernarfon Bay. Clynnog stands on the road into the Llŷn peninsula a few miles from the pass over the Rival Mountains.

Mae pentref bychan Clynnog wedi datblygu gerllaw yr eglwys hynafol ar lain gul o arfordir cefn gwlad lled ffrwythlon o dan Fwlch Mawr, ar lannau Bae Caernarfon. Saif Clynnog ar y ffordd i fewn i Benrhyn Llŷn ychydig filltiroedd o'r bwlch dros Fynyddoedd Yr Eifl.

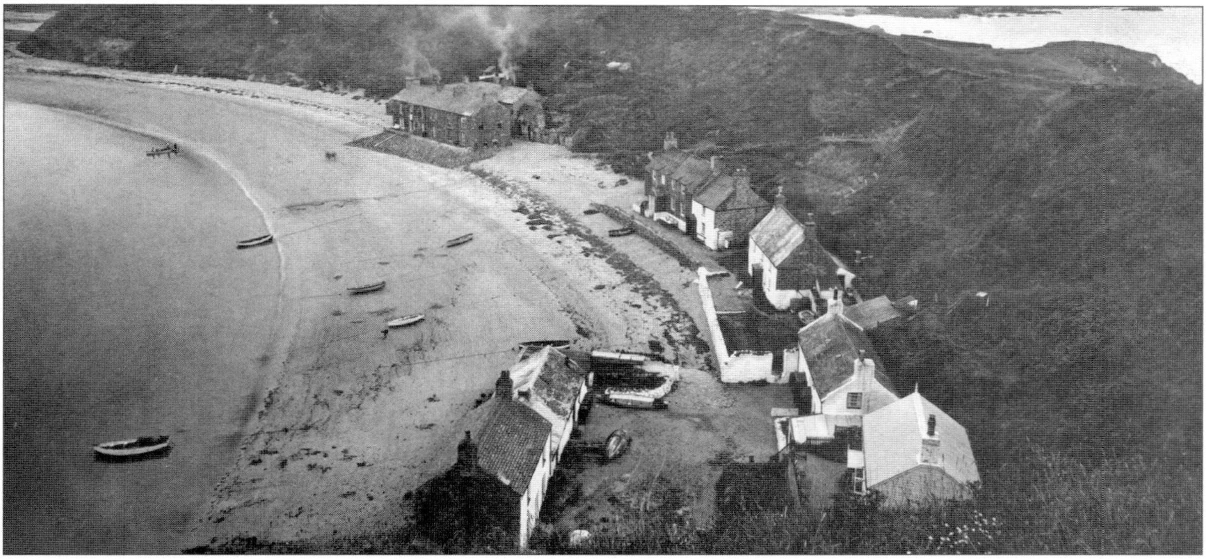

MORFA NEFYN, *The Beach 1930* 83680
MORFA NEFYN, *Y Traeth 1930* 83680

Morfa Nefyn, one mile from Nefyn town, has a fine sandy beach. The headland at Porthdinllaen offered a natural anchorage, sheltered from the prevailing south-west winds. This was the only good harbour on the west coast of Lleyn. At is strange to think that this quiet place was once an important centre for shipping – it even tried to compete with Holyhead as the Irish mail-packet port.

Mae gan Forfa Nefyn, milltir oddi wrth dref Nefyn, draeth tywodlyd hyfryd. Mae'r pentir ym Mhorth Dinllaen yn cynnig angorfa naturiol, wedi ei gysgodi rhag gwyntoedd pennaf y de-orllewin Hwn oedd yr unig borthladd da ar arfordir gorllewinol Llŷn. Mae'n hynod i feddwl bod y lle tawel yma unwaith yn ganolfan bwysig ar gyfer llongau- roedd hyd yn oed wedi ceisio cystadlu â Chaergybi fel pacborth post Iwerddon.

TUDWEILIOG
Sheepdog Trials c1935 T274080
TUDWEILOG
Treialon Cŵn Defaid tua 1933 T274080

A group of spectators and farmers have arrived here by car for sheepdog trials. The small flock of sheep in the foreground gather together defensively.

Mae grŵp bychan o wylwyr a ffermwyr wedi cyrraedd yma mewn ceir ar gyfer treialon cŵn defaid. Mae'r ddiadell fechan o ddefaid wedi casglu gyda'i gilydd yn amddiffynnol.

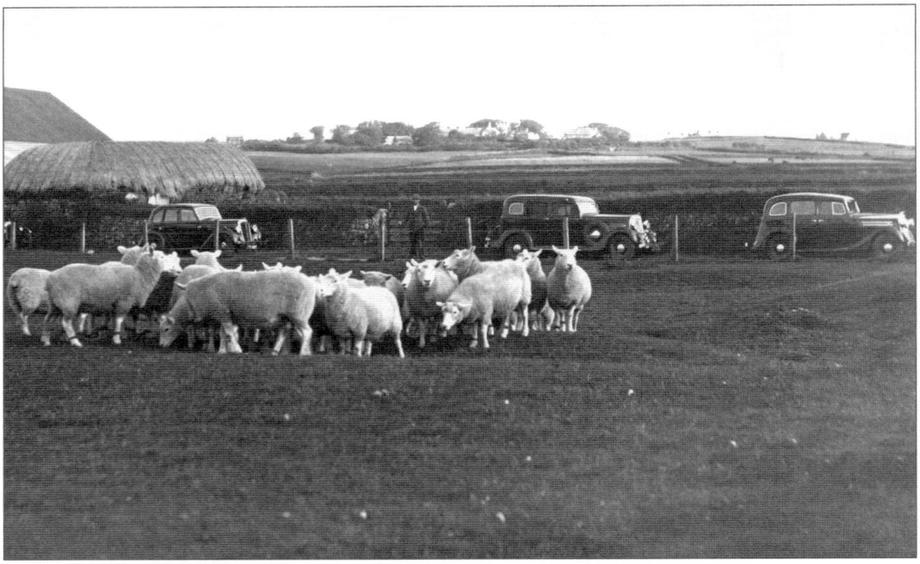

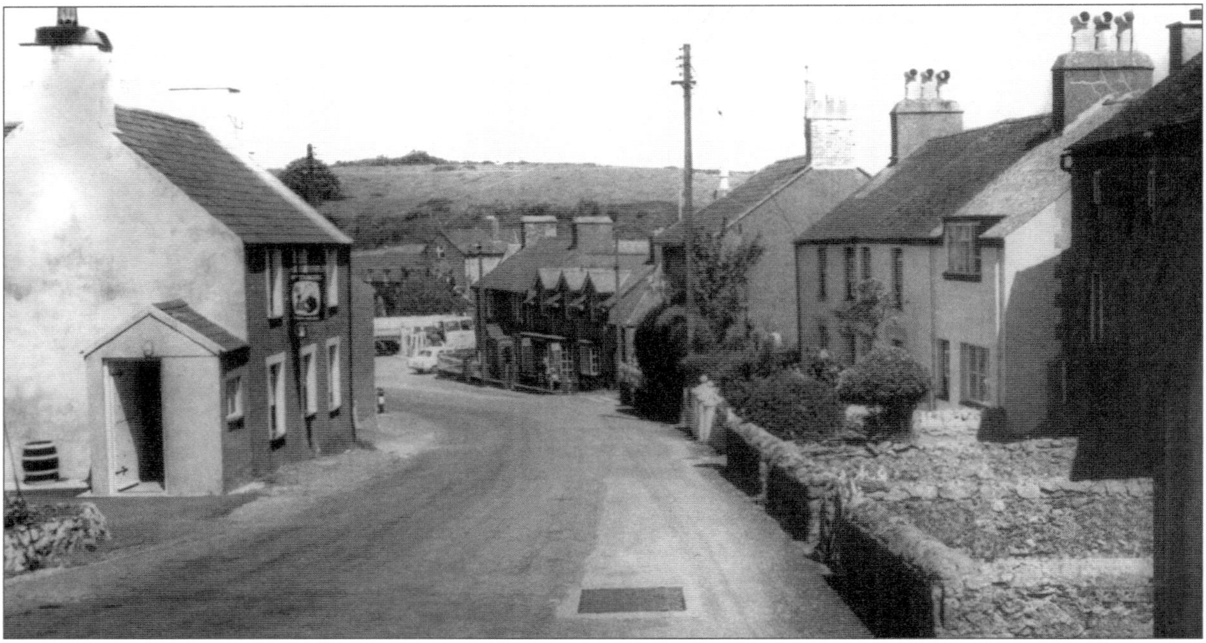

EDEYRN, *The Village c1955* E186001
EDEYRN, *Y Pentref, tua 1955* E186001

This village was once home to the families of 19th-century mariners and sea-captains. By the mid 20th century, its two sandy beaches were popular with motorists and cyclists, and a number of houses offered visitors accommodation and full modern amenities.

Bu'r pentref unwaith yn gartref i deuluoedd morwyr a chapteiniaid môr yn y 19eg ganrif. Erbyn canol y 20fed ganrif, roedd ei ddau draeth tywodlyd yn boblogaidd gan fodurwyr a beicwyr ac roedd nifer o dai yn cynnig llety a chyfleusterau modern.

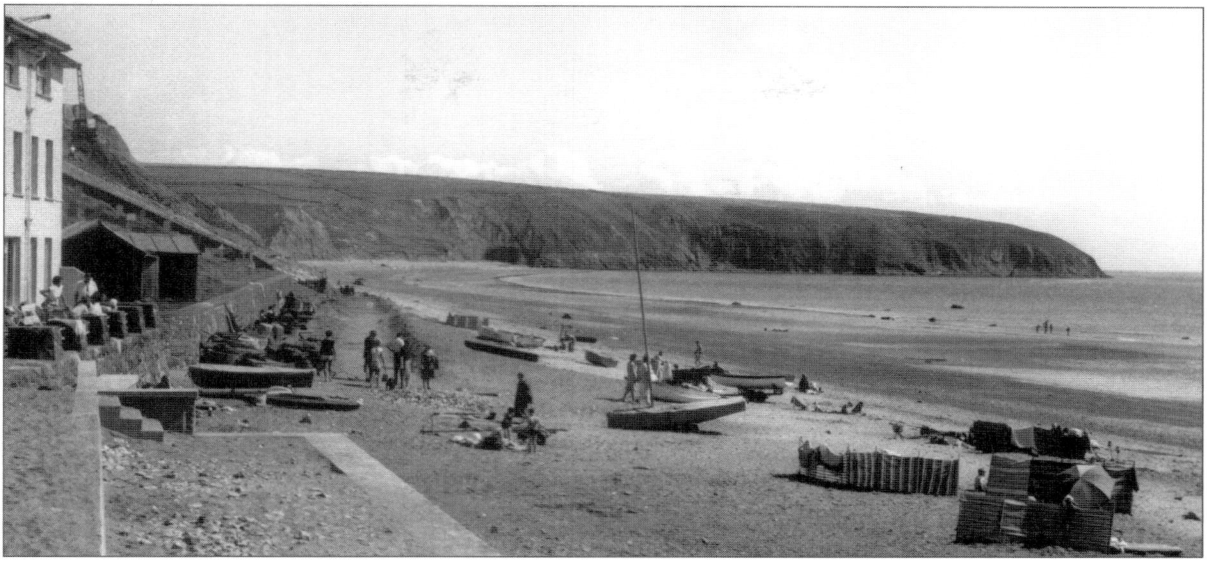

ABERDARON, *The Beach c1955* A269267
ABERDARON, *Y Traeth tua 1955* A269267

Medieval pilgrims once congregated here, before undertaking the treacherous passage across the Sound to Bardsey Island. In the 20th century, it was seaside visitors flocking to the Land's End of Wales who came to sunbathe on the sands in this remote, quiet village at the very tip of the Llŷn peninsula.

Bu pererinion canol oesol unwaith yn ymgynnull yma, cyn gwneud y daith fradwrus ar draws y Swnt i Ynys Enlli. Yn yr 20 fed ganrif yr oedd ymwelwyr glan y môr yn heidio i ateb Cymru o Benrhyn Gwaedd yng Nghernyw, i dorheulo ar draethau yn y pentref anghysbell ar flaen penrhyn Llŷn.

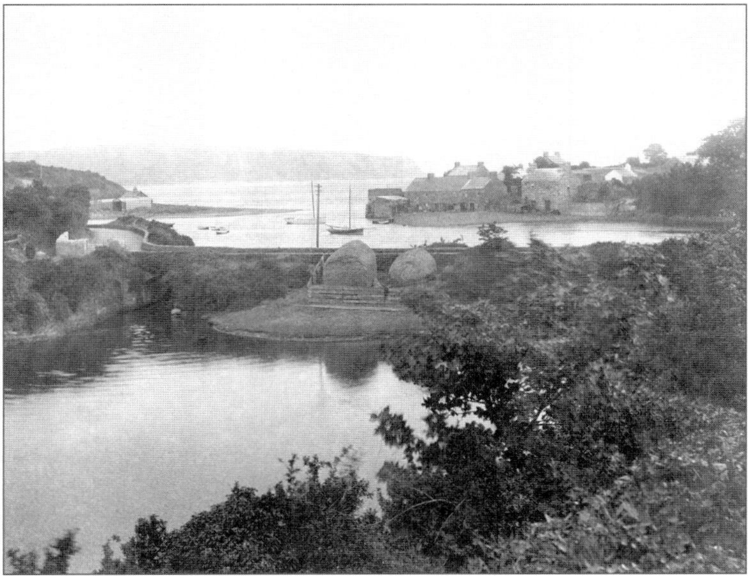

◄ **ABERSOCH**
The Harbour 1901 47004
ABERSOCH
Y Porthladd 1901 47004

The quiet village of Abersoch is situated by the estuary of the River Soch. Its inhabitants were mainly engaged in lobster fishing and agriculture. We can see two haystacks in the foreground beside the pool, and small fishing boats are moored in the harbour of Pencei beyond. This village eventually became popular with holiday visitors.

Lleolir pentref tawel Abersoch gerllaw aber yr Afon Soch. Roedd ei thrigolion yn gweithio yn bennaf yn pysgota cimwch neu amaethyddiaeth. Gallwn weld dwy das wair yn y blaendir gerllaw y pwll, ac mae cychod bychain pysgota wedi angori ym Mhorthladd Pencei ar y tu ôl

▼ **LLANBEDROG,** *The Church 1897* 40767
LLANBEDROG, *Yr Eglwys 1897* 40767

Llanbedrog Church, dedicated to St Pedrog, a 6th-century saint, was built in the 13th century; it was restored in 1865 by Lady Jones Parry of the Madryn Estate. The photographer took this picture soon after the fine square tower was added in 1895.

Cafwyd eglwys Llanbedrog, wedi ei chysegru i Sant Pedrog, sant o'r 6ed ganrif, ei hadeiladu yn y 13eg ganrif, adferwyd hi ym 1865 gan y Fonesig Jones Parry o Ystad Madryn. Cymrwyd y llun yma gan y ffotograffydd yn fuan wedi i'r tŵr sgwâr gwych gael ei ychwanegu ym 1895.

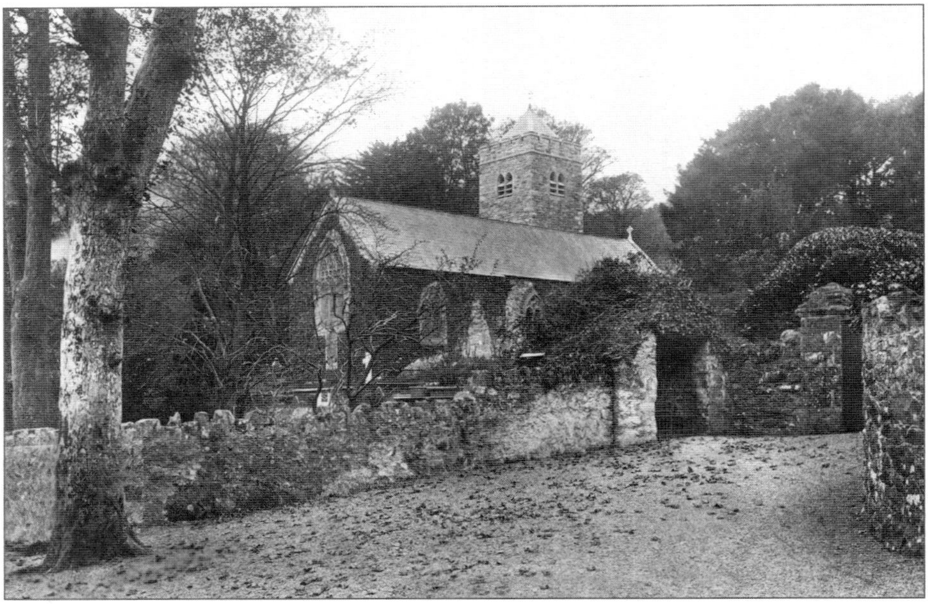

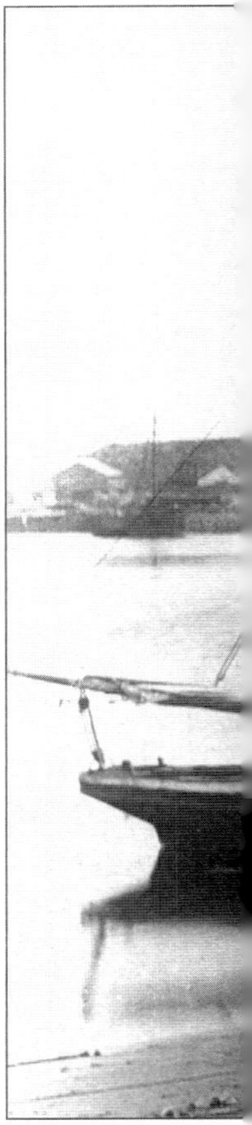

► **LLANBEDROG,** *The Bay c1940* L65092
LLANBEDROG, *Y Bae tua 1940* L65092

Llanbedrog village, four miles from Pwllheli, offered its visitors miles of sandy beaches, a heather-covered headland, a mild climate with surprisingly high sea temperatures, and spectacular views over Cardigan Bay. Guidebooks boasted that its beach was never overcrowded. A bicycle leans against the wooden beach cabin in the foreground - cycling was extremely popular at this time.

Mae pentref Llanbedrog, pedair milltir o Bwllheli, yn cynnig milltiroedd o draethau tywodlyd, pentir wedi ei orchuddio â grug, hinsawdd meddal gyda thymheredd môr rhyfedd o uchel a golygfeydd ysblennydd dros Fae Ceredigion. Mae teithlyfrau yn ymffrostio bod ei draeth byth yn orlawn. Mae beic yn pwyso yn erbyn cwt traeth pren yn y blaendir – roedd beicio yn or-boblogaidd yn y cyfnod yma.

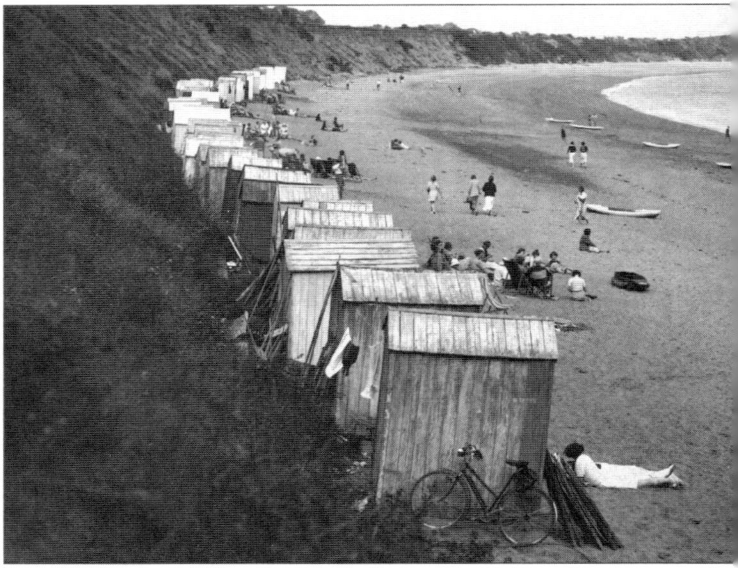

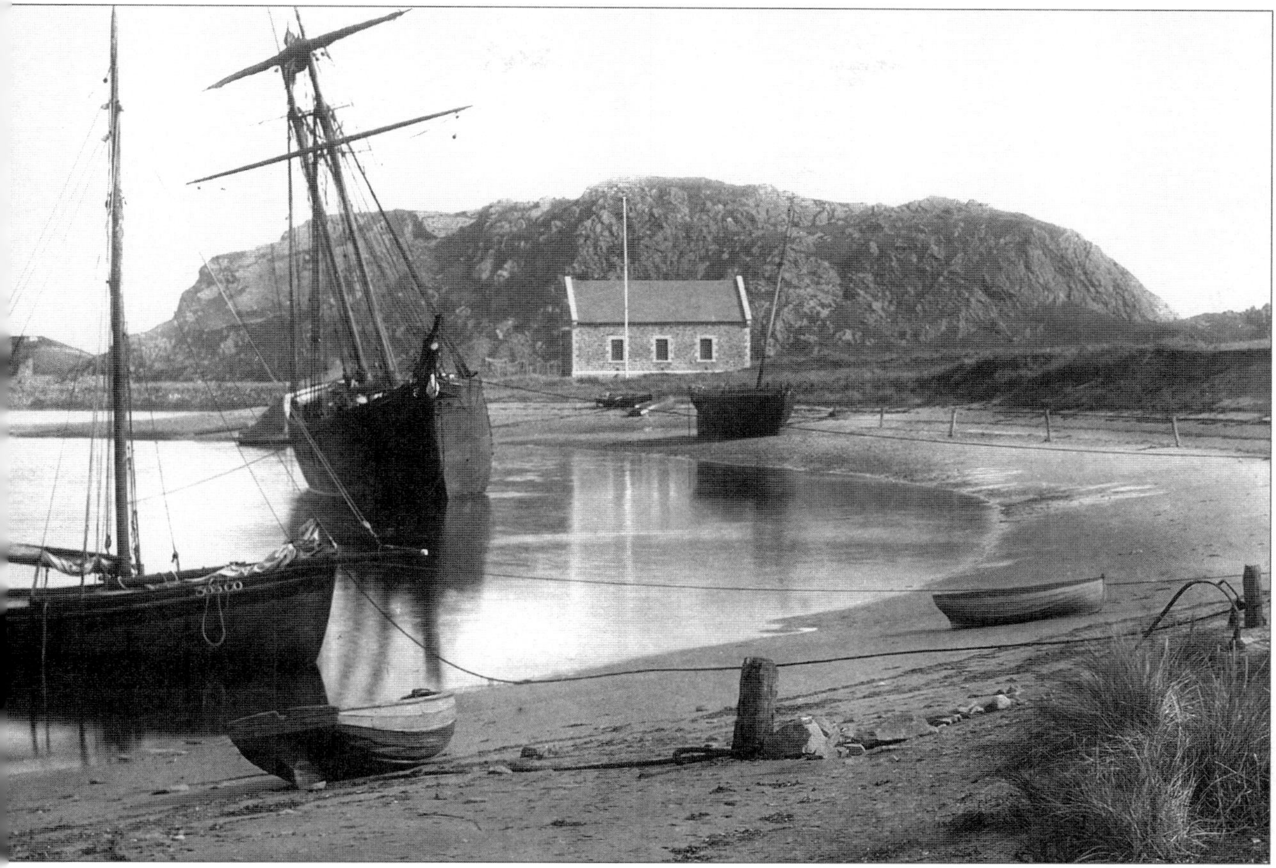

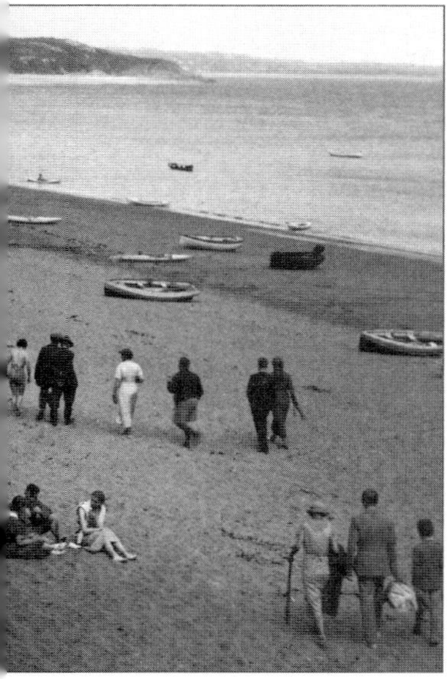

▲ **PWLLHELI,** *Gimlet Rock 1891* 29562
PWLHELI, *Carreg yr Imbill 1891* 29562

Gimlet Rock, a prominent landmark, forms the cornerstone of the sand-spit that provides shelter for Pwllheli's superb natural harbour; the rock's unusual name is derived from its Welsh name, Carreg yr Imbill. Pwllheli was once the most important port on this coast, but in the 19th century it was eclipsed by the new harbour at Porthmadog.

Roedd Carreg yr Imbill yn dirnod amlwg, yn ffurfio conglfaen y pwll tywod sydd yn darparu cysgod i borthladd ardderchog naturiol Pwllheli; mae enw Saesneg anarferol y graig yn tarddu o'i enw Cymraeg- Carreg y Gimbill. Bu Pwllheli unwaith yn borthladd mwyaf pwysig ar yr arfordir yma, ond yn y 19fed ganrif cafodd ei dywyllu gan y porthladd newydd ym Mhorthmadog.

PWLLHELI
The West End Hotel 1897 39407
PWLLHELI
Gwesty'r West End 1897 39407

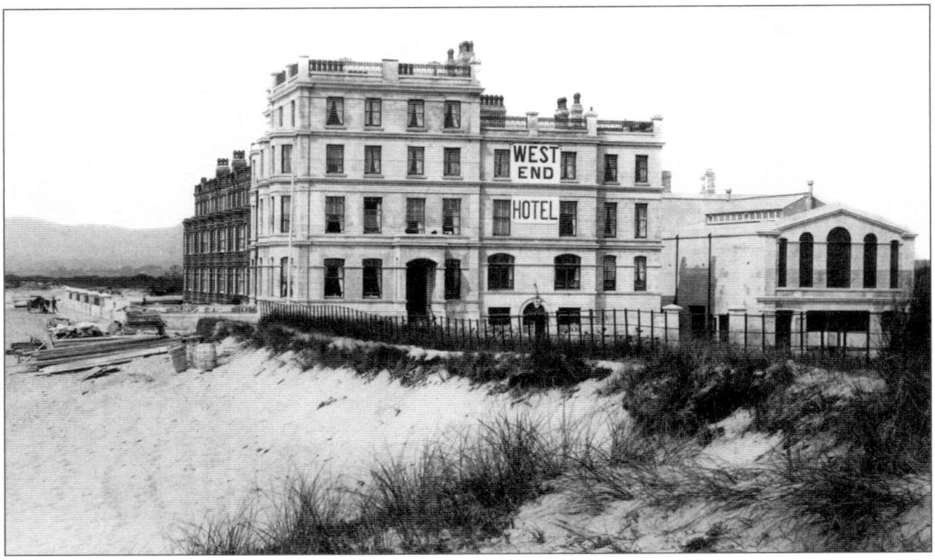

PWLLHELI, *West End Promenade 1898* 42409
PWLLHELI, *Rhodfa'r West End 1898* 42409

With the arrival of the railway in 1867, Pwllheli began to develop as a resort. The Victorian entrepreneur Solomon Andrews was responsible for the West End development. When he first arrived here by train in 1893, he nearly did not bother to get off, but on alighting, he quickly realized Pwllheli's great potential and purchased the South Beach site. The recently completed West End Hotel is seen in the first photograph. In the second, the terrace is complete and the promenade finished. Horses and carriages of the Llanbedrog tramway are visible in the foreground: originally it carried building stone from Carreg y Defaid Quarry, but it was adapted to convey visitors. It was irreparably damaged in a storm in 1927.

Gyda chyrhaeddiad y rheilffordd ym 1867, dechreuodd Pwllheli ddatblygu fel cyrchfan. Roedd y dyn busnes Fictoraidd, Solomon Andrews yn gyfrifol am ddatblygiad y West End. Pan gyrhaeddodd yma bu iddo bron peidio trafferthu i ddisgyn, ond wrth ddisgyn, sylweddolodd potensial mawr Pwllheli yn gyflym a phrynodd safle'r Traeth Deheuol. Mae Gwesty'r West End, newydd ei orffen, i'w weld yn llun cyntaf. Yn yr ail, mae'r teras yn gyflawn a'r rhodfa wedi ei orffen. Mae ceffylau a cherbydau rheilffordd Llanbedrog yn weladwy yn y blaendir; yn wreiddiol roedd yn cludo cerrig adeiladu o Chwarel Carreg y Defaid, ond addaswyd i gludo ymwelwyr. Difrodwyd y tu hwnt i atgyweiriad ym 1927.

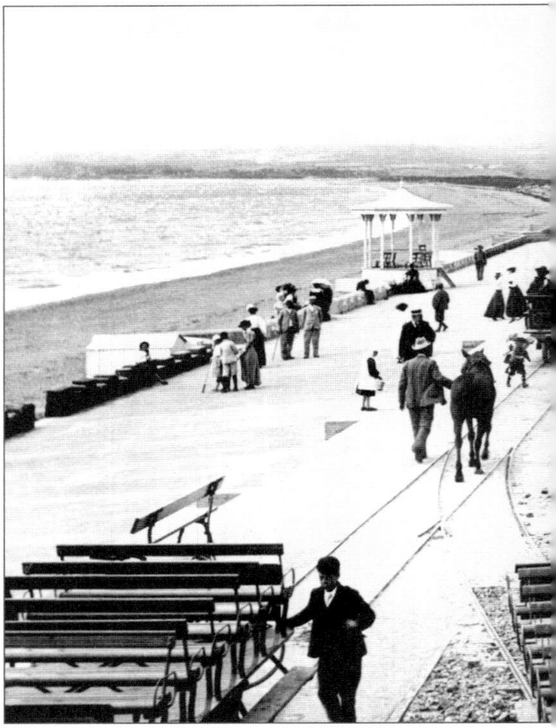

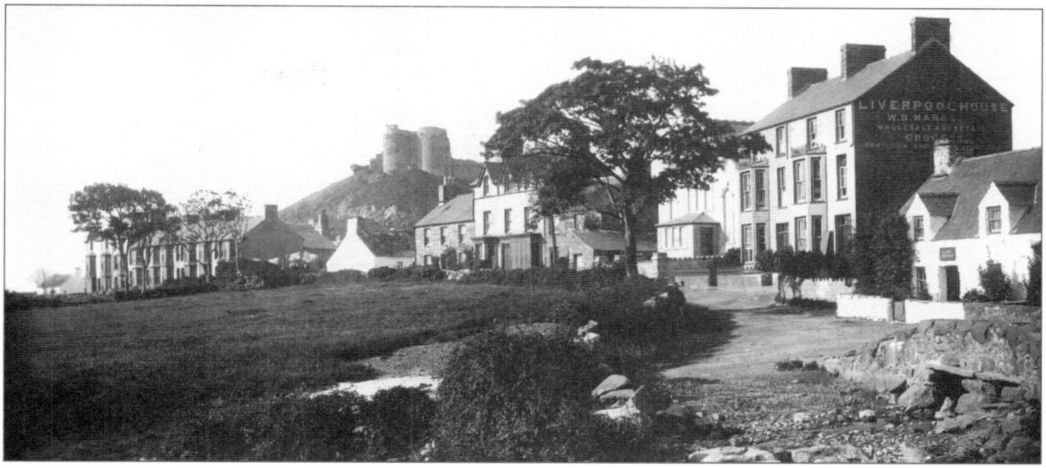

▲ **CRICIETH,** *The Castle and the Village 1889* 21782
CRICCIETH, *Y Castell a'r Pentref 1889* 21782

By the 19th century, Cricieth had declined into a small fishing village, its strategic importance long since gone. But the arrival of the railways after 1867 offered it a new role as a highly fashionable resort. Substantial Victorian boarding houses tower over the earlier stone-built cottages.

Erbyn y 19 fed ganrif , roedd Criccieth wedi dirywio i bentref bach pysgota, a'i bwysigrwydd strategol wedi hen ddiflannu. Bu cyrhaeddiad y rheilffordd wedi 1867 yn cynnig rôl newydd fel cyrchfan ffasiynol uchel. Mae gwestai sylweddol Fictoraidd yn tyrru dros fythynnod cynharach wedi eu hadeiladu o gerrig .

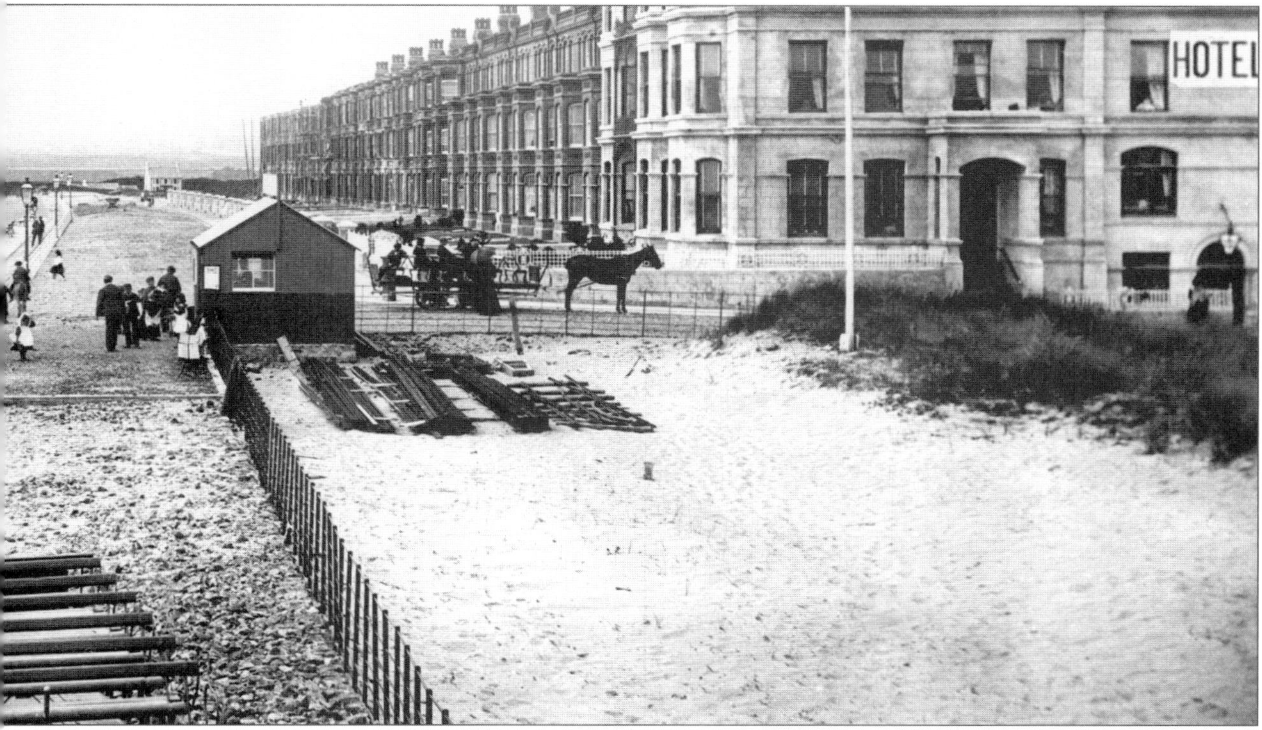

LLANYSTUMDWY
The Boyhood Home of Lloyd George 1930 83641
LLANYSTUMDWY
Cartref Bachgendod Lloyd George, 1930 83641

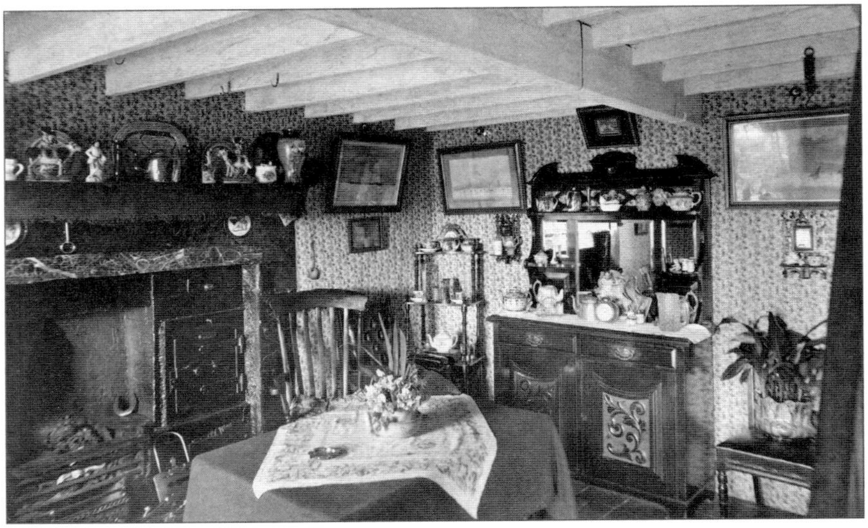

Highgate's cottage kitchen with its cast iron range and beamed ceiling was the centre of family life. Six people lived in this two-bedroomed house; it belonged to David's uncle, the village shoemaker, who had offered David's widowed mother a home. From these humble cottage origins David Lloyd George rose to become a great social reformer and prime minister.

Bu cegin bwthyn Highgate gyda'i ffwrn haearn bwrw a nenfwd trawst yn ganolfan i fywyd teuluol. Roedd chwech o bobl yn byw yn y tŷ dwy ystafell wely; roedd dan berchnogaeth ewyrth Dafydd, crydd y pentref, a gynigodd y tŷ yn gartref i fam Dafydd, a oedd yn weddw. O'r dechreuad gostyngedig y bwthyn yma tyfodd Dafydd Lloyd George i ddod yn ddiwygiwr cymdeithasol mawr ac yn brif weinidog.

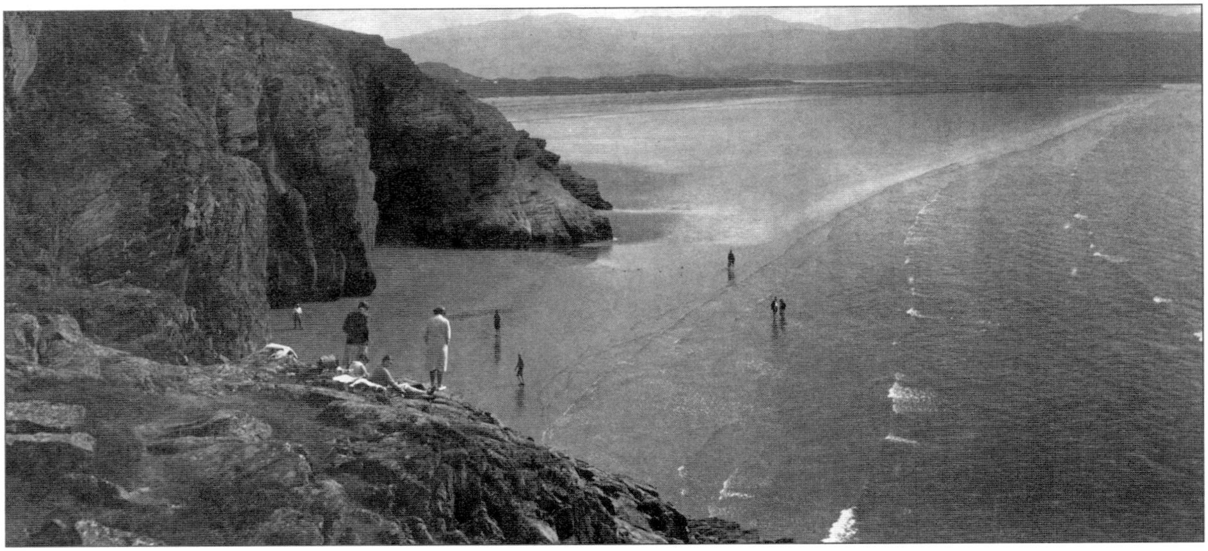

BLACK ROCK, *The Beach 1931* 84782
CRAIG DDU, *Y Traeth 1931* 84782

The photograph epitomizes many of the features that attracted visitors to this coast - sand, sea, dramatic cliff scenery and spectacular views over Cardigan Bay to the Rhinog mountains of Merioneth.

Mae'r darlun yn crynhoi llawer o nodweddion a ddenodd ymwelwyr i'r arfordir yma – tywod, môr a golygfeydd dramatig clogwyni, golygfeydd ysblennydd dros Fae Ceredigion i fynyddoedd Rhiniog ym Meirionydd.

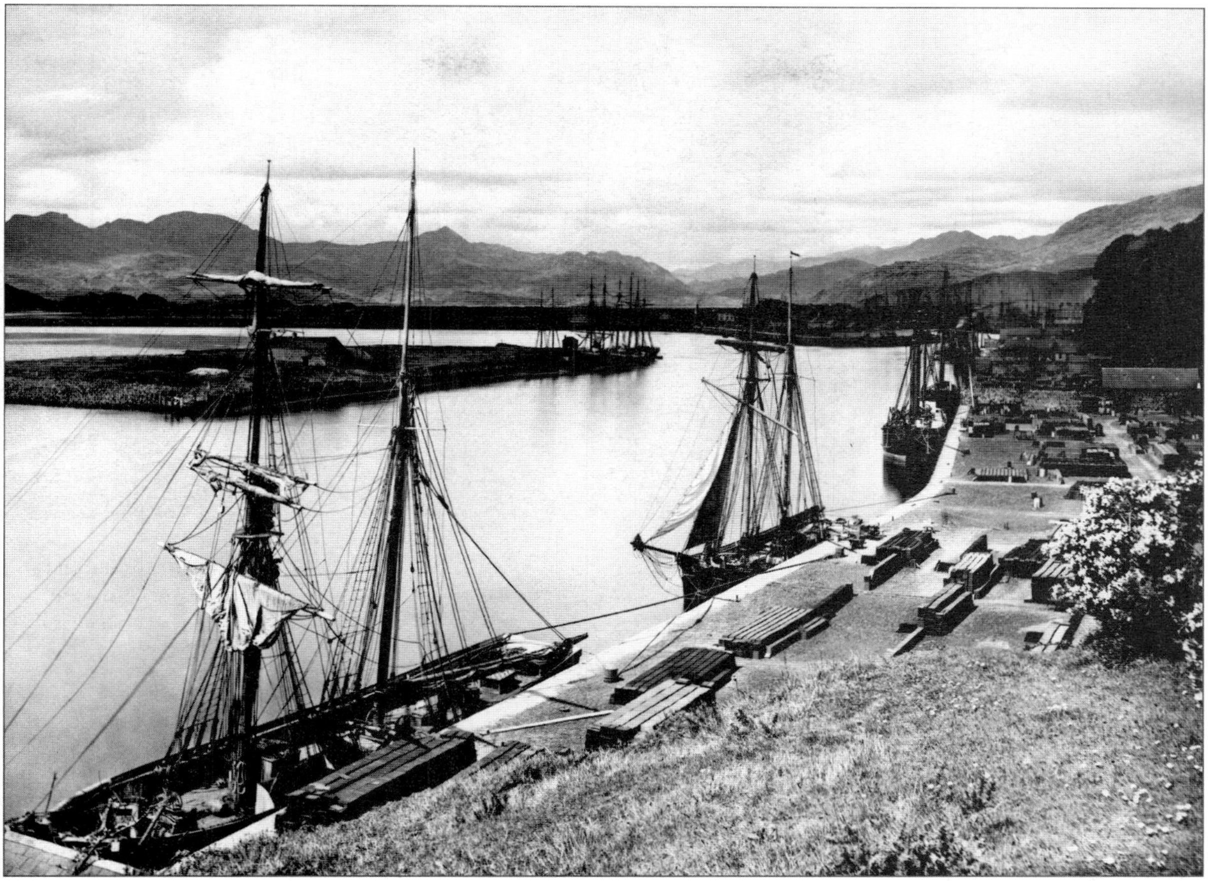

PORTHMADOG, *The Harbour c1900* 1837G
PORTHMADOG, *Y Pothladd tua 1890* 1837G

This was the heyday of the Welsh slate industry, and tons of slates from the Ffestiniog area's slate caverns were exported from these wharves. Here, we can see rows of roofing slates lined up on the quay ready for loading. The Porthmadoc ships, some of which we see moored at the quays, traded all over the globe, and were noted for their beauty and speed.

Dyma anterth y diwydiant llechfaen Cymreig ac allforiwyd tunelli o lechfaen o geudyllau ardal Ffestiniog o'r ceiau yma. Yma, gallwn weld rhesi o lech feini toeau wedi eu llinellu ar y ceiau yn barod i'w llwytho. Roedd llongau Porthmadog, a gwelwn rhai ohonynt wedi angori ger y ceiau, yn masnachu ar draws y byd, ac yn a nodedig am eu prydferthwch a'u cyflymdra.

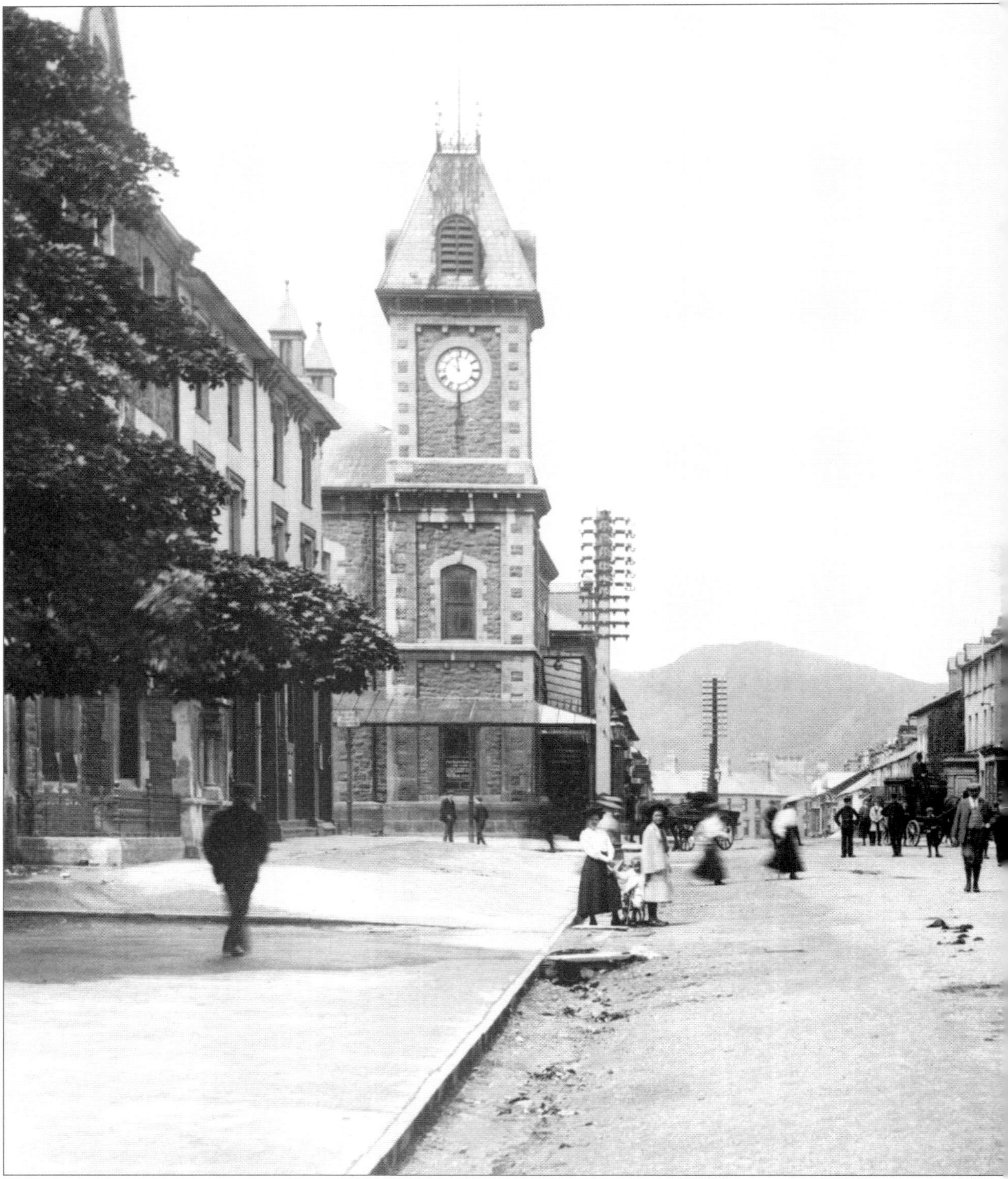

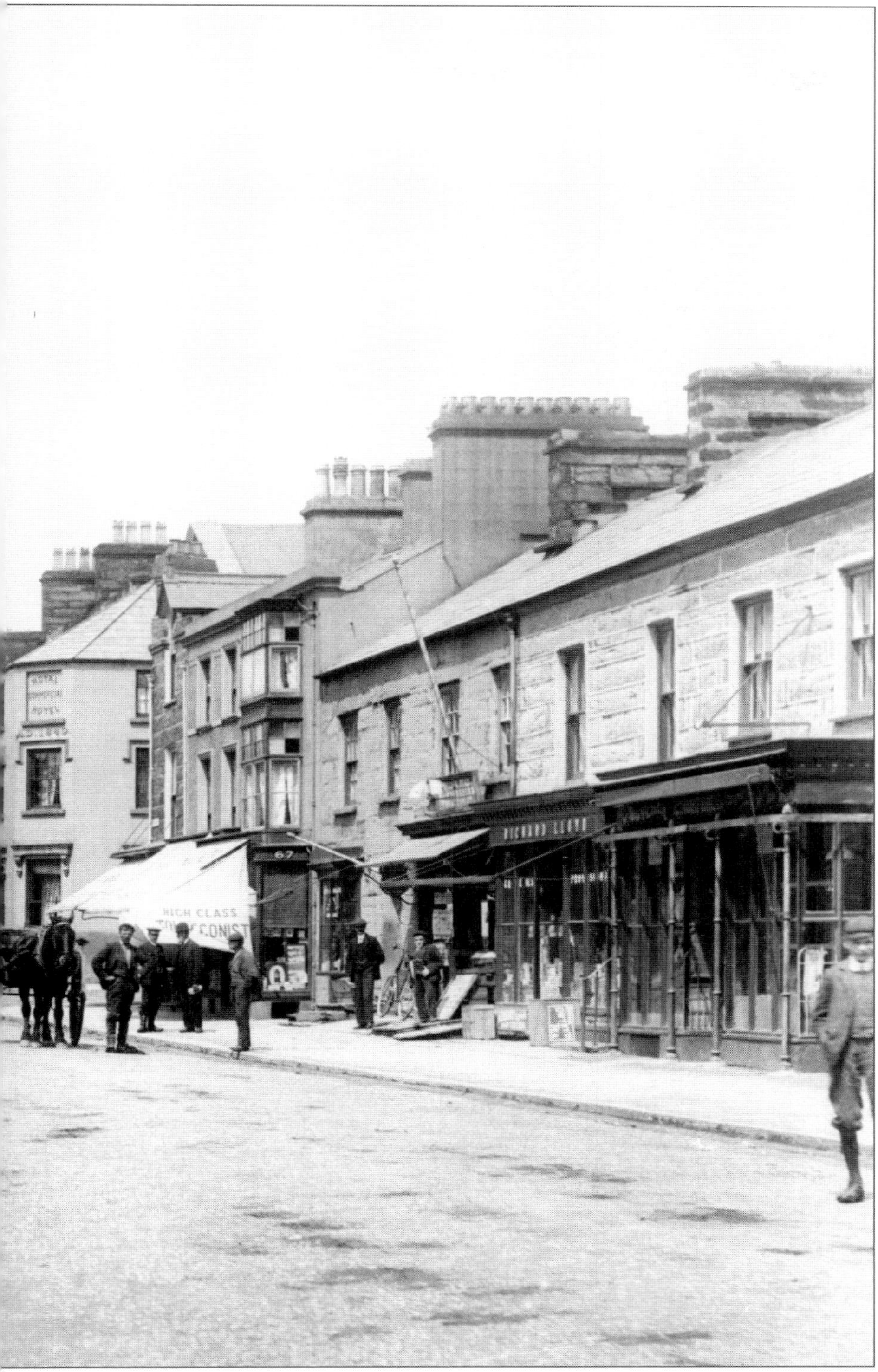

PORTHMADOG
High Street 1908 60728
PORTHMADOG Y
Stryd Fawr 1908 60728

Porthmadog was a brash new town, which had developed as a major slate port on land reclaimed from the sea.
It was a busy commercial centre rather than a tourist resort. Hotels like the Royal Commercial Hotel, opposite the clock tower, were frequented by salesmen and commercial travellers rather than holiday makers.

Roedd Porthmadog yn dref newydd ddigywilydd, a ddatblygodd fel porthladd pennaf ar dir wedi ei adennill o'r môr. Roedd yn ganolfan fasnachol yn hytrach na chyrchfan dwristiaeth. Roedd gwestai yn debyg i'r Gwesty Masnachol, gyferbyn â thŵr y cloc, yn cael eu mynychu gan werthwyr a theithwyr masnachol yn hytrach na ymwelwyr gwyliau.

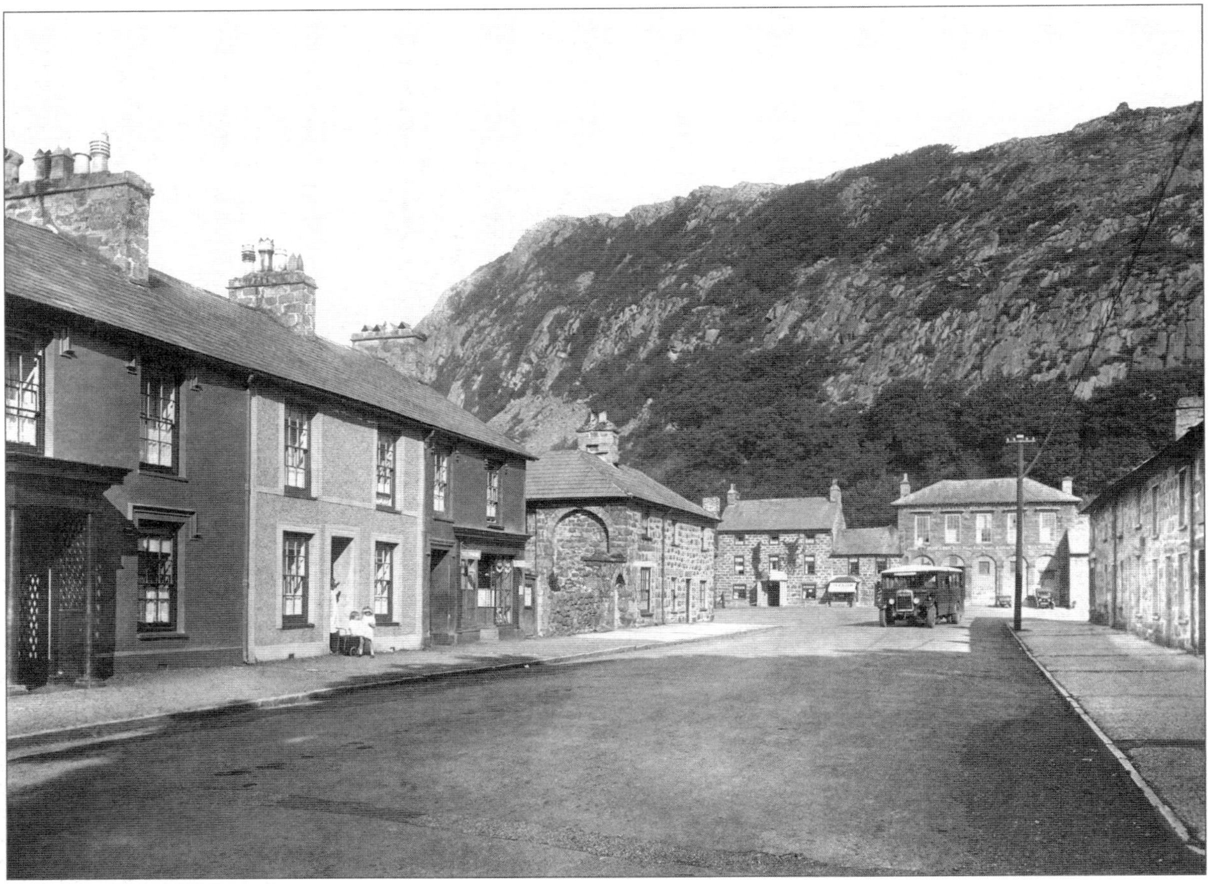

TREMADOG, *The Village 1931* 84726
TREMADOG, *Y Pentref 1931* 84726

This small but elegant town was the creation of William Alexander Madocks, who reclaimed over 4000 acres of land from the sea. The poet Shelley stayed here in 1813. The town was soon eclipsed by its brash neighbour, Porthmadoc, however. By 1931 its classical Town Hall (in the distance, centre right) had been taken over by John Williams's corn, flour, coal and agricultural supply business.

Creadigaeth William Alexander Madocks, a adenillodd 4,000 erw o dir o'r môr, oedd y dref goeth yma. Arhosodd y bardd Shelley yma ym 1813. Serch hynny, yn fuan, tywyllwyd y dref gan ei chymydog digywilydd Porthmadog. Erbyn 1931, roedd Neuadd y Dref glasurol (yn y pellter yn y canol ar y de) wedi ei chymryd drosodd gan fusnes cyflenwi ŷd, blawd, glo ac amaethyddiaeth John Williams.

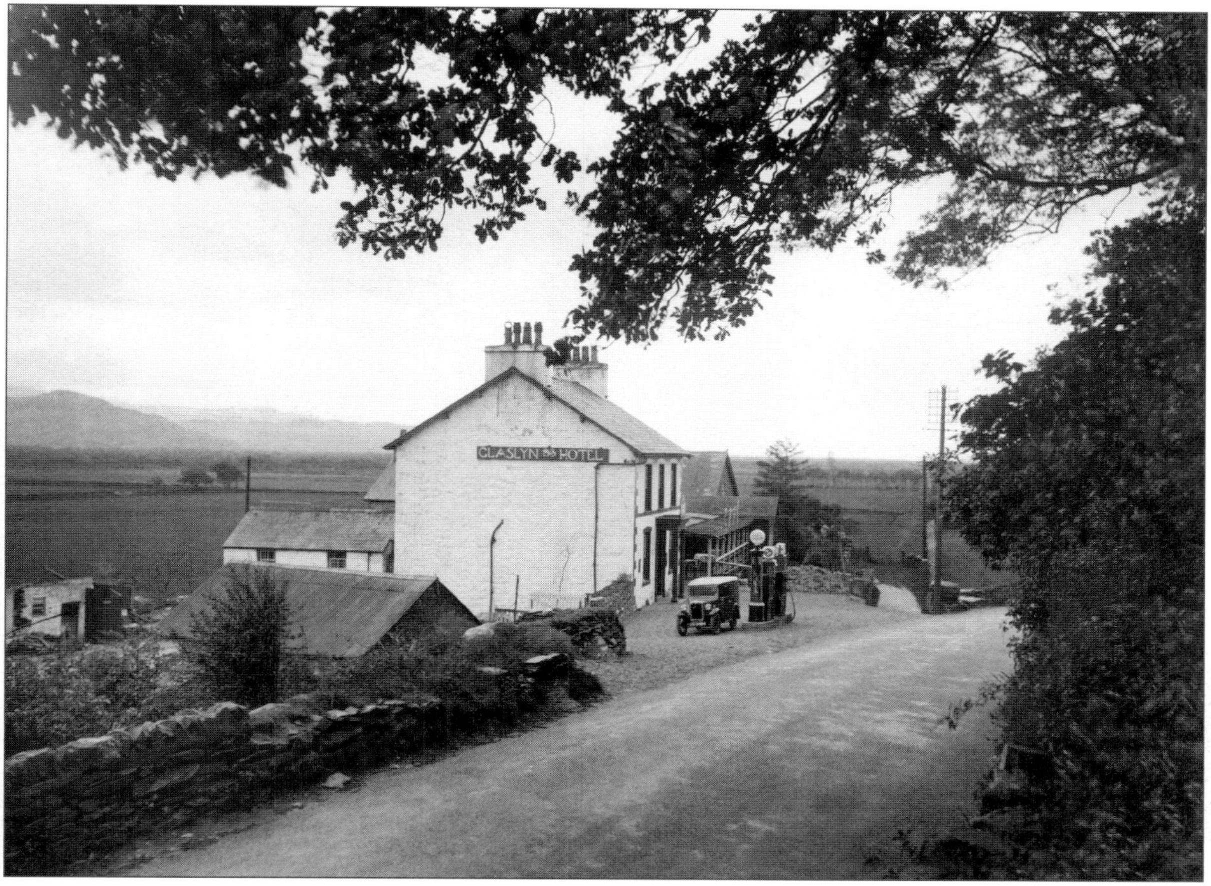

PRENTEG, *The Glaslyn Hotel c1935* P319003
PRENTEG, *Gwesty'r Glaslyn tua 1935* P319003

A car has stopped for petrol at the hotel and garage before attempting the drive into the mountains up Aberglaslyn Pass. Behind the hotel we can see the vast, flat expanse of land reclaimed from the sea by the building of the embankment at Porthmadog in 1811.

Mae car wedi aros am betrol wrth y gwesty a'r modurdy cyn ceisio gyrru i lan i'r mynydd dros Fwlch Aberglaslyn. Y tu ôl i'r gwesty gallwn weld yr ehangder gwastad o dir helaeth a adenillwyd o'r môr drwy adeiladu arglawdd ym Mhorthmadog ym 1811.

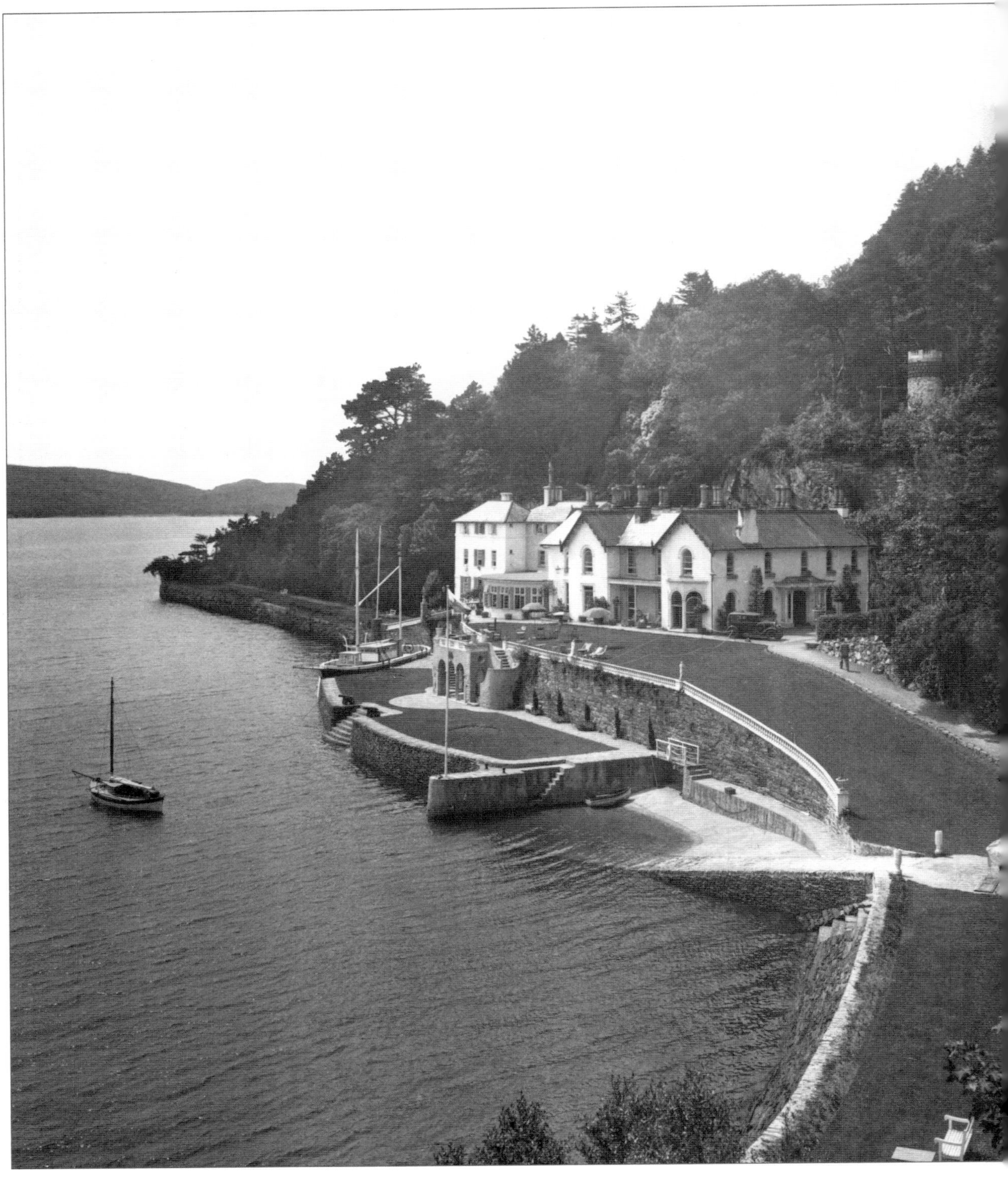

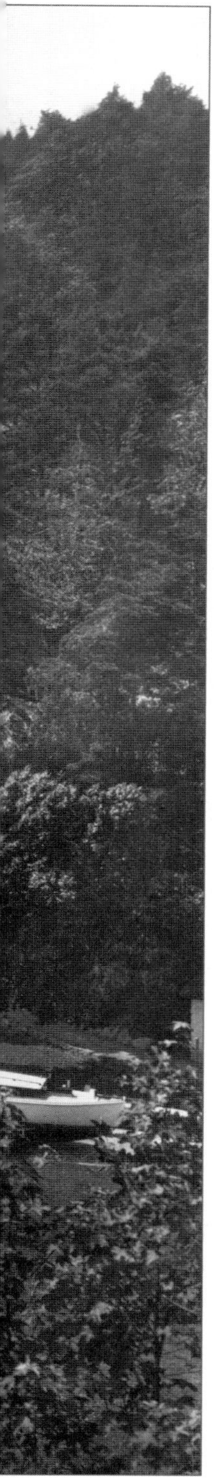

MERIONETH
MEIRIONYDD

MERIONETH forms the southernmost section of the Snowdonia National Park. The highest mountain groups are the Rhinogs, the Cadair Idris range, the Arennigs and the Arans, but there are also windswept areas of vast upland moors, and numerous lakes. Great rivers, disgorging into three wide estuaries, run from east to west - the Dwyryd, the Mawddach and the Dyfi. These were formidable obstacles to communication in the past, and they divide Merioneth into two distinct blocks. Merioneth has significant mineral resources. Massive slate beds, particularly in the Ffestiniog area in the north have been heavily exploited, although the geology required that the slate was mined underground, not quarried as in the former Caernarvonshire. There are also metals here, including manganese ores, and, most importantly, gold.

MAE MEIRIONYDD yn ffurfio yr adran fwyaf deheuol o Barc Cenedlaethol Eryri. Y grwpiau uchaf o fynyddoedd yw'r Rhiniog, cadwyn Cadair Idris, yr Arenig a'r Aran ond hefyd mae ardaloedd helaeth o weunydd ucheldir gwyntog a llynnoedd niferus. Mae afonydd mawrion yn cyfogi i fewn mewn i dri aber llydan, sydd yn rhedeg o'r dwyrain i'r gorllewin- y Dwyryd, y Mawddach a'r Dyfi. Roedd y rhain yn rhwystrau arswydus yn y gorffennol ac maent yn rhannu Meirionydd yn ddau gyff gwahanredol. Mae gan Feirionydd adnoddau mwynol arwyddocaol. Mae gwelyau llechfaen enfawr, yn enwedig yn ardal Ffestiniog yn y gogledd, wedi eu hymelwa yn drwm, er bod y ddaeareg yn mynnu bod y llechfaen yn cael ei gloddio yn dan ddaearol, nid ei chwarela fel yr oedd yn yr hen Sir Gaernarfon. Mae meteloedd hefyd yn cynnwys mwyn manganîs, ac, yn fwy pwysig, aur

PORTMEIRION, *The Harbour 1933* 85620
PORTHMEIRION, *Y Porthladd 1933* 85620

The Italianate village of Portmeirion, designed in the 1920s by the architect Clough Williams Ellis, capitalises on its natural setting on the steeply wooded slopes above the river Dwyryd. On the banks of the tidal estuary beside the small harbour with its slipway is the hotel, which provided accommodation for friends of the architect and other visitors who came to view the village.

Mae pentref Eidalaidd Porthmeirion, wedi ei ddylunio yn 1920au gan y pensaer Clough Williams Ellis yn cyfalafu ar ei leoliad naturiol ar y llethrau coediog serth uwchben yr Afon Dwyryd. Ar lannau'r aber llanw, gerllaw porthladd bychan gyda'i llithrfa mae'r gwesty, a fu'n darparu llety i ffrindiau'r pensaer ac ymwelwyr eraill a ddaeth i weld y pentref.

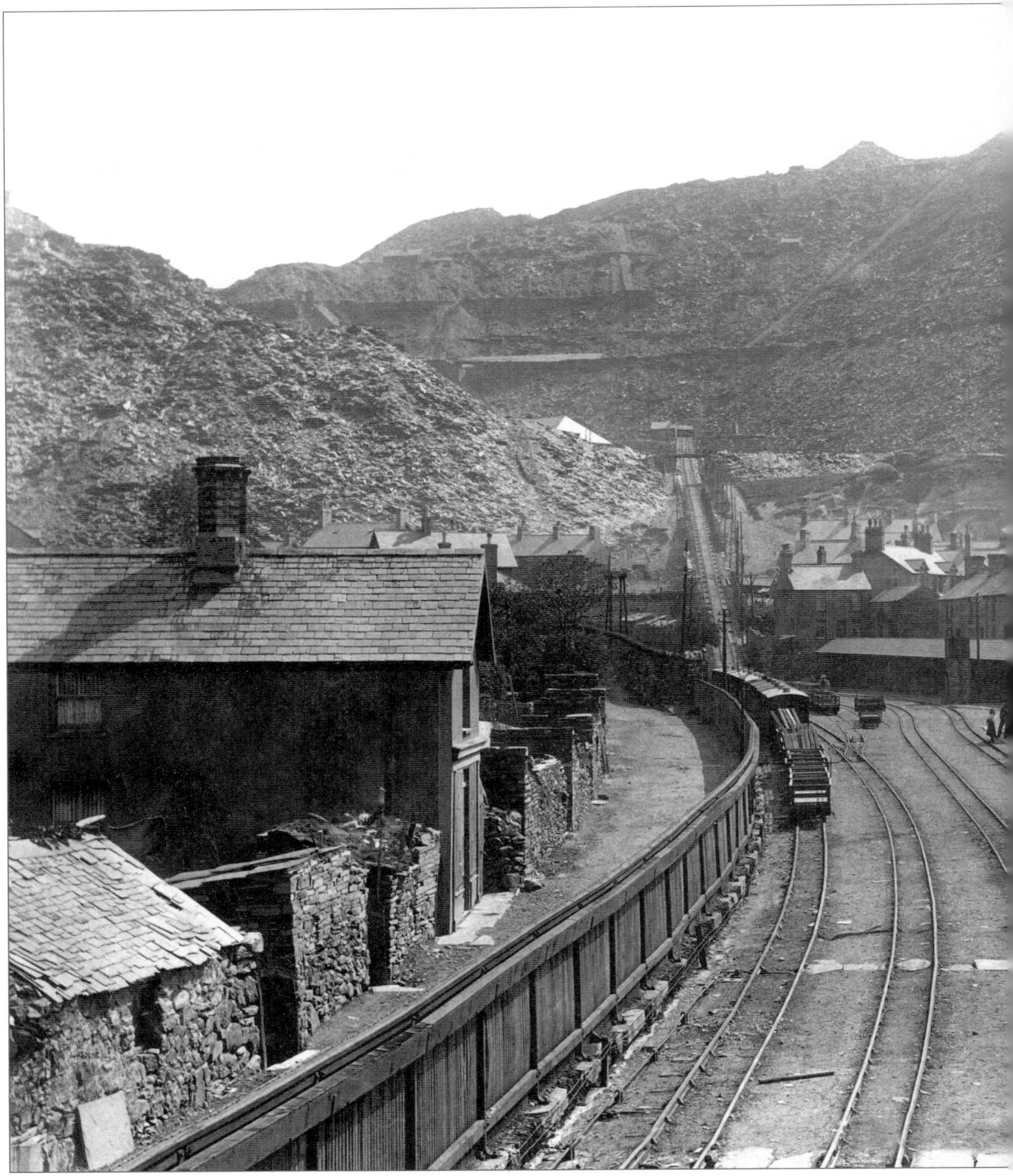

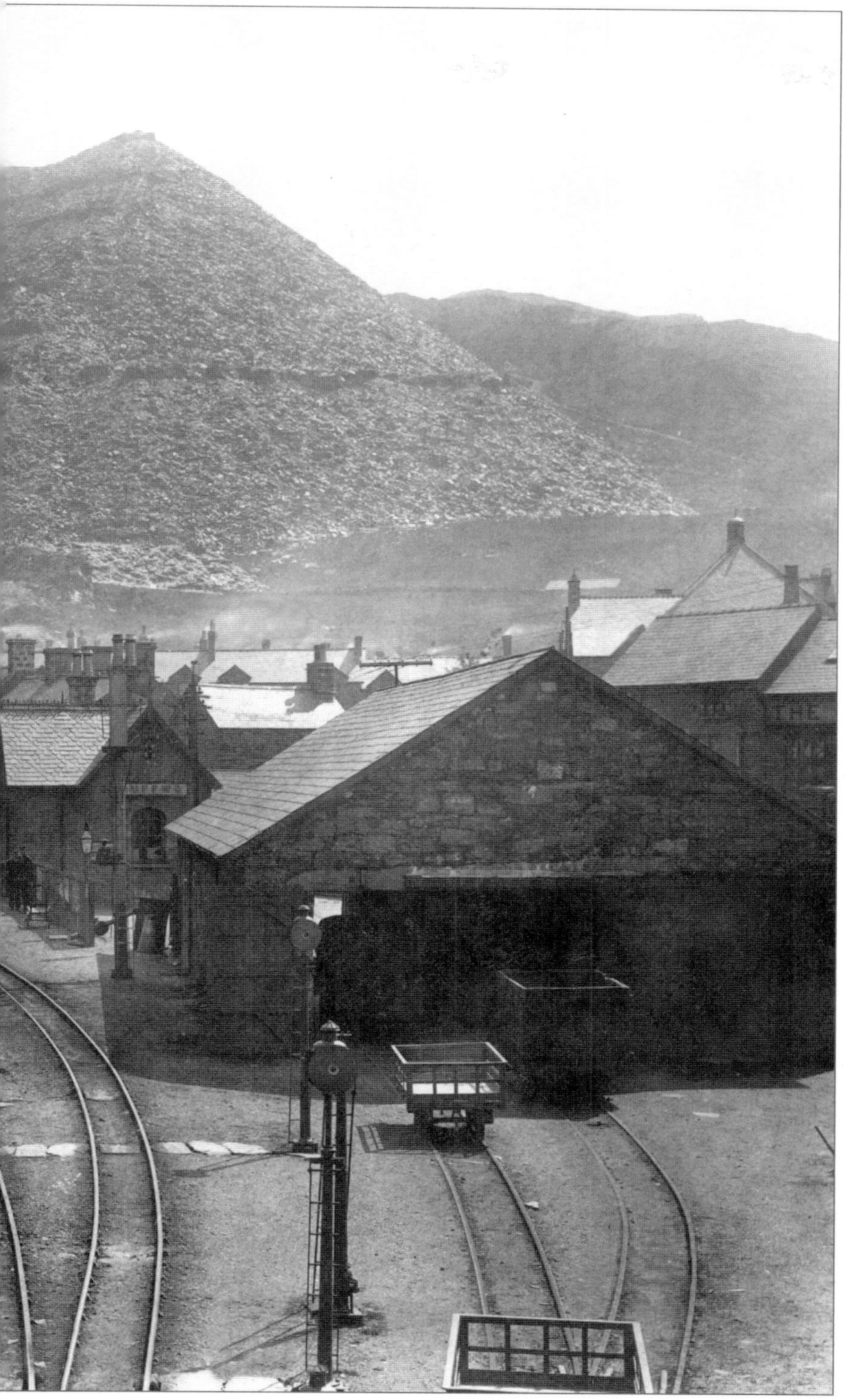

BLAENAU FFESTINIOG
Duffws Station 1901 46744
BLAENAU FFESTINIOG
Gorsaf Diphwys 1901 46744

Massive waste tips tower above the Railway Company's offices and quarrymen's terraced houses. Only about one-tenth of the rock quarried is actually usable for roofing slates. The rest forms these great spoil heaps that are such a feature of the north Wales industrial landscape. Blaenau Ffestiniog was one of the most important slate producing areas in north Wales. Slate was mined here in underground caverns.

Mae tomenni sbwriel gwastraff yn tyrru uwchben swyddfeydd y Cwmni Rheilffordd a bythynnod teras gweithwyr y chwarel. Dim ond degfed o'r graig a chwarelwyd sydd yn ddefnyddiol fel llechfaen toeau. Mae'r gweddill yn ffurfio'r tomenni sbwriel enfawr sydd gymaint o nodwedd o dirwedd ddiwydiannol Gogledd Cymru. Cloddiwyd llechfaen mewn ceudyllau tanddaearol.

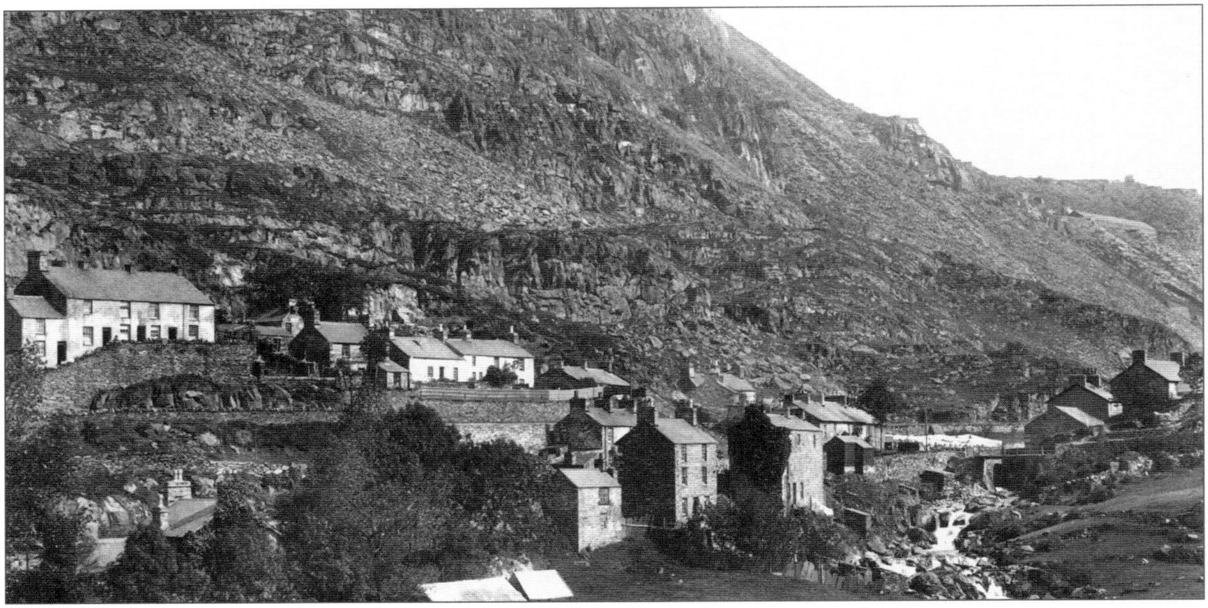

▲ **TANYGRISIAU,** *General View 1901* 46762
TANYGRISIAU, *Golygfa Gyffredinol 1901* 46762

The Welsh slate industry developed in the heart of the mountains, and this resulted in settlements in some very bleak and exposed places. The hamlet of Tanygrisiau is situated on treeless, rocky slopes; at this time it provided accommodation for workers in the nearby Ffestiniog slate mines. The tall slate tips and some mine-buildings are just visible on the right beyond the crag.

Datblygodd y diwydiant llechfaen yng nghalon y mynyddoedd ac mewn canlyniad yn dilyn sefydlwyd anheddau ym mannau digysgod a dinoeth iawn. Lleolwyd Tanygrisiau ar lethrau creigiog heb goed; yn y cyfnod yma darparwyd llety i weithwyr ym mwynfeydd llechfaen cyfagos Ffestiniog. Mae tipiau tal llechfaen ac adeiladau mwynfeydd braidd yn y golwg ar y de y tu hwnt i'r clogwyn

► **TRAWSFYNYDD,** *The Square 1904* 51663
TRAWSFYNYDD, *Y Sgwâr 1904* 51663

Trawsfynydd was a straggling windswept village on the road between Porthmadog and Dolgellau. A photographer must have been an unusual sight in such a quiet village, for adults and children have come out to pose for the camera. Two smiling cleaning ladies are positioned on the chapel steps, while three men stand, hands in pockets, in front of the draper's store, with its displays of hats and collarless shirts.

Roedd Trawsfynydd yn bentref ymledol wedi ei ysgubo gan y gwynt ar y ffordd rhwng Porthmadog a Dolgellau. Rhaid fod ffotograffydd yn olygfa anarferol yn y fath bentref tawel, oherwydd fod yr oedolion a'r plant wedi dod allan i gael eu lluniau wedi eu cymryd. Lleolir y ddwy wraig sydd yn gwenu, ar risiau'r capel, tra bod tri dyn a'u dwylo yn eu pocedi, wrth flaen siop y dilledydd, gyda'i arddangosfa o hetiau a chrysau heb goleri.

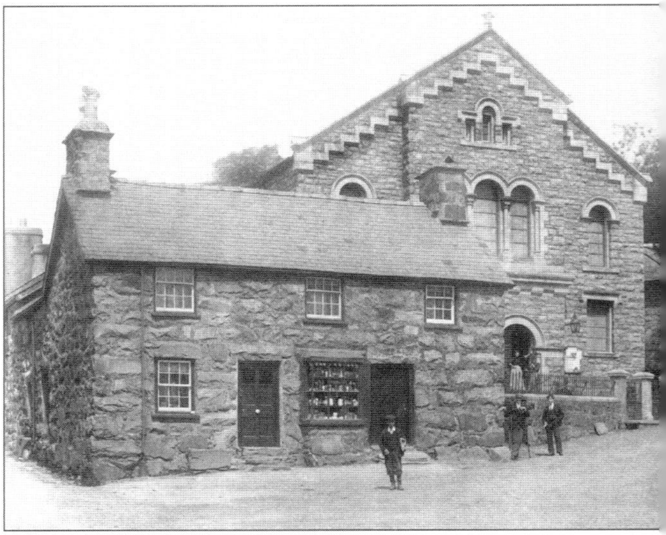

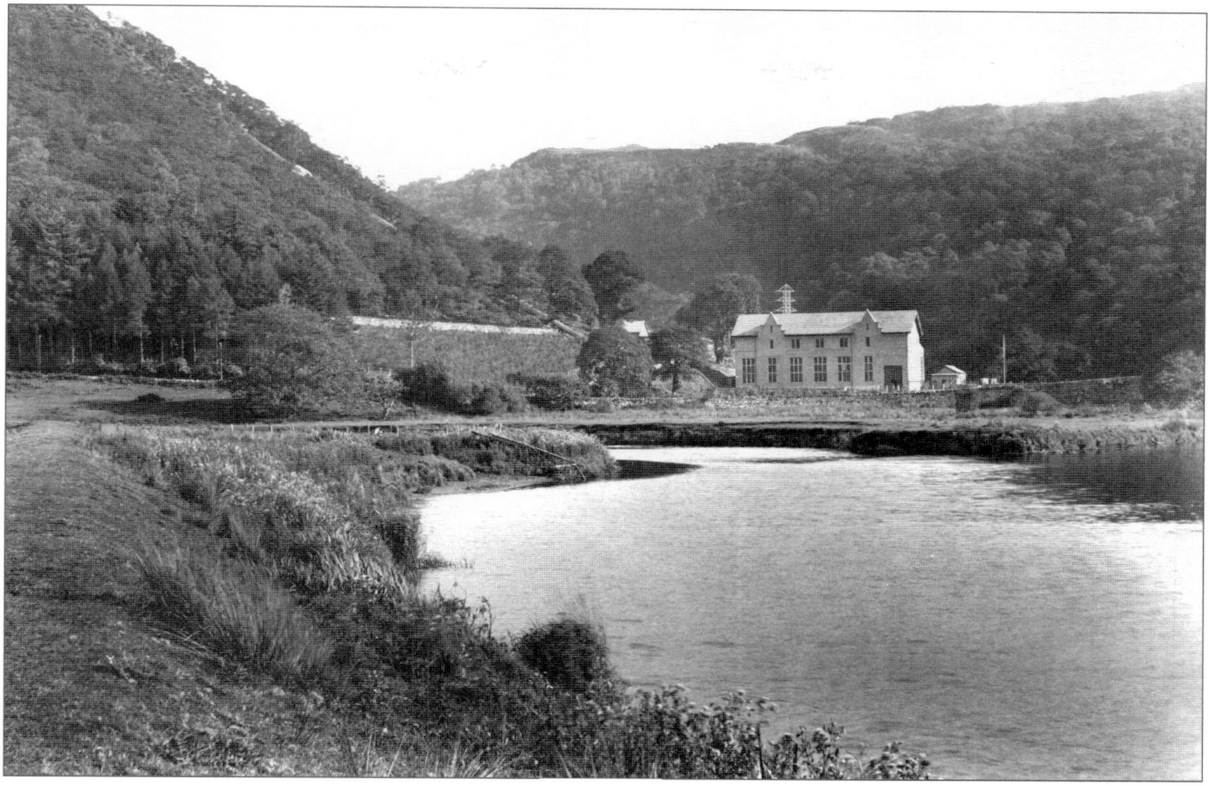

MAENTWROG, *The North Wales Electric Power Station 1930* 83652
MAENTWROG, *Gorsaf Ynni Trydanol Gogledd Cymru 1930* 83652

The hydro-electric generating station at Maentwrog was one of the three earliest power stations to be built in north-west Wales. It is powered by water from Llyn Trawsfynydd in the hills above. At this time it was operated by the North Wales Power Company.

Roedd gorsaf generadu trydan dŵr ym Maentwrog yn un o dri o orsafoedd cynharaf i'w hadeiladu yng Ngogledd Orllewin Cymru. Mae wedi ei bŵeru gan ddŵr o Lyn Trawsfynydd yn y bryniau uwchben. Ar y cyfnod yma roedd yn cael ei weithredu gan Gwmni Ynni Gogledd Cymru.

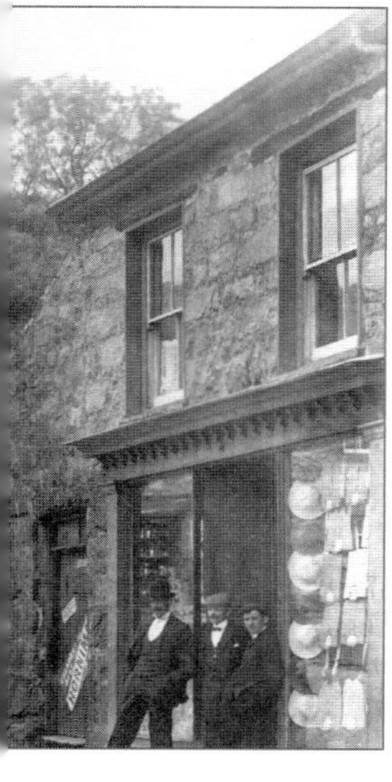

► **HARLECH**
The Castle 1889 21737
HARLECH
Y Castell 1889 21737

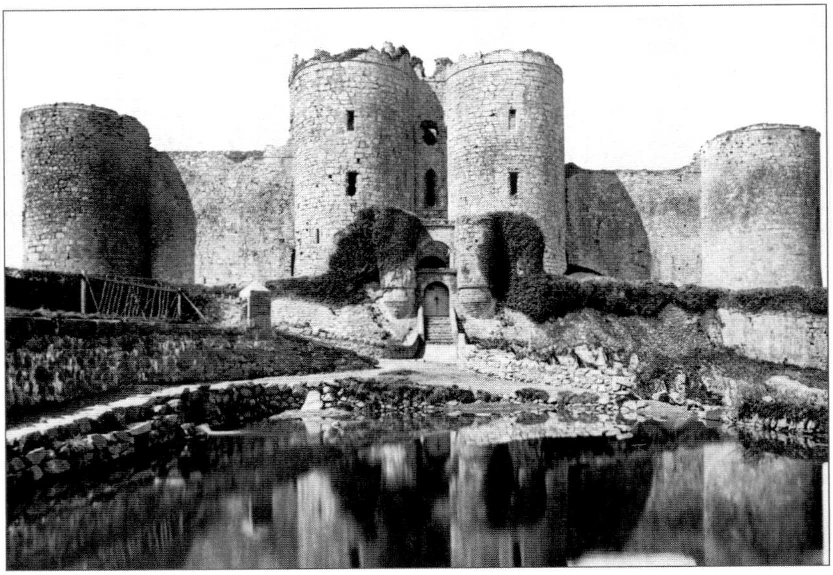

Although built by Edward I, Harlech is considered the most Welsh of the Edwardian castles. It was here, in the early 15th century, that the rebel leader Owain Glyndwr had his stronghold and seat of power during the rebellion. The massive towers and walls withstood some of the earliest cannon used in Britain, and its starving inhabitants only surrendered after a lengthy siege.

Er y cafodd ei adeiladu gan Edward y cyntaf, ystyrid Harlech fel y castell mwyaf Cymreig ymhlith cestyll Edwardaidd. Yma, yn gynnar yn y 15 fed ganrif, roedd amddiffynfa a sedd pŵer yr arweinydd gwrthryfel, Owain Glyndŵr yn ystod y gwrthryfela. Mae'r tyrrau enfawr a'r muriau wedi gwrthsefyll y canon cynharaf a ddefnyddiwyd ym Mhrydain a bu i'w drigolion newynog ddim ond ildio ar ôl gwarchae maith.

► **HARLECH,** *The High Street c1965* H21054
HARLECH, *Y Stryd Fawr tua 1965* H21054

By the 1960s, more and more holiday visitors were arriving by car as well as by rail. There are quite a number of cars parked in the narrow street in front of Harry and Alfred Kilminster's automobile engineering works (right), which specialized in car electrical repairs. The ice cream shop on the corner is also stocked with plastic beach balls and even a paddling pool.

Erbyn y 1960au roedd mwy a mwy o ymwelwyr gwyliau yn cyrraedd mewn ceir yn ogystal â threnau. Mae nifer llwyr o geir wedi eu parcio yn y stryd gul y tu allan i waith peirianneg moduron Henry ac Alfred Kilminster (ar y de) a oedd yn arbenigo mewn atgyweirio trydanol Mae'r siop hufen iâ ar y gornel yn arddangos cyflenwad o belau plastig a hyd yn oed pwll padlo.

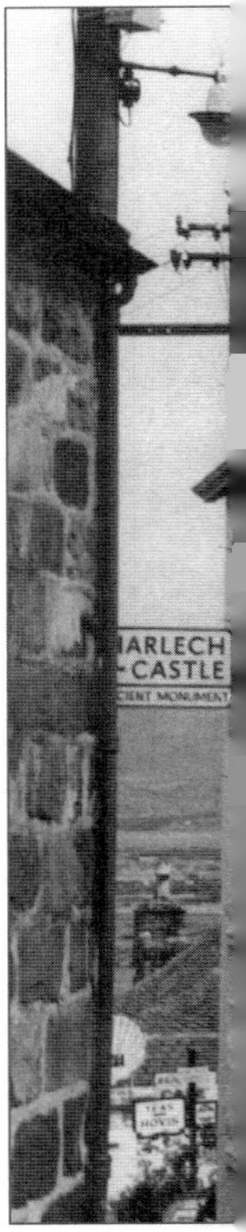

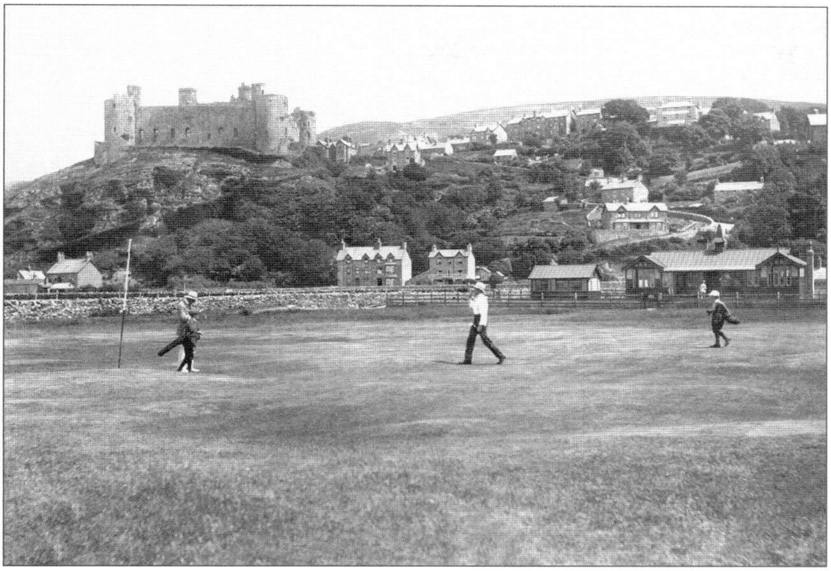

HARLECH
The Castle and the Golf Links 1908 60250
HARLECH
Y Castell a'r Maes Golff 1908 60250

The main village is situated on the hill beside the castle, but below the rock of Harlech the sandy dunes offered an ideal site for golf links for the amusement of summer visitors.

Mae'r prif bentref ar y bryn gerllaw'r castell, ond o dan graig Harlech mae twyni tywodlyd yn cynnig safle delfrydol ar gyfer maes golff er adloniant ymwelwyr yn ystod yr haf.

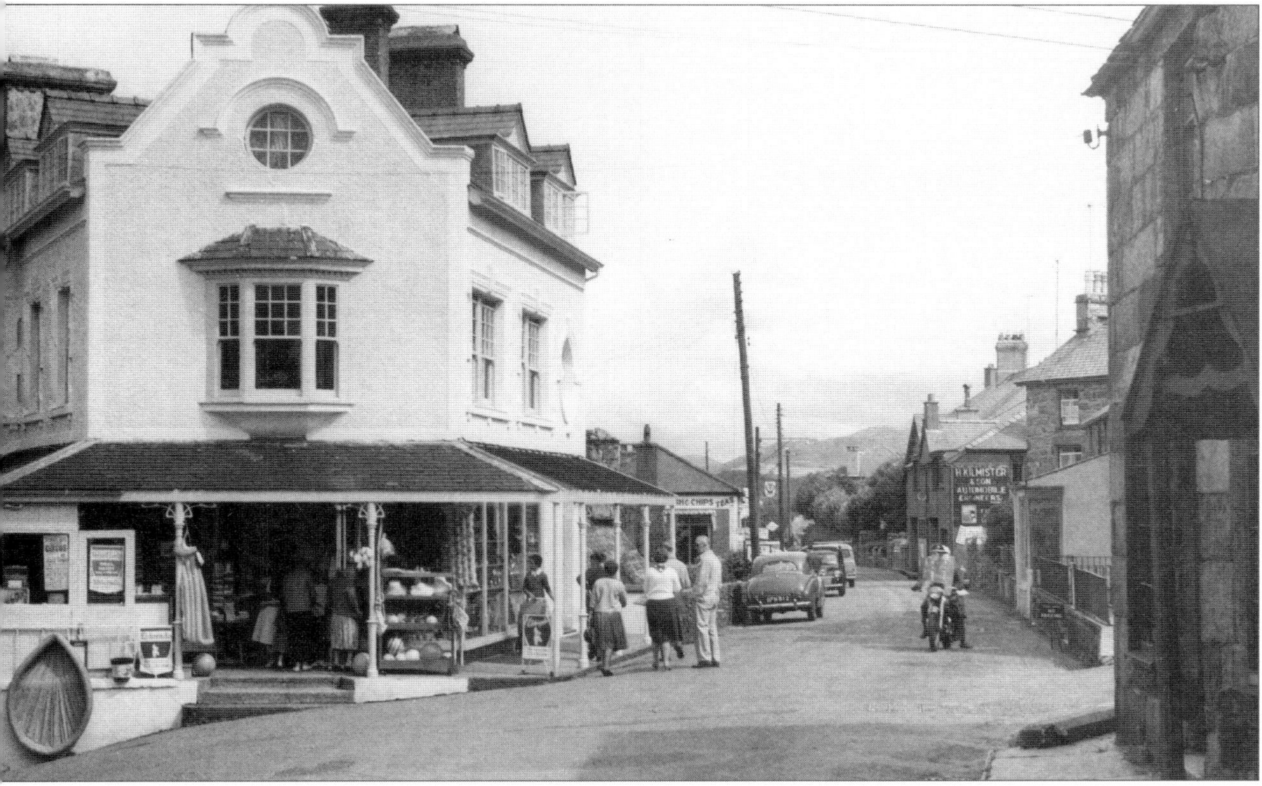

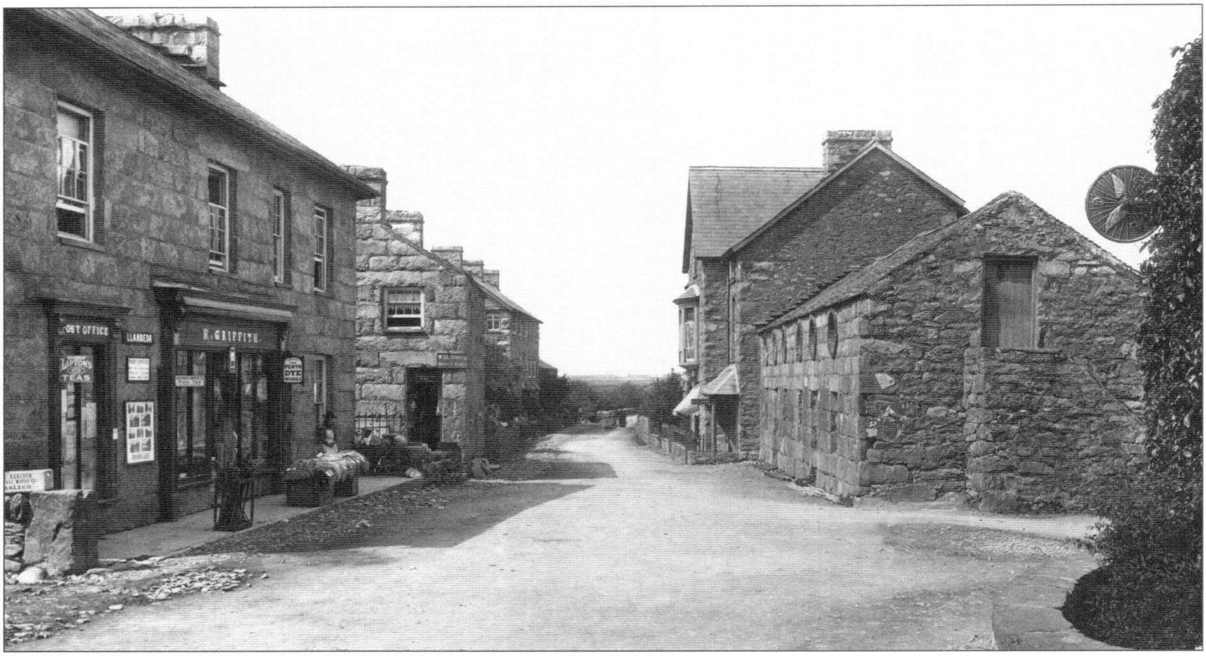

► **LLANBEDR,** *The Village 1898* 42401
LLANBEDR, *Y Pentref, 1898* 42401

We can see here how tourism affected this traditional village. R Griffith's shop (left) sells postcards, walking sticks and other souvenirs. A crate of mineral water (on the wall, extreme left) has just been delivered to the post office, and opposite is a café offering refreshments. Llanbedr lies on the road between Barmouth and Porthmadog, and has a station on the Cambrian Coast line.

Gallwn weld fel mae twristiaeth wedi effeithio ar y pentref traddodiadol yma. Mae siop R Griffiths (ar y chwith) yn gwerthu cardiau post, ffyn a chofroddion eraill. Mae crât o ddŵr mwyn (ar y mur ar y chwith eithaf) newydd ei gludo i'r swyddfa bost a gyferbyn mae caffi yn cynnig lluniaeth. Saif Llanbedr ar y ffordd rhwng Abermaw a Phorthmadog ac mae ganddi orsaf ar reilffordd Arfordir y Cambrian

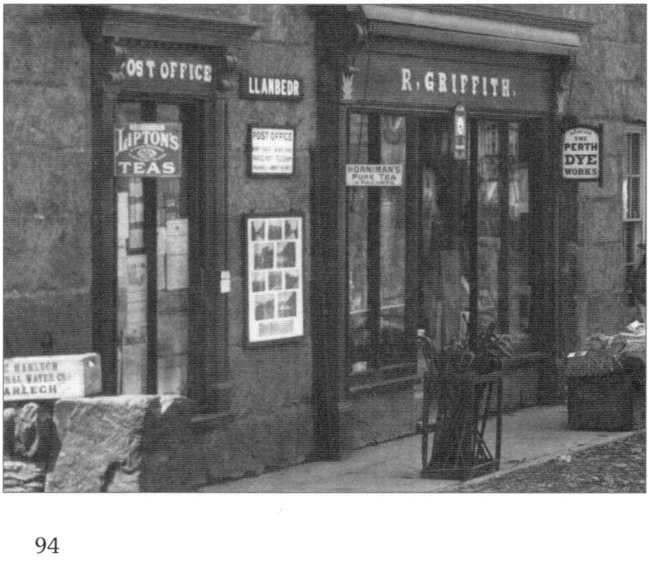

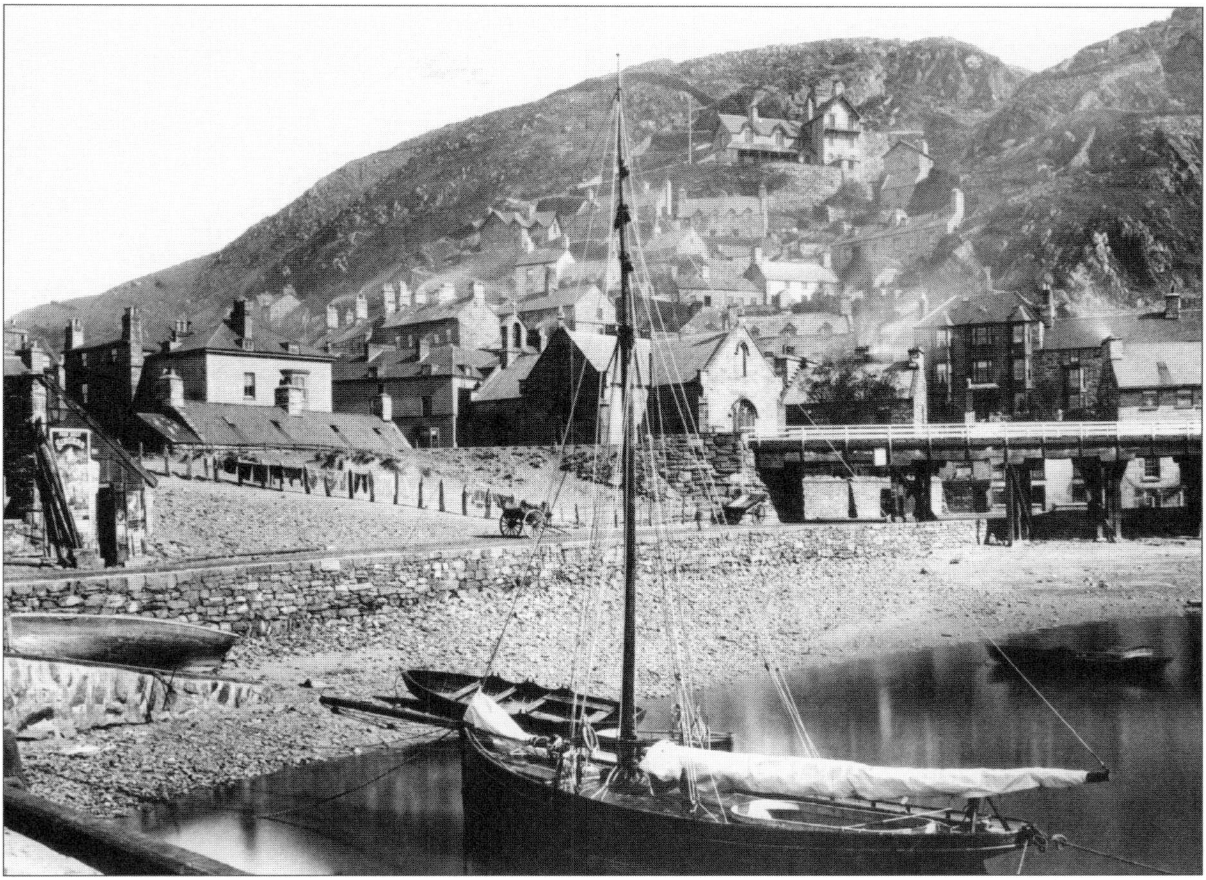

BARMOUTH, *The Quay 1889* 21701
ABERMAW, *Y Cei 1889* 21701

Local fishing boats are moored in the harbour in front of the viaduct, which carries the Cambrian Coast railway over the estuary. Barmouth was still an important port at this time, trading in timber and woollen goods, although its long-established ferry across the Mawddach was severely affected by the construction of the Cambrian coast railway in 1865.

Mae cychod pysgota lleol wedi angori yn borthladd o flaen y draphont, sydd yn cario'r rheilffordd Arfordir y Cambrian ar draws yr aber. Roedd Abermaw yn dal yn bwysig yn y cyfnod yma, gan fasnachu mewn coed a nwyddau gwlanen, er mod gwasanaeth fferi hir-sefydlog ar draws y Mawddach wedi ei effeithio'n galed gan rheilffordd Arfordir y Cambrian ym 1865

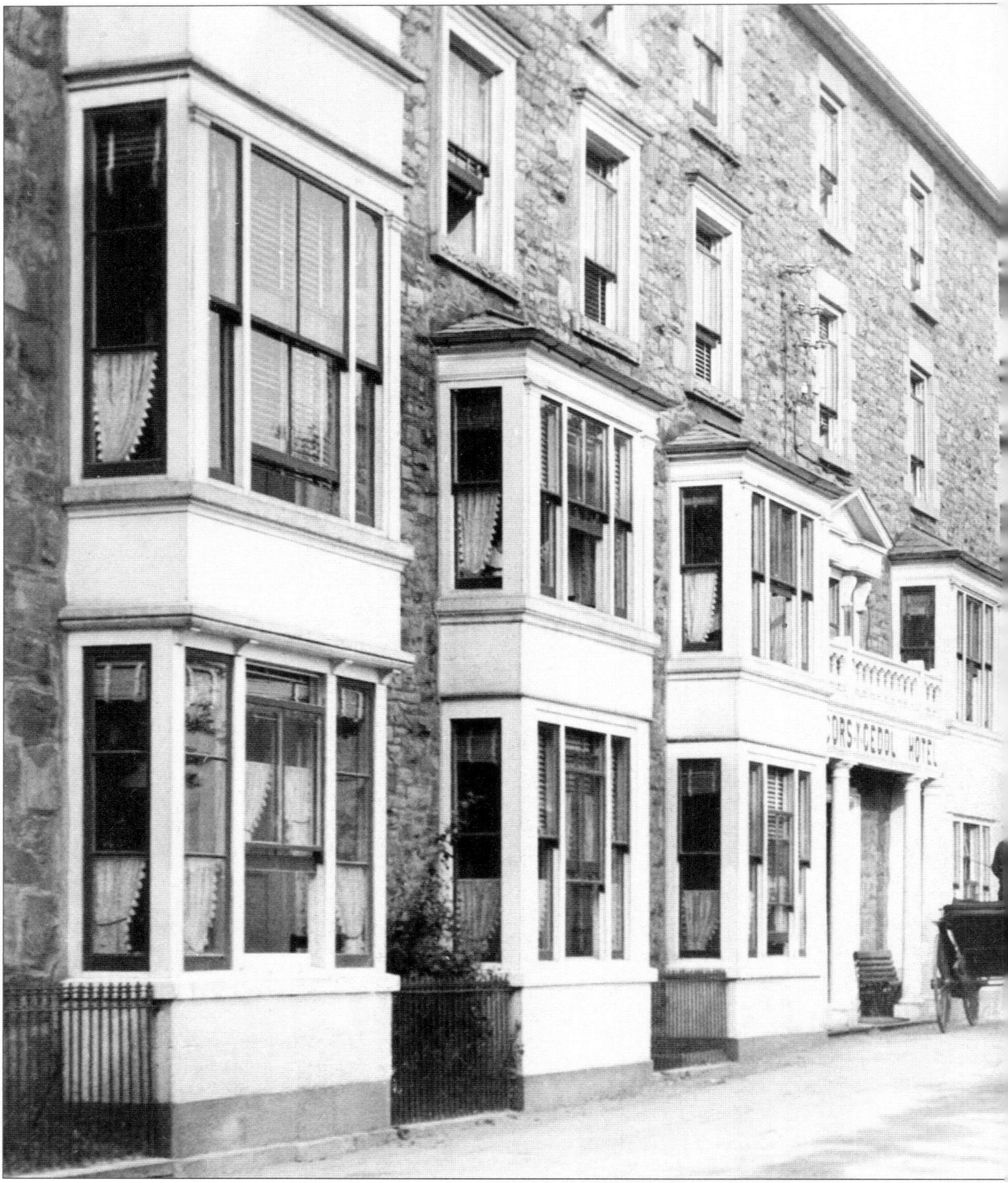

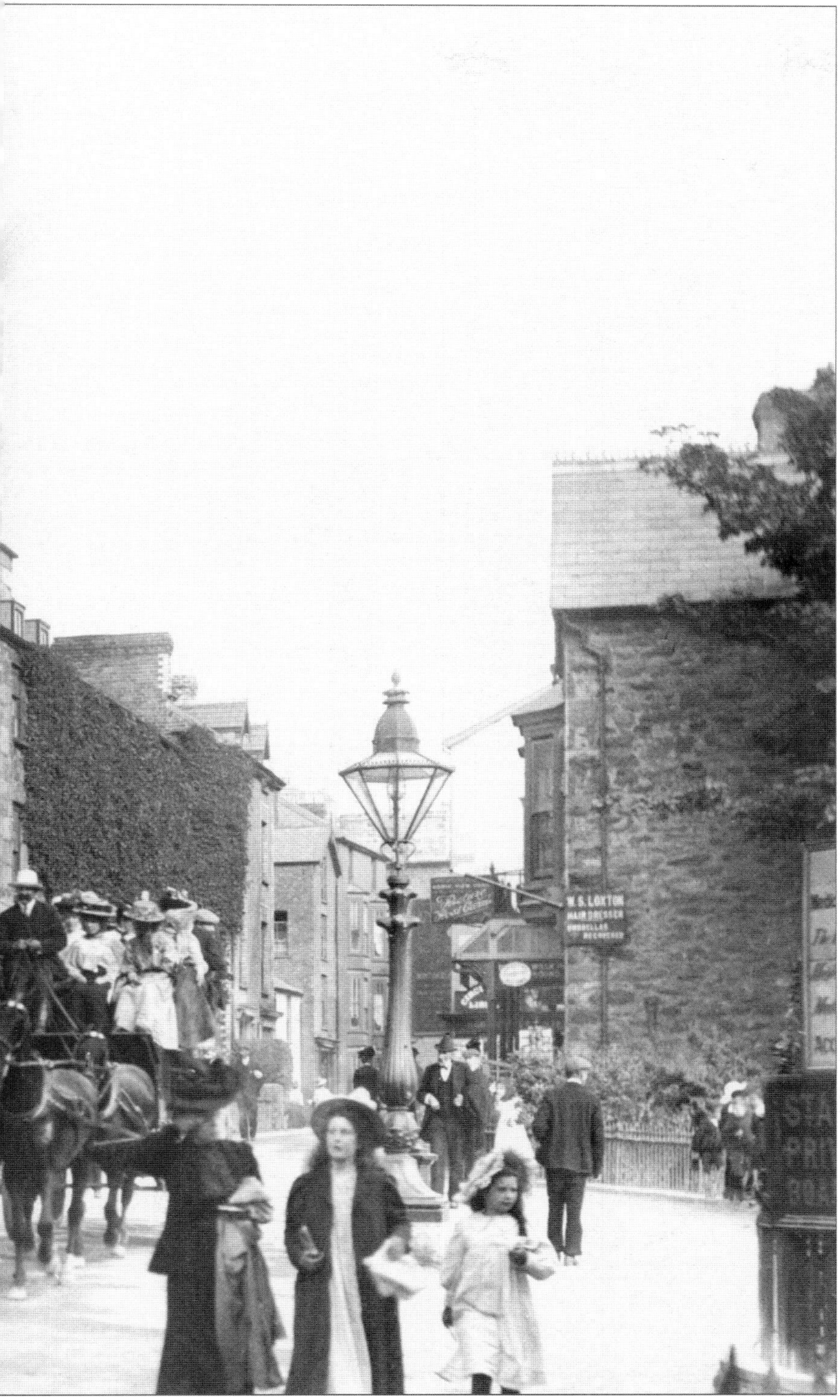

BARMOUTH
High Street 1908 60216
ABERMAW
Y Stryd Fawr 1908 60216

The long main street in this market town and seaport is thronged with horse-drawn traffic and pedestrians. A coach full of sightseers passes its most important hotel, the Gors-y-Geddol.

Mae'r stryd fawr hir yn y dref farchnadol yma a'r porthladd wedi ei thyrru gan gerbydau wedi eu tynnu gan geffylau a cherddwyr. Mae llond cerbyd o ymwelwyr yn mynd heibio'r gwesty mwyaf pwysig, Gwesty Gors y Geddol.

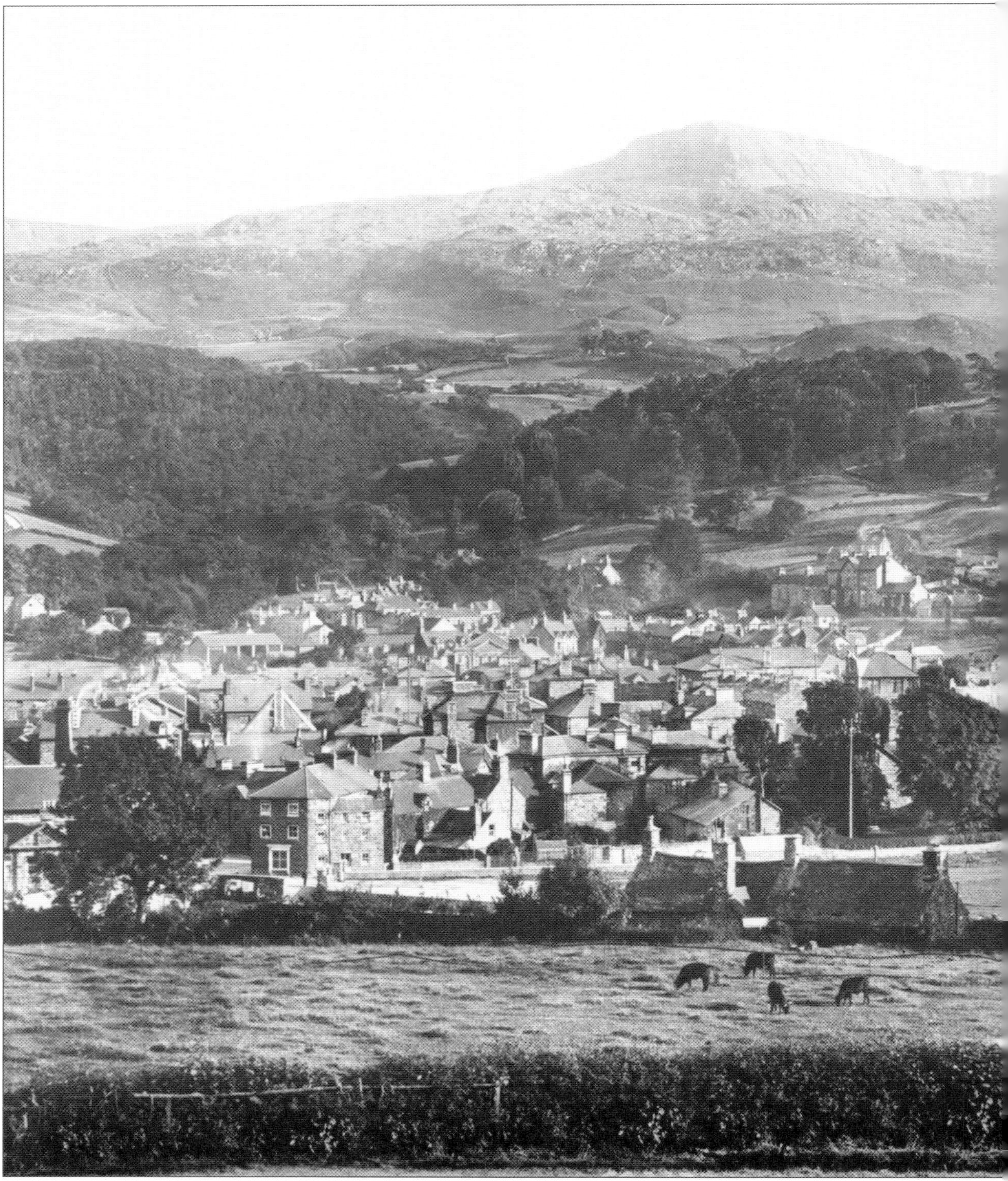

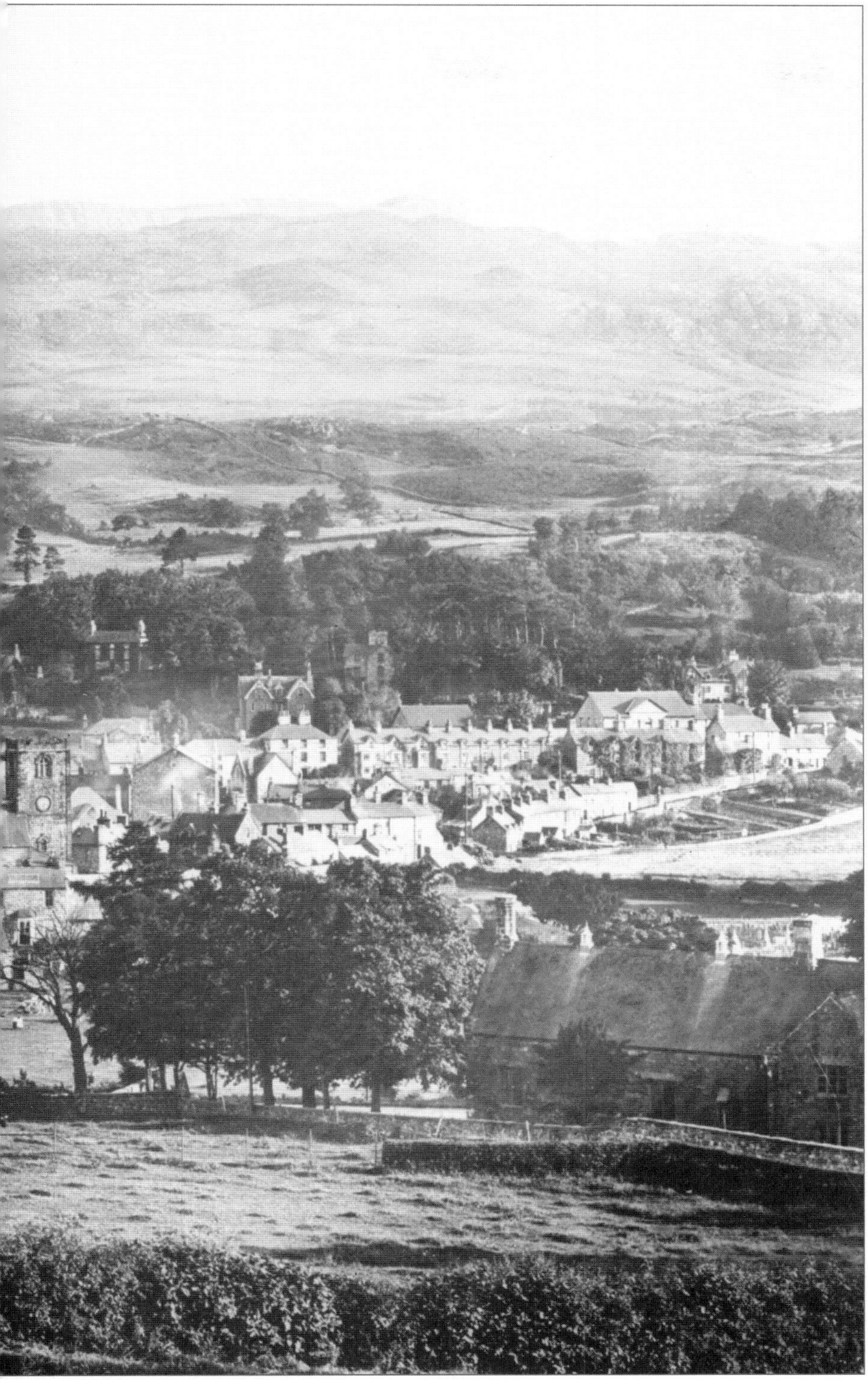

DOLGELLAU
General View and Cadair Idris 1908 60237
DOLGELLAU
Golygfa Gyffredin a Cadair Idris 1908 60237

The traditional, stone-built market town of Dolgellau has developed at a crossing point on the river Wnion. It became the county town of Merioneth, and was noted for Welsh tweed and flannel manufacturing. Behind, the peak of Cadair Idris rises to 2927 feet. Although it is only Merioneth's second highest mountain, it is by far the most impressive in aspect.

Mae'r dref farchnadol draddodiadol Dolgellau wedi ei hadeiladu o gerrig, wedi datblygu ar groesfan yr Afon Wnion. Daeth yn dref sirol Meirionydd ac yn nodedig am ddiwydiant cynhyrchu brethyn a gwlanen Gymreig. Y tu ôl, mae brig Cadair Idris yn codi i 2927 troedfedd. Er ei fod yn ail fynydd uchaf Meirionydd, mae yn fwy trawiadol o bell ffordd mewn agwedd.

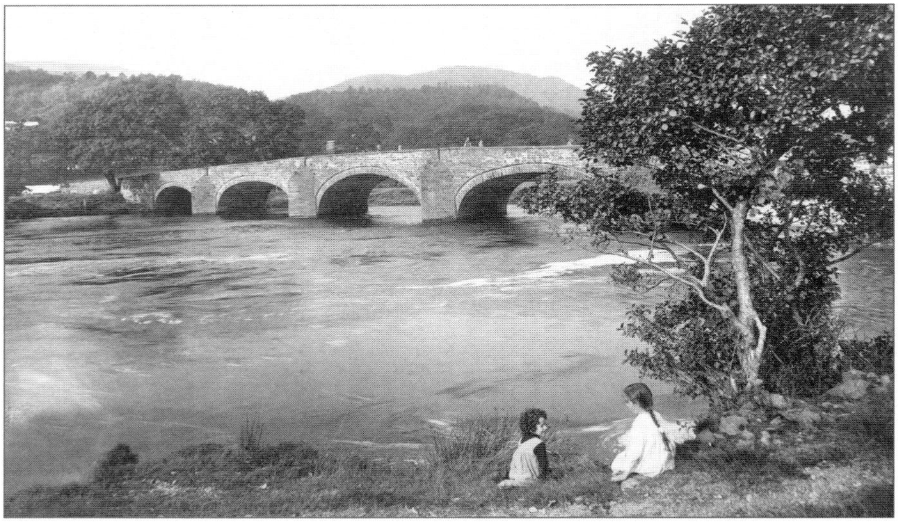

► **LLANELLTYD**
The Bridge 1913
65867
LLANELLTYD
Y Bont 1913 65867

This elegant, multi-arched stone bridge crosses the wide river Mawddach, just before it joins the river Wnion near the hamlet of Llanelltyd. Below the bridge the river is navigable, and river lighters used to operate between the bridge and Barmouth on the coast, carrying woollen goods from Dolgellau.

Mae'r bont goeth aml fwaog yn croesi afon lydan Mawddach cyn iddi ymuno â'r afon Wnion ger pentrefan Llanelltyd. Dan y bont mae'r afon yn fordwyol ac roedd badau dadlwytho yn arfer gweithredu rhwng y bont ag Abermaw ar yr arfordir, yn cludo nwyddau gwlanen o Ddolgellau.

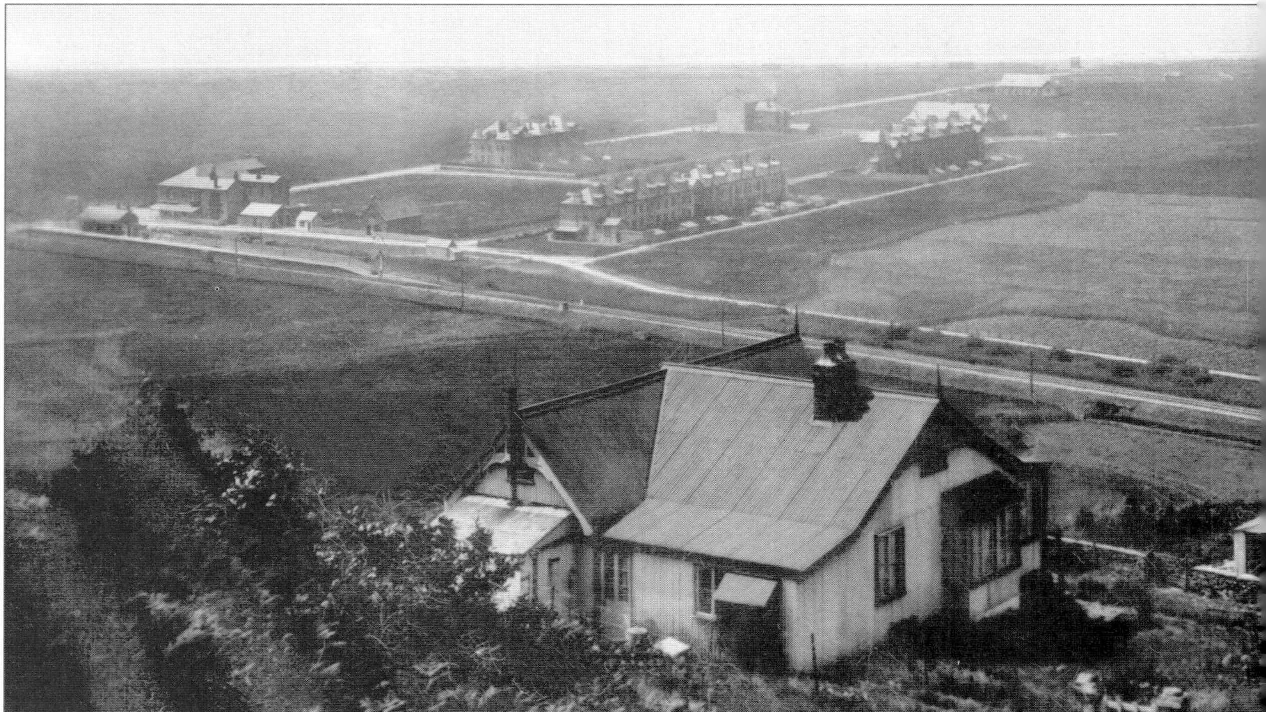

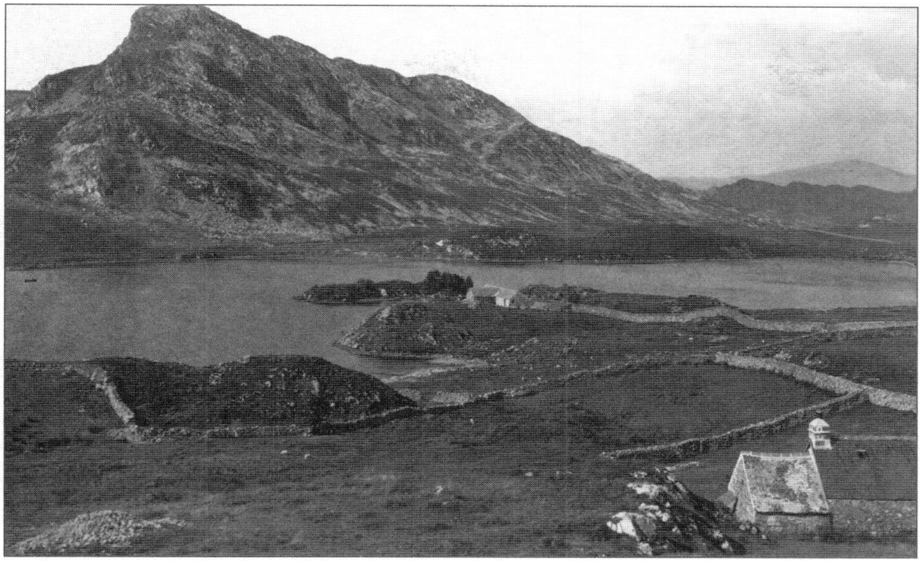

◄ **ARTHOG**
Creigenan Lake c1865 2656B
ARTHOG
Llyn Creigenan tua 1865 2656B

The windswept uplands of Merioneth are littered with rocky slopes and small lakes. The small cairns of piled stones in the foreground beside the low single-storey cottage are a highly distinctive feature of upland agriculture in this area: farmers had to clear the land to scratch a living on these thin, rock-strewn soils.

▲ Mae ucheldiroedd gwyntog Meirionydd, yn frith o lethrau creigiog a llynnoedd bychain. Mae'r garnedd fechan o gerrig yn y blaendir, gerllaw y bwthyn un llawr yn nodwedd wahanredol o amaethyddiaeth ucheldir yn yr ardal yma: bu gofyn i ffermwyr glirio'r tir er mwyn crafu bywoliaeth oddi ar y pridd tenau, wedi ei wasgaru gan greigiau.

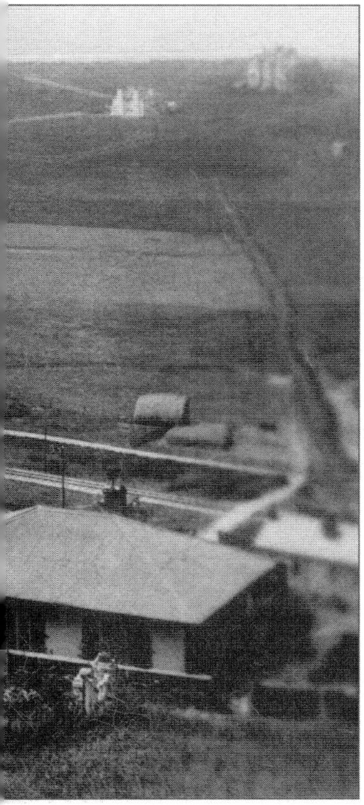

◄ **FAIRBOURNE**
The Village 1908 60231
FAIRBOURNE
Y Pentref 1908 60231

We are looking out over the south side of the Mawddach estuary, where the embryonic watering place of Fairbourne was beginning to develop on an expanse of flat marshy land. Property is laid out along a grid of streets.

Edrychwn ar ochr ddeheuol aber y Mawddach, lle mae'r Fairbourne embryonig yn dechrau datblygu ar ehangder o dir corsog gwastad. Mae eiddo wedi ei gosod allan ar ffurf grid o strydoedd

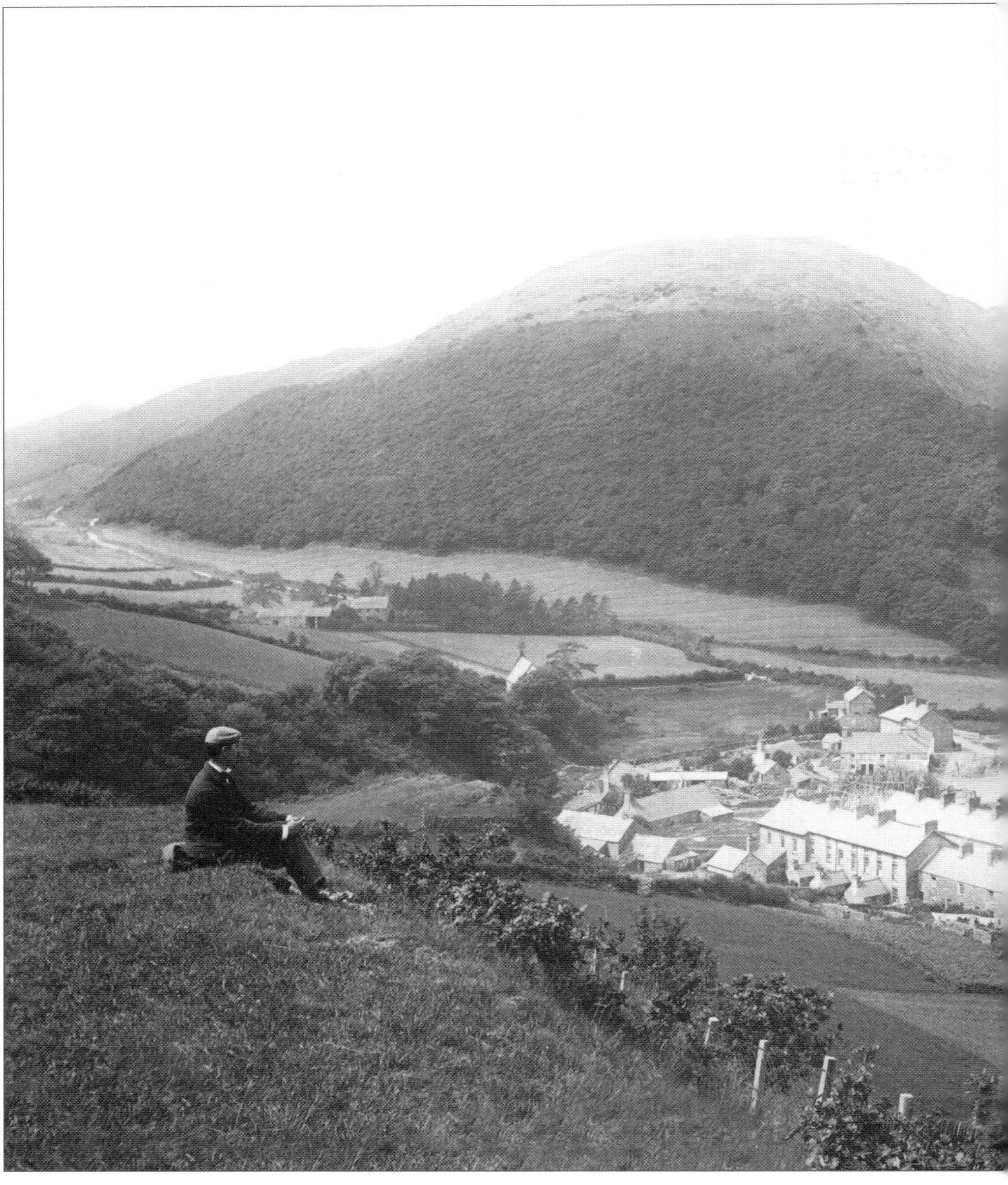

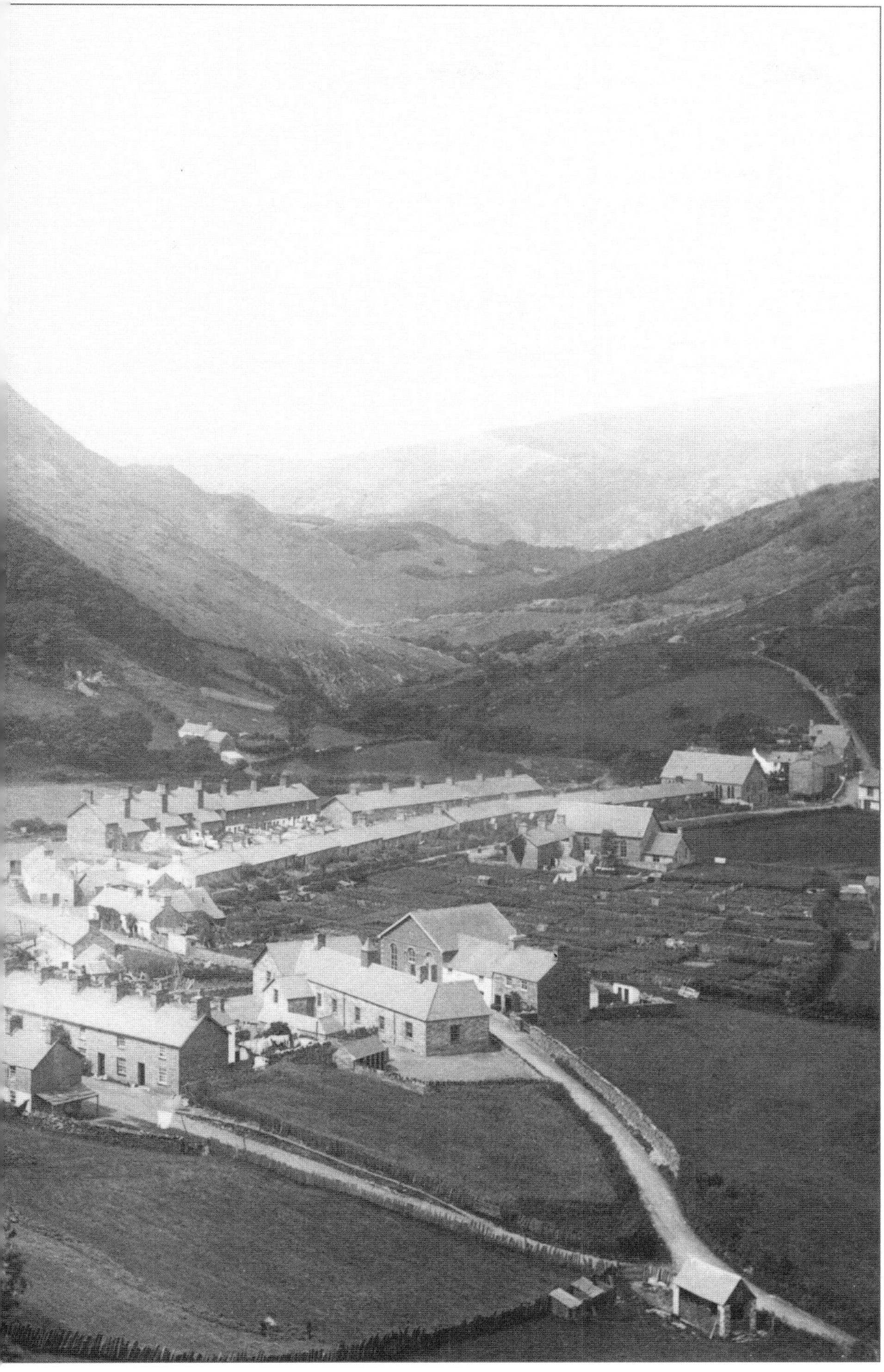

ABERGYNOLWYN
The Village 1895 36483
ABERGYNOLWYN
Y Pentref 1895 36483

This hamlet lies on a medieval pilgrims' track. By the 19th century, however, Abergynolwyn housed the workforce for the Bryneglwys slate quarry - the long terraces of quarrymen's cottages and their allotments are visible beside the nonconformist chapel. In 1895, slate production was at its height in north Wales.

Saif y pentrefan yma ar lwybr pererinion canoloesol. Er hynny, erbyn y 19eg ganrif, roedd Abergynolwyn yn llety i weithlu'r Chwarel Llechfaen Bryneglwys – mae'r rhesi hirion o fythynnod chwarelwyr a'u rhandiroedd yn weladwy gerllaw y capel Anghydffurfiol. Ym 1895 roedd diwydiant llechfaen Gogledd Cymru ar ei frig.

BRYNCRUG
The Village 1895 36503
BRYNCRUG
Y Pentref 1895 36503

Anvils and a roll of barbed wire (left) lie outside the smithy in this quiet rural village street. In the past almost every village had its own blacksmith: in the age of the horse-drawn vehicle, they were essential to shoe horses and repair farm machinery.

Mae eingionau a rholyn o weiren bigog (ar y chwith) yn gorwedd y tu allan i'r efail yn y pentref gwledig tawel. Yn y gorffennol roedd gan bob pentref eu gofaint eu hunan: yn oes cerbydau wedi eu tynnu gan geffylau, roeddent yn angenrheidiol i bedoli ceffylau ac i atgyweirio

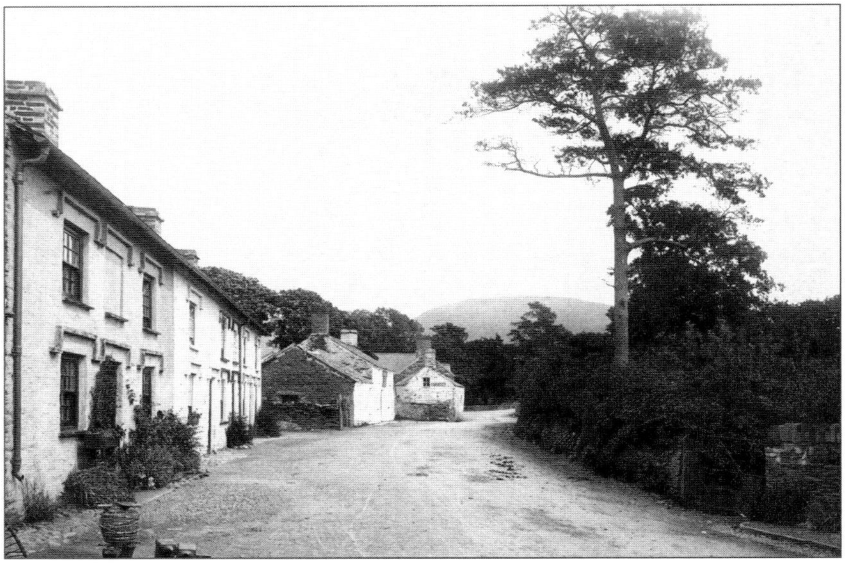

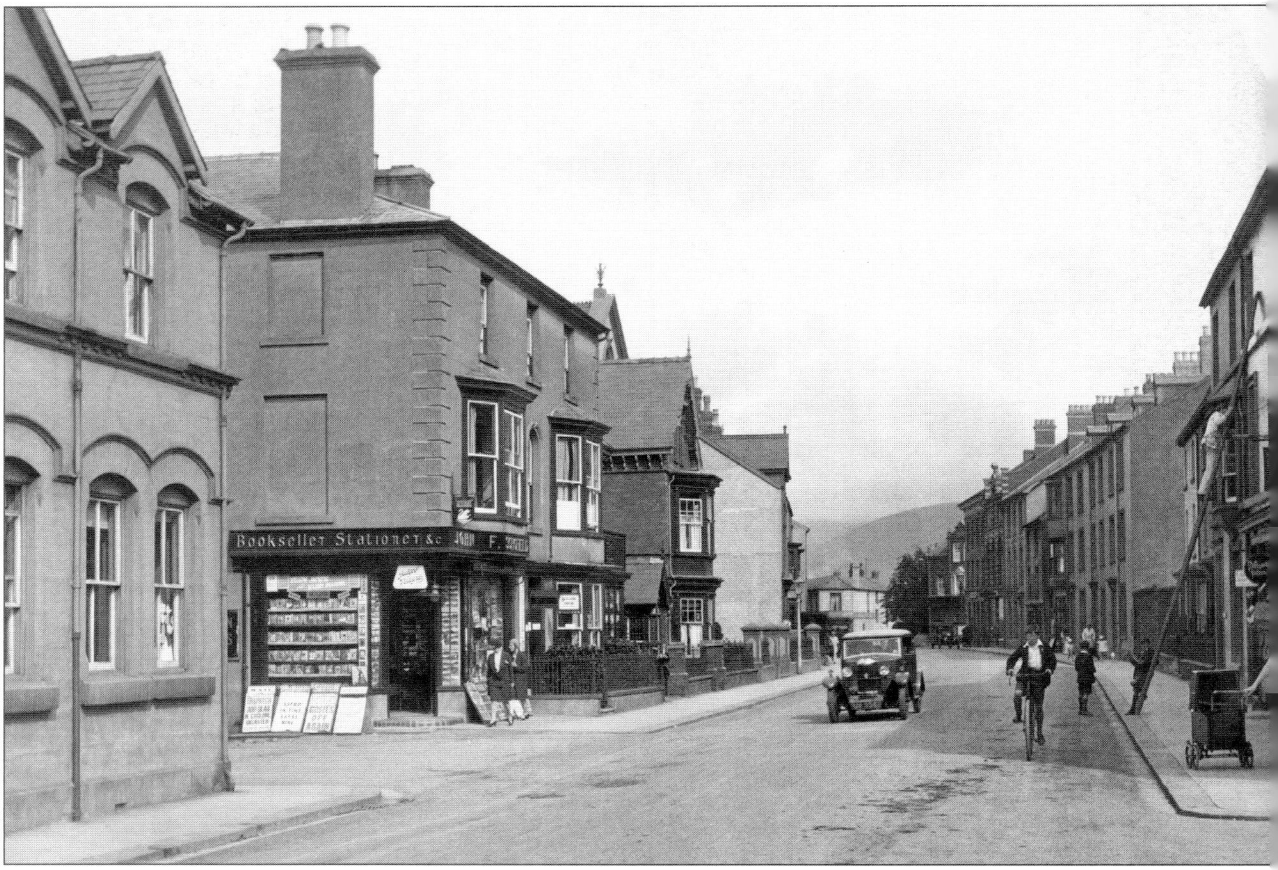

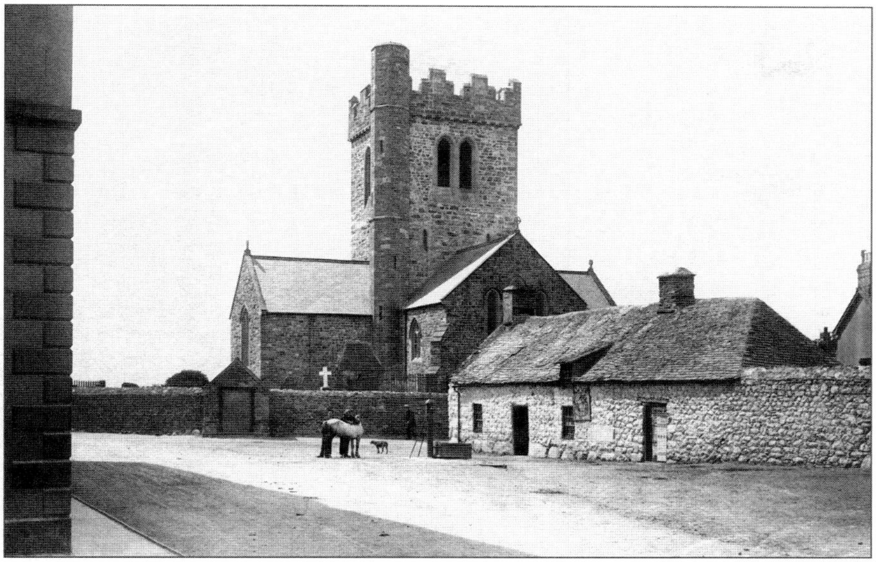

TOWYN
St Cadfan's Church 1892 30225
TYWYN
Eglwys Sant Cadfan 1892 30225

Towyn is a very ancient settlement. Its church was founded by St Cadfan, whose famous well here was fed by chalybeate springs. The area in front of a church was often treated as a public place; here, two boys lead a pony to drink at the pump and watering trough beside a traditional stone cottage. On its wall an advertisement promotes Singer sewing machines, while posters on the door advertise a concert, a sale and a show.

Mae Tywyn yn anheddiad hynafol iawn. Sefydlwyd ei heglwys gan Sant Cadfan ac mae'r ffynnon enwog yma yn cael ei bwydo gan tarddelli haearnol. Roedd yr ardal o flaen yr eglwys yn aml yn cael ei ddefnyddio ffel lle cyhoeddus; yma mae dau fachgen yn arwain poni i yfed wrth y pwmp a chafn ddŵr. Ar ei fur mae hysbyseb yn hyrwyddo peiriant gwnïo Singer, tra fod posteri yn hysbysebu cyngerdd, gwerthiant a sioe.

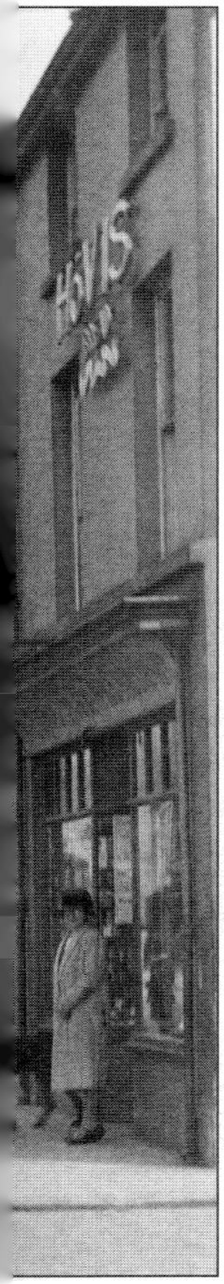

TOWYN, *High Street 1930* 83579
TYWYN, *Y Stryd Fawr 1930* 83579

There is a wealth of social detail in this photograph. A woman with a pram gossips outside the café (right), while a car and bicycle have to avoid pedestrians in the street, who are stepping around a ladder. This tranquil scene contrasts strongly with the newspaper headlines (outside the stationer's, opposite) reporting disasters elsewhere – 300 dead in a cyclone and fires in London.

Mae cyfoeth o fanylion cymdeithasol yn y darlun yma. Mae gwraig â phram yn clebran y tu allan i gaffi (ar y de) tra bo car a beic yn gorfod osgoi cerddwyr, sydd yn camu o amgylch ysgol, yn y stryd. Mae'r olygfa dawel yn cyferbynnu'n gryf â phenawdau'r papur newydd (y tu allan i siop werthwr papurau gyferbyn) yn adrodd am drychinebau mewn mannau eraill.

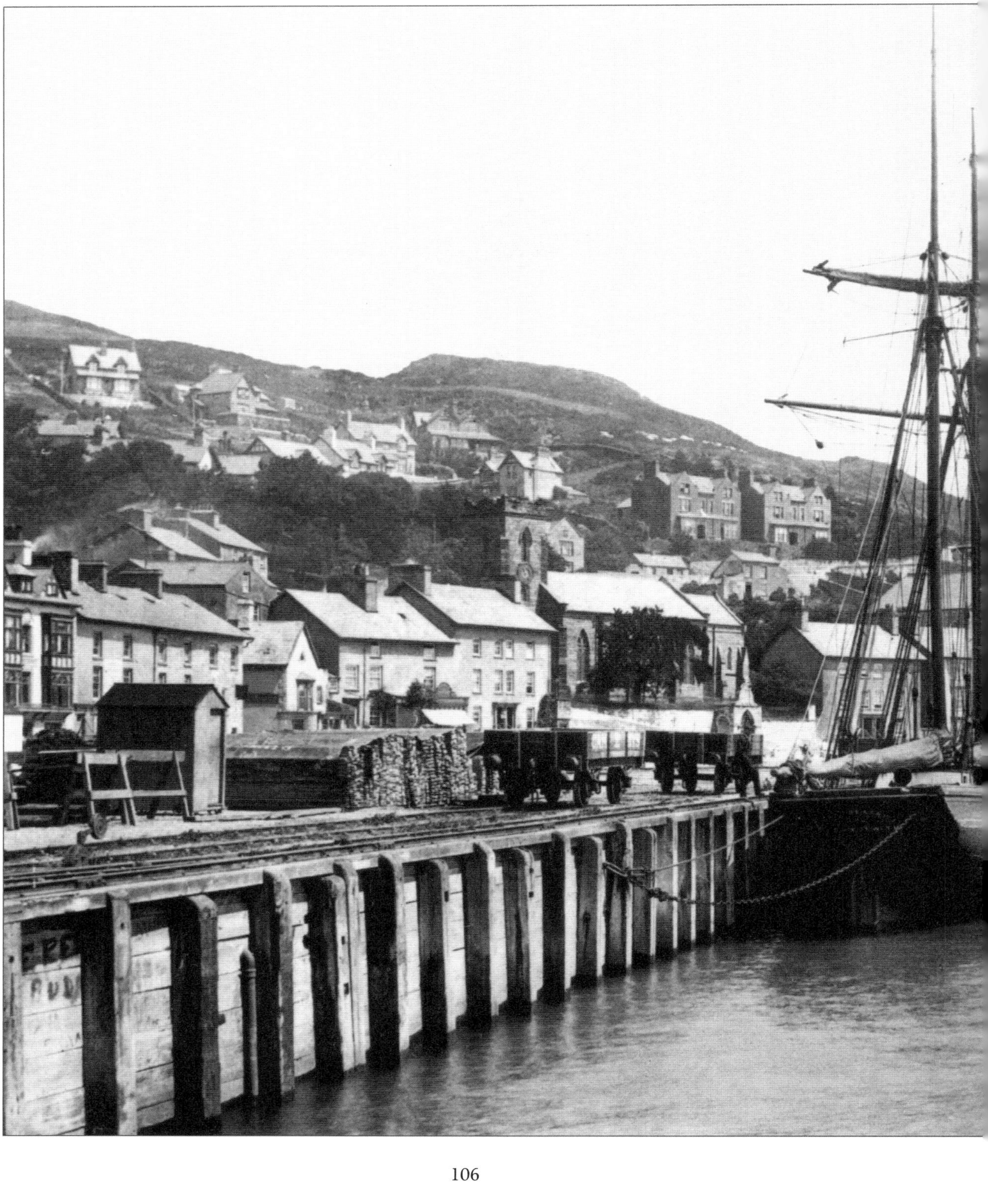

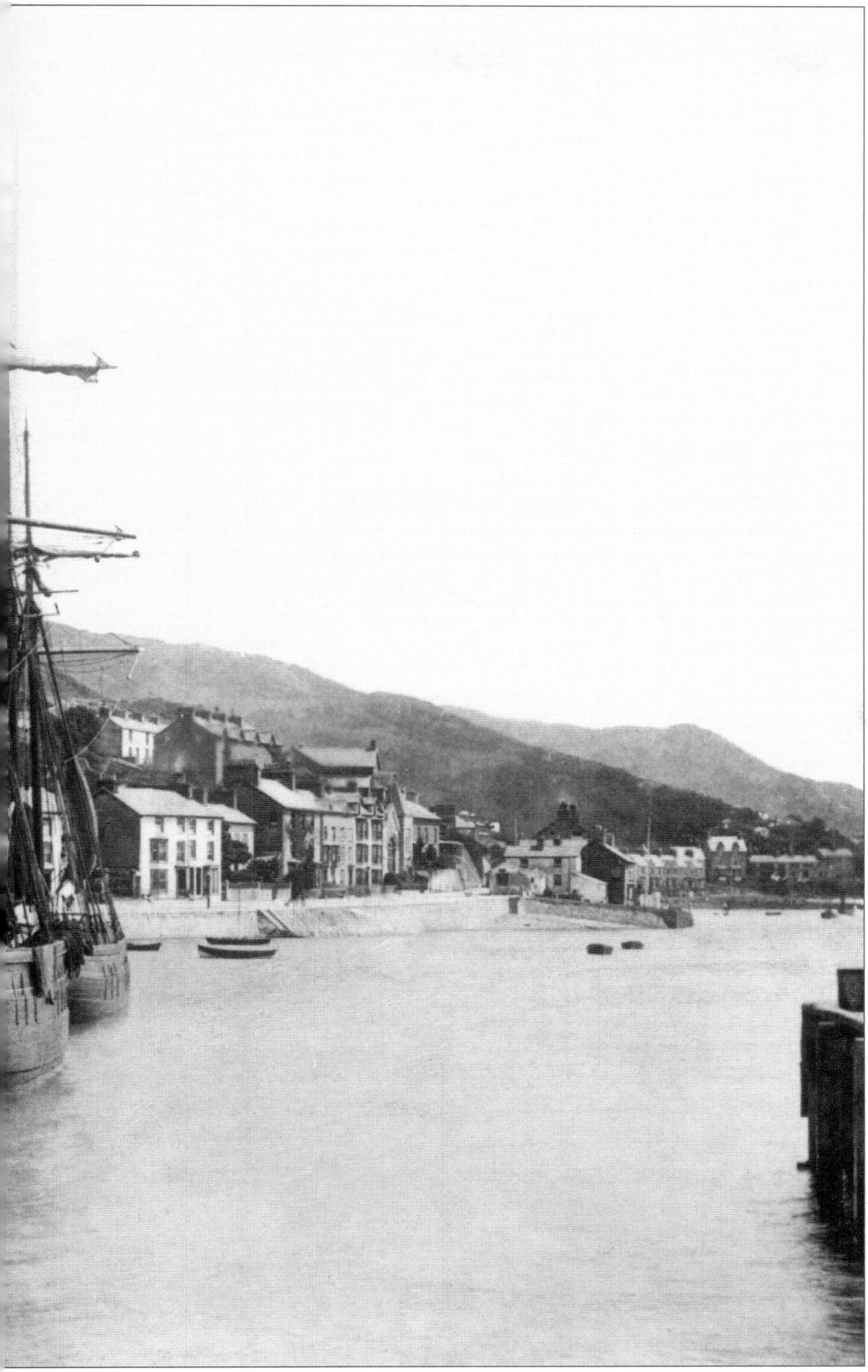

ABERDYFI
The Quay 1901 46974
ABERDYFI
Y Cei 1901 46974

This seaport on the Dyfi estuary was a place of some importance. It was one of the best harbours on the coast, and could take vessels of any size. The Cambrian Coast Railway passed close beside the quay. The square tower of Aberdyfi's beautiful church is just visible to the left of the ship's mast; the church bells of Aberdyfi, which rang out over the estuary, were famous throughout Wales.

Roedd y porthladd ar aber yr afon Dyfi yn lle o dipyn o bwysigrwydd Roedd yn un o borthladdoedd gorau ar yr arfordir ac yn gallu cymryd llongau o unrhyw faint. Roedd Rheilffordd Arfordir y Cambrian yn mynd heibio'n agos i'r cei. Mae tŵr sgwâr eglwys brydferth Aberdyfi bron yn weladwy ar y chwith i'r hwylbren y llong; mae clychau Aberdyfi, a fu'n canu dros yr aber, yn enwog trwy Gymru.

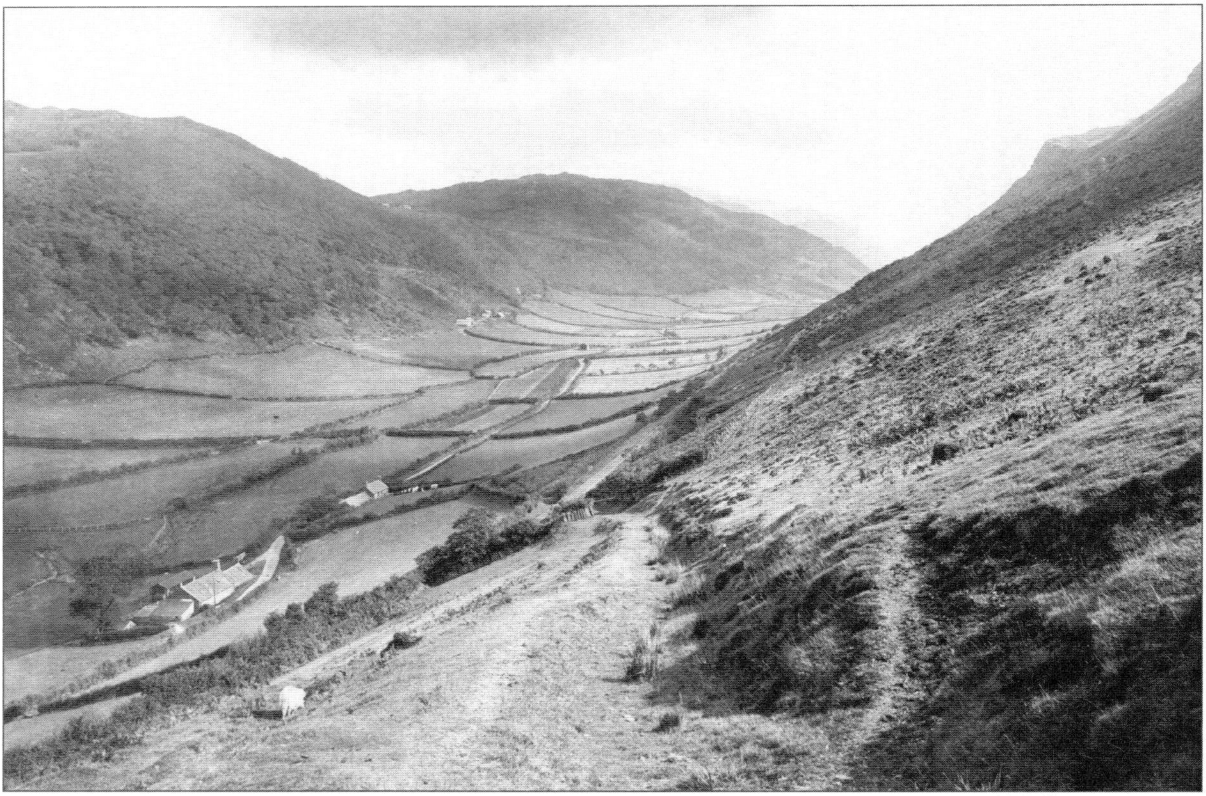

DOLGOCH, *The Valley 1925* 77787
DOLGOCH, *Y Cwm, 1925* 77787

The landscape of Snowdonia has been heavily affected by glaciation. This classic U-shaped valley was gouged out by the action of glaciers during the last ice age, which ended about 12,000 years ago. Enclosed farms occupy the deeper glacial till in the flat valley bottom. The slopes above the mountain wall are open sheep walk.

Mae tirwedd Eryri wedi ei effeithio'n drwm gan rhewlifiant. Mae'r cymoedd clasurol mewn siâp pedol wedi eu cafnu gan weithred rhewlifoedd yn ystod yr oes iâ diwethaf, a orffennodd tua 12,000 o flynyddoedd yn ôl Mae ffermydd wedi eu hamgylchynu yn meddiannu'r tir amaethu ar waelod gwastad y cymoedd. Mae'r llethrau uwchben mur y ffridd yn ffriddoedd agored.

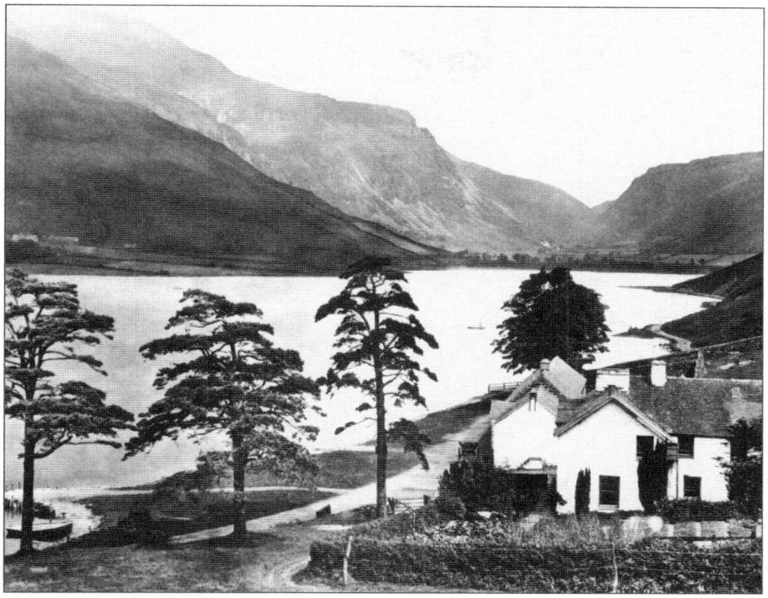

TAL Y LLYN
The Lake and the Hotel 1885 9379
TAL Y LLYN
Y Llyn a'r Gwesty 1885 9379

Tal y Llyn lake, nestling in the hills below Cadair Idris, lies along the biggest fault line in Wales. The opposite valley sides have shifted sideways by as much as two miles! The shallow waters of the lake teem with trout, and this hotel was a favourite with anglers. The proprietor offered boats for hire, as well as guides up Cadair Idris.

Mae llyn Tal y Llyn, sydd yn nythu yn y bryniau o dan Cadair Idris, yn gorwedd ar hyd y llinell ffawt mwyaf yng Nghymru. Mae ochrau y cymoedd gyferbyn wedi symud i'r ochr gan hyd at ddwy filltir! Mae'r dŵr bas y llyn yn llawn o frithyll ac roedd y gwesty yma yn ffefryn gan bysgotwyr. Roedd y perchennog yn cynnig cychod ar log yn ogystal â thywysyddion lan i Gadair Idris.

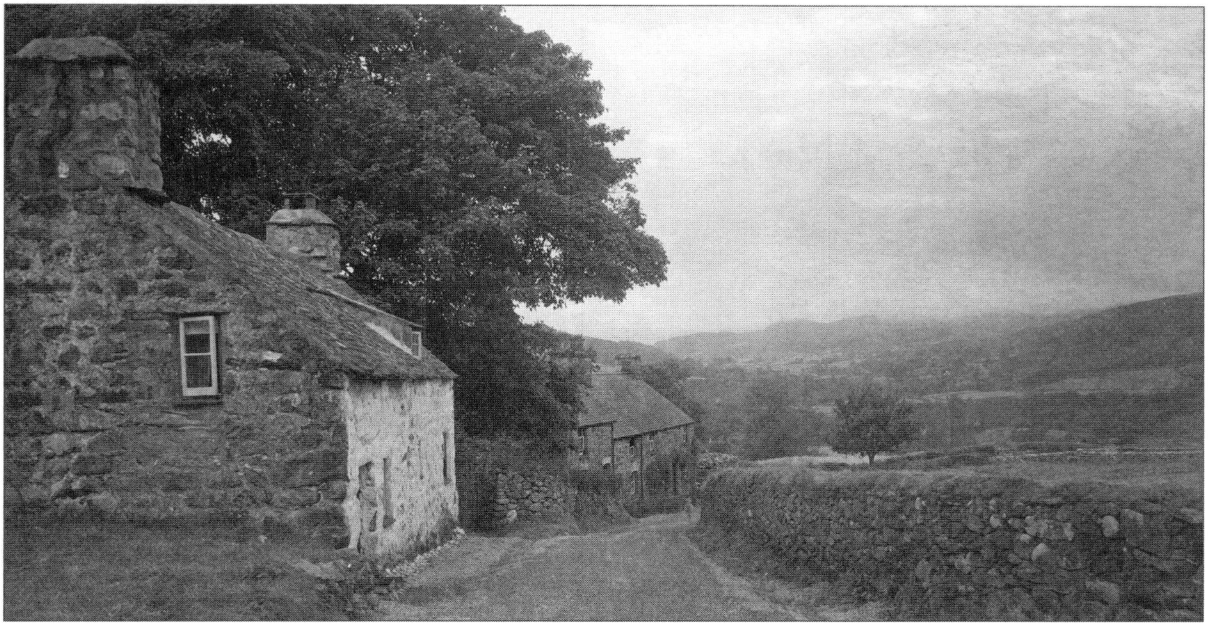

BRITHDIR, *The Village 1931* 84800
BRITHDIR, *Y Pentref 1931* 84800

Although it is now no more than a quiet rural village of traditional stone built cottages, Brithdir, lying on a shelf at 600 feet above the river Wnion, has ancient roots. A Roman fort has been found here, and the settlement lies on a Roman road.

Er ei fod nawr yn ddim mwy na phentref gwledig tawel o fythynnod traddodiadol wedi eu hadeiladu o gerrig, mae gan Frithdir, yn gorwedd ar silff 600 troedfedd uwchben yr Afon Wnion, wreiddiau hynafol. Darganfuwyd caer Rufeinig yma ac mae'r anheddiad yn gorwedd ar ffordd Rhufeinig

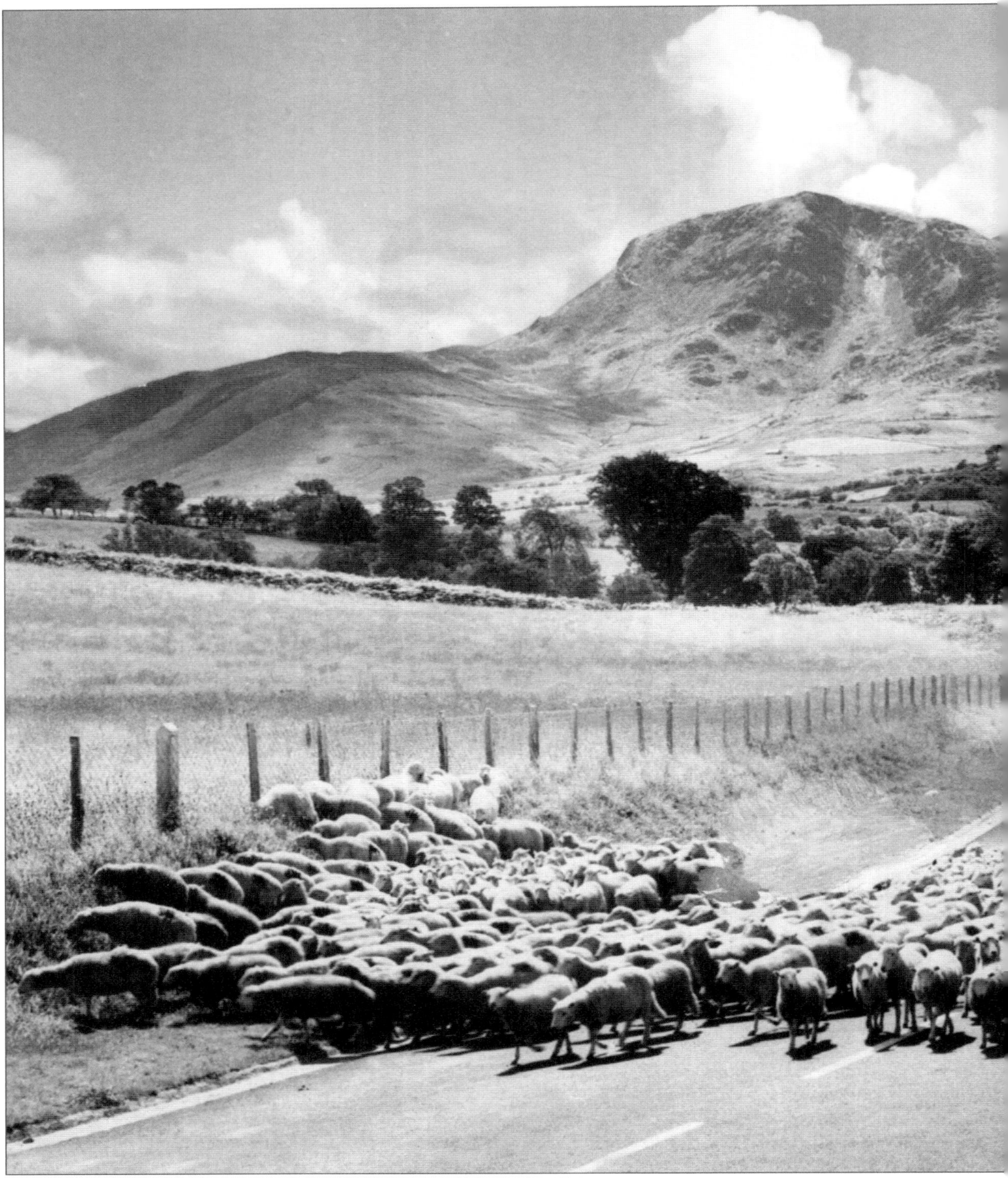

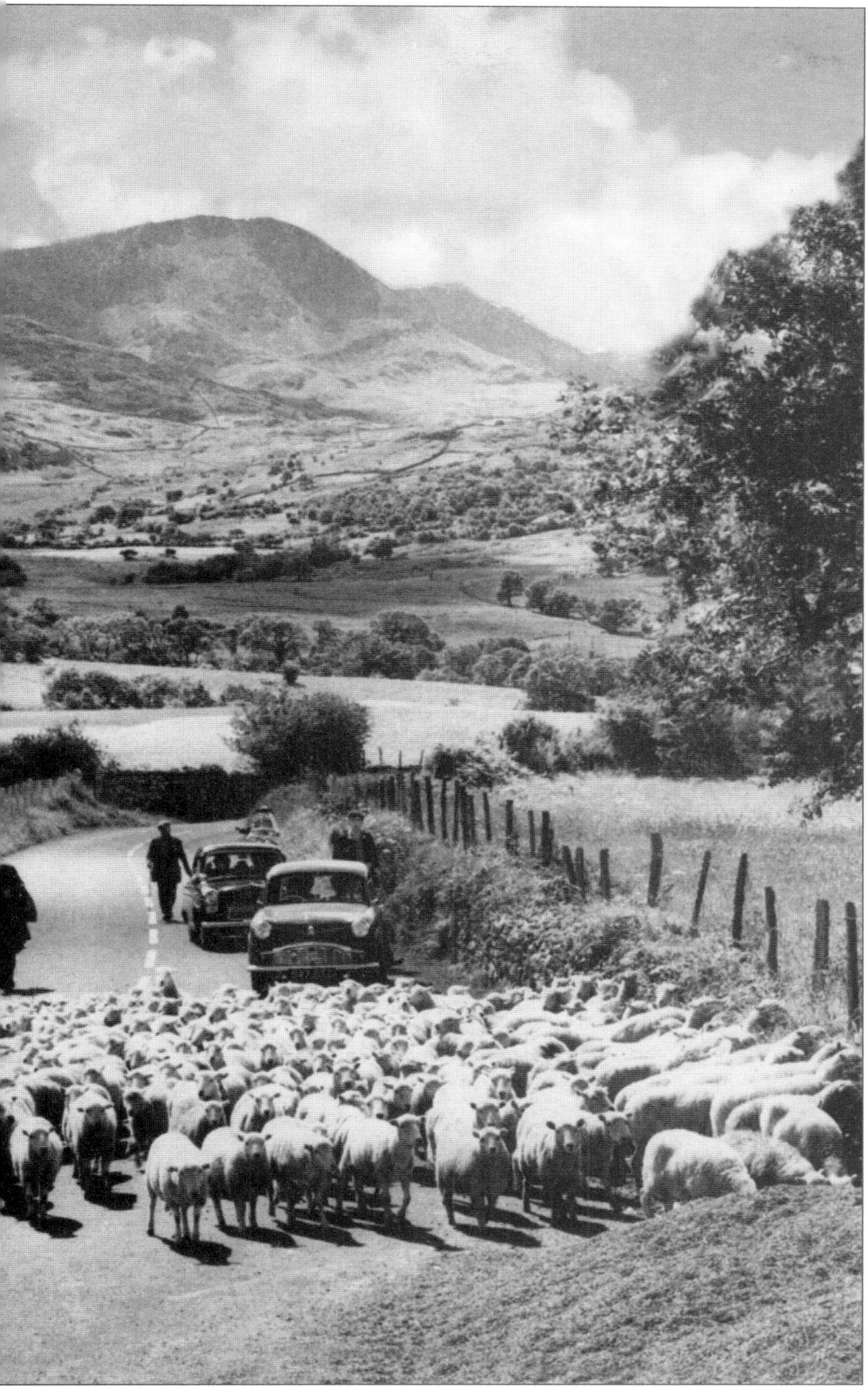

CADAIR IDRIS
From Cross Foxes c1960
C1373
CADAIR IDRIS
o Groes Llwynogod tua 1960 C1373

Traffic comes to a standstill for this large flock of sheep being driven along the main road. Near Cross Foxes, a tract of land on the slopes of Cadair Idris known as Tir Stent carries an unusually nutritious vegetation, which supports more sheep per acre than the poor acid soils elsewhere in these uplands.

Mae trafnidiaeth yn dod i safiad stond ar gyfer y ddiadell fawr yma o ddefaid yn cael ei gyrru ar hyd y stryd fawr. Yn agos i Groes Llwynogod mae llain o dir ar lethrau Cadair Idris, yn adnabyddus fel Tir Stent, yn cynnal llystyfiant maethlon, sydd yn cynnal mwy o ddefaid yr erw na thir sur mewn mannau eraill yn yr ucheldiroedd yma.

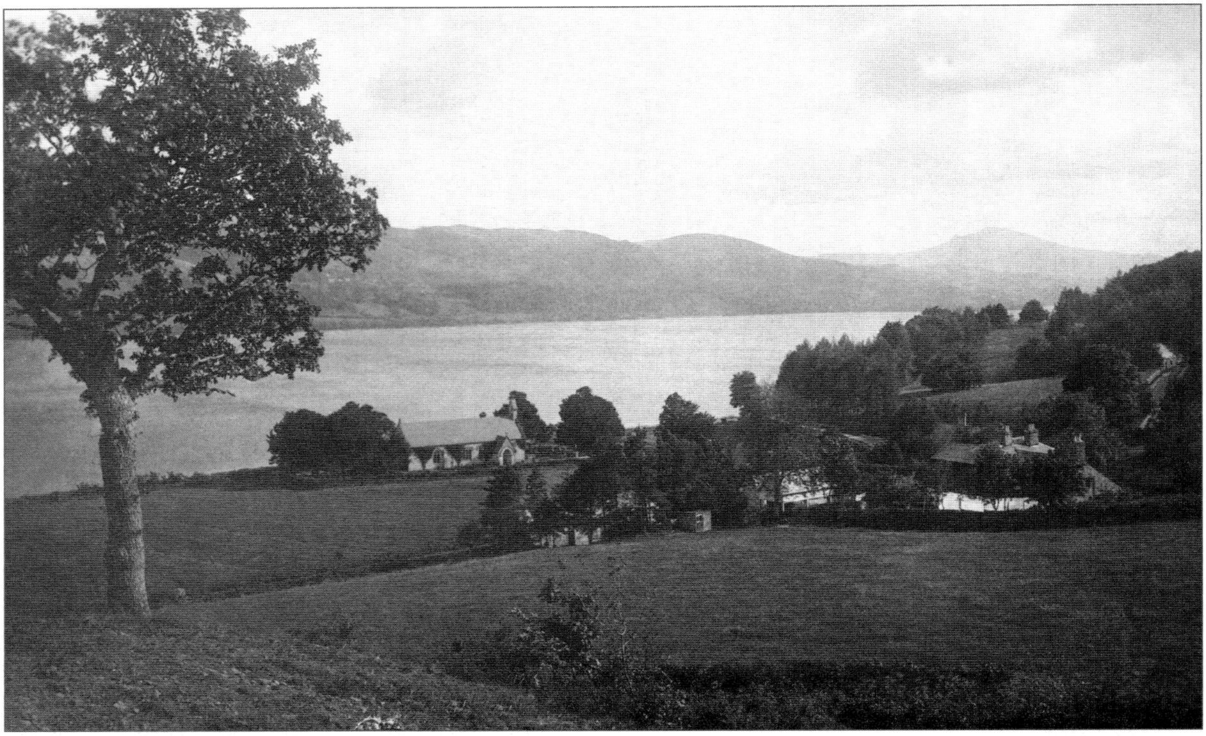

BALA, *Lanycil Church 1896* 37702
Y BALA, *Eglwys Llanycil 1896* 37702

This isolated church stands on the side of Llyn Tegid, Wales's largest natural lake. Legends claim that an ancient town was engulfed by the waters of the lake, which lies along Snowdonia's longest natural fault line (on the same fault line as Tal y Llyn lake). The present town of Bala is set well back from the lake.

Saif yr eglwys unig yma ar ochr Llyn Tegid, llyn naturiol mwyaf Cymru. Mae chwedlau yn hawlio bod tref hynafol wedi ei amlyncu gan ddyfroedd y llyn, sydd yn gorwedd ar hyd llinell ffawt naturiol hirach Eryri (ar yr un linell â llyn Tal y llyn) Mae tref bresennol Y Bala wedi ei osod nôl o'r llyn.

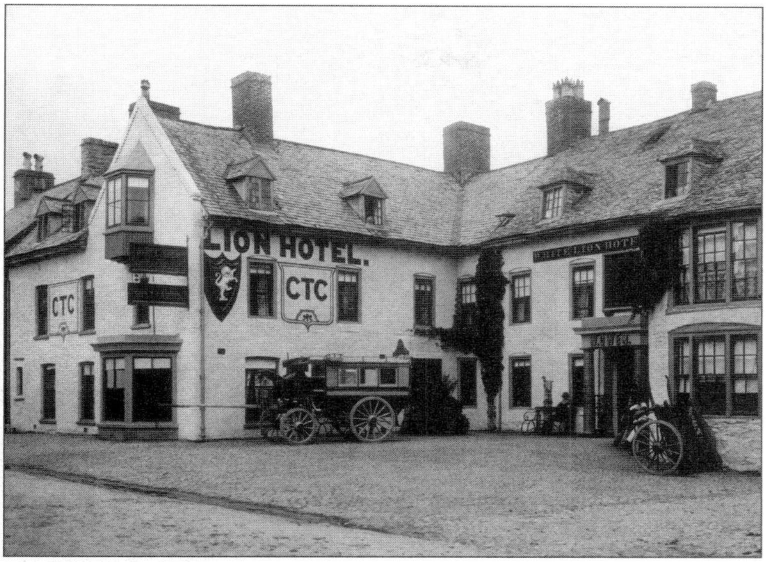

BALA
The White Lion Hotel 1888 20780
Y BALA
Gwesty'r Llew Gwyn 1888 20780

This was one of Bala's most famous inns. It was immortalised by George Borrow, who enjoyed the most sumptuous breakfast of his life here in 1854 during a tour which he recorded in *Wild Wales*: 'a noble breakfast, such indeed as I might have read of but never before seen.' It included local salmon, trout, eggs, and mutton chops.

Roedd hwn yn un o dafarndai enwocaf Y Bala, Cafodd ei anfarwoli gan George Borrow, a fwynhaodd brecwast mwyaf moethus ei fywyd yma ym 1854, yn ystod taith wedi ei chofnodi yn 'Wild Wales': 'brecwast nobl, y fath yr ydwyf wedi darllen amdano ond heb ei weld o'r blaen'.

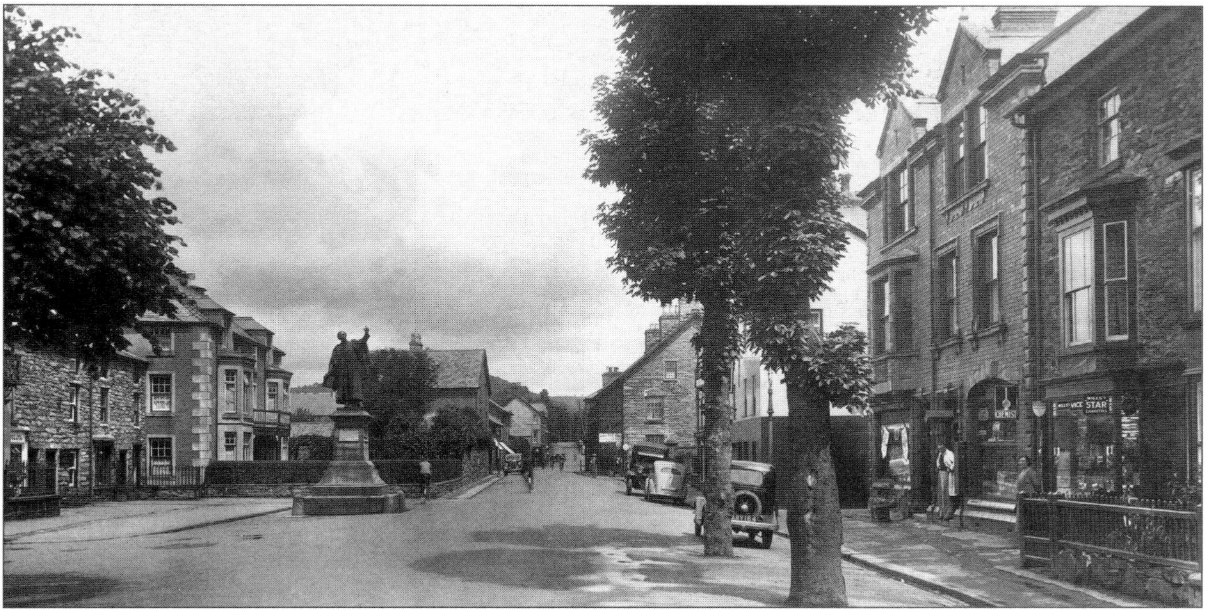

BALA, *High Street 1936* 87441
Y BALA, *Y Stryd Fawr 1936* 87441

Bala's elegant main street is lined with trees and is unusually broad. This traditional market town was famous for its stocking fairs. Bala was also a centre for the manufacture of Welsh flannel and tanning. The town has a long history: a Roman fort has been found near by.

Mae Stryd Fawr goeth Y Bala wedi ei llinellu gan goed ac y mae yn anarferol o lydan. Mae'r dref draddodiadol farchnata yn enwog am ei ffeiriau cyflenwi. Y Bala oedd canolfan ar gyfer wneuthuriad gwlanen Gymreig a lledr. Mae gan y dref hanes hir. Mae caer Rufeinig wedi ei darganfod gerllaw.

INDEX

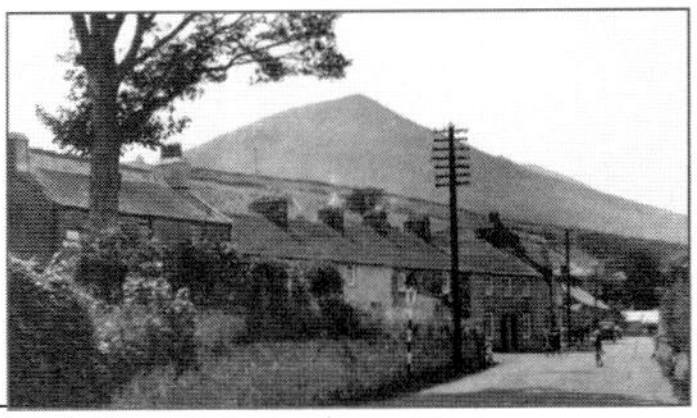

MYNEGH

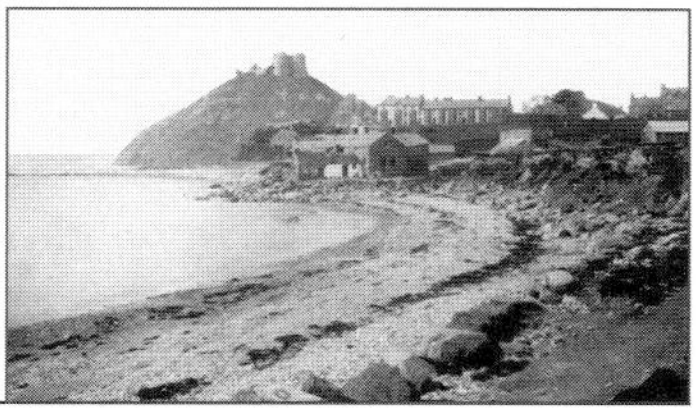

Frith Book Co Titles

www.francisfrith.co.uk

The Frith Book Company publishes over 100 new titles each year. A selection of those currently available is listed below. For latest catalogue please contact Frith Book Co.

Town Books 96 pages, approximately 100 photos. ***County and Themed Books*** 128 pages, approximately 150 photos (unless specified). All titles hardback with laminated case and jacket, except those indicated pb (paperback)

Amersham, Chesham & Rickmansworth (pb)	1-85937-340-2	£9.99
Andover (pb)	1-85937-292-9	£9.99
Aylesbury (pb)	1-85937-227-9	£9.99
Barnstaple (pb)	1-85937-300-3	£9.99
Basildon Living Memories (pb)	1-85937-515-4	£9.99
Bath (pb)	1-85937-419-0	£9.99
Bedford (pb)	1-85937-205-8	£9.99
Bedfordshire Living Memories	1-85937-513-8	£14.99
Belfast (pb)	1-85937-303-8	£9.99
Berkshire (pb)	1-85937-191-4	£9.99
Berkshire Churches	1-85937-170-1	£17.99
Berkshire Living Memories	1-85937-332-1	£14.99
Black Country	1-85937-497-2	£12.99
Blackpool (pb)	1-85937-393-3	£9.99
Bognor Regis (pb)	1-85937-431-x	£9.99
Bournemouth (pb)	1-85937-545-6	£9.99
Bradford (pb)	1-85937-204-x	£9.99
Bridgend (pb)	1-85937-386-0	£7.99
Bridgwater (pb)	1-85937-305-4	£9.99
Bridport (pb)	1-85937-327-5	£9.99
Brighton (pb)	1-85937-192-2	£8.99
Bristol (pb)	1-85937-264-3	£9.99
British Life A Century Ago (pb)	1-85937-213-9	£9.99
Buckinghamshire (pb)	1-85937-200-7	£9.99
Camberley (pb)	1-85937-222-8	£9.99
Cambridge (pb)	1-85937-422-0	£9.99
Cambridgeshire (pb)	1-85937-420-4	£9.99
Cambridgeshire Villages	1-85937-523-5	£14.99
Canals And Waterways (pb)	1-85937-291-0	£9.99
Canterbury Cathedral (pb)	1-85937-179-5	£9.99
Cardiff (pb)	1-85937-093-4	£9.99
Carmarthenshire (pb)	1-85937-604-5	£9.99
Chelmsford (pb)	1-85937-310-0	£9.99
Cheltenham (pb)	1-85937-095-0	£9.99
Cheshire (pb)	1-85937-271-6	£9.99
Chester (pb)	1-85937-382 8	£9.99
Chesterfield (pb)	1-85937-378-x	£9.99
Chichester (pb)	1-85937-228-7	£9.99
Churches of East Cornwall (pb)	1-85937-249-x	£9.99
Churches of Hampshire (pb)	1-85937-207-4	£9.99
Cinque Ports & Two Ancient Towns	1-85937-492-1	£14.99
Colchester (pb)	1-85937-188-4	£8.99
Cornwall (pb)	1-85937-229-5	£9.99
Cornwall Living Memories	1-85937-248-1	£14.99
Cotswolds (pb)	1-85937-230-9	£9.99
Cotswolds Living Memories	1-85937-255-4	£14.99
County Durham (pb)	1-85937-398-4	£9.99
Croydon Living Memories (pb)	1-85937-162-0	£9.99
Cumbria (pb)	1-85937-621-5	£9.99
Derby (pb)	1-85937-367-4	£9.99
Derbyshire (pb)	1-85937-196-5	£9.99
Derbyshire Living Memories	1-85937-330-5	£14.99
Devon (pb)	1-85937-297-x	£9.99
Devon Churches (pb)	1-85937-250-3	£9.99
Dorchester (pb)	1-85937-307-0	£9.99
Dorset (pb)	1-85937-269-4	£9.99
Dorset Coast (pb)	1-85937-299-6	£9.99
Dorset Living Memories (pb)	1-85937-584-7	£9.99
Down the Severn (pb)	1-85937-560-x	£9.99
Down The Thames (pb)	1-85937-278-3	£9.99
Down the Trent	1-85937-311-9	£14.99
East Anglia (pb)	1-85937-265-1	£9.99
East Grinstead (pb)	1-85937-138-8	£9.99
East London	1-85937-080-2	£14.99
East Sussex (pb)	1-85937-606-1	£9.99
Eastbourne (pb)	1-85937-399-2	£9.99
Edinburgh (pb)	1-85937-193-0	£8.99
England In The 1880s	1-85937-331-3	£17.99
Essex - Second Selection	1-85937-456-5	£14.99
Essex (pb)	1-85937-270-8	£9.99
Essex Coast	1-85937-342-9	£14.99
Essex Living Memories	1-85937-490-5	£14.99
Exeter	1-85937-539-1	£9.99
Exmoor (pb)	1-85937-608-8	£9.99
Falmouth (pb)	1-85937-594-4	£9.99
Folkestone (pb)	1-85937-124-8	£9.99
Frome (pb)	1-85937-317-8	£9.99
Glamorgan	1-85937-488-3	£14.99
Glasgow (pb)	1-85937-190-6	£9.99
Glastonbury (pb)	1-85937-338-0	£7.99
Gloucester (pb)	1-85937-232-5	£9.99
Gloucestershire (pb)	1-85937-561-8	£9.99
Great Yarmouth (pb)	1-85937-426-3	£9.99
Greater Manchester (pb)	1-85937-266-x	£9.99
Guildford (pb)	1-85937-410-7	£9.99
Hampshire (pb)	1-85937-279-1	£9.99
Harrogate (pb)	1-85937-423-9	£9.99
Hastings and Bexhill (pb)	1-85937-131-0	£9.99
Heart of Lancashire (pb)	1-85937-197-3	£9.99
Helston (pb)	1-85937-214-7	£9.99
Hereford (pb)	1-85937-175-2	£9.99
Herefordshire (pb)	1-85937-567-7	£9.99
Herefordshire Living Memories	1-85937-514-6	£14.99
Hertfordshire (pb)	1-85937-247-3	£9.99
Horsham (pb)	1-85937-432-8	£9.99
Humberside (pb)	1-85937-605-3	£9.99
Hythe, Romney Marsh, Ashford (pb)	1-85937-256-2	£9.99
Ipswich (pb)	1-85937-424-7	£9.99
Isle of Man (pb)	1-85937-268-6	£9.99
Isle of Wight (pb)	1-85937-429-8	£9.99
Isle of Wight Living Memories	1-85937-304-6	£14.99
Kent (pb)	1-85937-189-2	£9.99
Kent Living Memories(pb)	1-85937-401-8	£9.99
Kings Lynn (pb)	1-85937-334-8	£9.99

Available from your local bookshop or from the publisher

Frith Book Co Titles (continued)

Lake District (pb)	1-85937-275-9	£9.99
Lancashire Living Memories	1-85937-335-6	£14.99
Lancaster, Morecambe, Heysham (pb)	1-85937-233-3	£9.99
Leeds (pb)	1-85937-202-3	£9.99
Leicester (pb)	1-85937-381-x	£9.99
Leicestershire & Rutland Living Memories	1-85937-500-6	£12.99
Leicestershire (pb)	1-85937-185-x	£9.99
Lighthouses	1-85937-257-0	£9.99
Lincoln (pb)	1-85937-380-1	£9.99
Lincolnshire (pb)	1-85937-433-6	£9.99
Liverpool and Merseyside (pb)	1-85937-234-1	£9.99
London (pb)	1-85937-183-3	£9.99
London Living Memories	1-85937-454-9	£14.99
Ludlow (pb)	1-85937-176-0	£9.99
Luton (pb)	1-85937-235-x	£9.99
Maidenhead (pb)	1-85937-339-9	£9.99
Maidstone (pb)	1-85937-391-7	£9.99
Manchester (pb)	1-85937-198-1	£9.99
Marlborough (pb)	1-85937-336-4	£9.99
Middlesex	1-85937-158-2	£14.99
Monmouthshire	1-85937-532-4	£14.99
New Forest (pb)	1-85937-390-9	£9.99
Newark (pb)	1-85937-366-6	£9.99
Newport, Wales (pb)	1-85937-258-9	£9.99
Newquay (pb)	1-85937-421-2	£9.99
Norfolk (pb)	1-85937-195-7	£9.99
Norfolk Broads	1-85937-486-7	£14.99
Norfolk Living Memories (pb)	1-85937-402-6	£9.99
North Buckinghamshire	1-85937-626-6	£14.99
North Devon Living Memories	1-85937-261-9	£14.99
North Hertfordshire	1-85937-547-2	£14.99
North London (pb)	1-85937-403-4	£9.99
North Somerset	1-85937-302-x	£14.99
North Wales (pb)	1-85937-298-8	£9.99
North Yorkshire (pb)	1-85937-236-8	£9.99
Northamptonshire Living Memories	1-85937-529-4	£14.99
Northamptonshire	1-85937-150-7	£14.99
Northumberland Tyne & Wear (pb)	1-85937-281-3	£9.99
Northumberland	1-85937-522-7	£14.99
Norwich (pb)	1-85937-194-9	£8.99
Nottingham (pb)	1-85937-324-0	£9.99
Nottinghamshire (pb)	1-85937-187-6	£9.99
Oxford (pb)	1-85937-411-5	£9.99
Oxfordshire (pb)	1-85937-430-1	£9.99
Oxfordshire Living Memories	1-85937-525-1	£14.99
Paignton (pb)	1-85937-374-7	£7.99
Peak District (pb)	1-85937-280-5	£9.99
Pembrokeshire	1-85937-262-7	£14.99
Penzance (pb)	1-85937-595-2	£9.99
Peterborough (pb)	1-85937-219-8	£9.99
Picturesque Harbours	1-85937-208-2	£14.99
Piers	1-85937-237-6	£17.99
Plymouth (pb)	1-85937-389-5	£9.99
Poole & Sandbanks (pb)	1-85937-251-1	£9.99
Preston (pb)	1-85937-212-0	£9.99
Reading (pb)	1-85937-238-4	£9.99
Redhill to Reigate (pb)	1-85937-596-0	£9.99
Ringwood (pb)	1-85937-384-4	£7.99
Romford (pb)	1-85937-319-4	£9.99
Royal Tunbridge Wells (pb)	1-85937-504-9	£9.99
Salisbury (pb)	1-85937-239-2	£9.99
Scarborough (pb)	1-85937-379-8	£9.99
Sevenoaks and Tonbridge (pb)	1-85937-392-5	£9.99
Sheffield & South Yorks (pb)	1-85937-267-8	£9.99
Sherborne (pb)	1-85937-301-1	£9.99
Shrewsbury (pb)	1-85937-325-9	£9.99
Shropshire (pb)	1-85937-326-7	£9.99
Shropshire Living Memories	1-85937-643-6	£14.99
Somerset	1-85937-153-1	£14.99
South Devon Coast	1-85937-107-8	£14.99
South Devon Living Memories (pb)	1-85937-609-6	£9.99
South East London (pb)	1-85937-263-5	£9.99
South Somerset	1-85937-318-6	£14.99
South Wales	1-85937-519-7	£14.99
Southampton (pb)	1-85937-427-1	£9.99
Southend (pb)	1-85937-313-5	£9.99
Southport (pb)	1-85937-425-5	£9.99
St Albans (pb)	1-85937-341-0	£9.99
St Ives (pb)	1-85937-415-8	£9.99
Stafford Living Memories (pb)	1-85937-503-0	£9.99
Staffordshire (pb)	1-85937-308-9	£9.99
Stourbridge (pb)	1-85937-530-8	£9.99
Stratford upon Avon (pb)	1-85937-388-7	£9.99
Suffolk (pb)	1-85937-221-x	£9.99
Suffolk Coast (pb)	1-85937-610-x	£9.99
Surrey (pb)	1-85937-240-6	£9.99
Surrey Living Memories	1-85937-328-3	£14.99
Sussex (pb)	1-85937-184-1	£9.99
Sutton (pb)	1-85937-337-2	£9.99
Swansea (pb)	1-85937-167-1	£9.99
Taunton (pb)	1-85937-314-3	£9.99
Tees Valley & Cleveland (pb)	1-85937-623-1	£9.99
Teignmouth (pb)	1-85937-370-4	£7.99
Thanet (pb)	1-85937-116-7	£9.99
Tiverton (pb)	1-85937-178-7	£9.99
Torbay (pb)	1-85937-597-9	£9.99
Truro (pb)	1-85937-598-7	£9.99
Victorian & Edwardian Dorset	1-85937-254-6	£14.99
Victorian & Edwardian Kent (pb)	1-85937-624-X	£9.99
Victorian & Edwardian Maritime Album (pb)	1-85937-622-3	£9.99
Victorian and Edwardian Sussex (pb)	1-85937-625-8	£9.99
Villages of Devon (pb)	1-85937-293-7	£9.99
Villages of Kent (pb)	1-85937-294-5	£9.99
Villages of Sussex (pb)	1-85937-295-3	£9.99
Warrington (pb)	1-85937-507-3	£9.99
Warwick (pb)	1-85937-518-9	£9.99
Warwickshire (pb)	1-85937-203-1	£9.99
Welsh Castles (pb)	1-85937-322-4	£9.99
West Midlands (pb)	1-85937-289-9	£9.99
West Sussex (pb)	1-85937-607-x	£9.99
West Yorkshire (pb)	1-85937-201-5	£9.99
Weston Super Mare (pb)	1-85937-306-2	£9.99
Weymouth (pb)	1-85937-209-0	£9.99
Wiltshire (pb)	1-85937-277-5	£9.99
Wiltshire Churches (pb)	1-85937-171-x	£9.99
Wiltshire Living Memories (pb)	1-85937-396-8	£9.99
Winchester (pb)	1-85937-428-x	£9.99
Windsor (pb)	1-85937-333-x	£9.99
Wokingham & Bracknell (pb)	1-85937-329-1	£9.99
Woodbridge (pb)	1-85937-498-0	£9.99
Worcester (pb)	1-85937-165-5	£9.99
Worcestershire Living Memories	1-85937-489-1	£14.99
Worcestershire	1-85937-152-3	£14.99
York (pb)	1-85937-199-x	£9.99
Yorkshire (pb)	1-85937-186-8	£9.99
Yorkshire Coastal Memories	1-85937-506-5	£14.99
Yorkshire Dales	1-85937-502-2	
£14.99 Yorkshire Living Memories (pb)	1-85937-397-6	£9.99

See Frith books on the internet at www.francisfrith.co.uk

Frith Products & Services

Francis Frith would doubtless be pleased to know that the pioneering publishing venture he started in 1860 still continues today. Over a hundred and forty years later, The Francis Frith Collection continues in the same innovative tradition and is now one of the foremost publishers of vintage photographs in the world. Some of the current activities include:

Interior Decoration

Today Frith's photographs can be seen framed and as giant wall murals in thousands of pubs, restaurants, hotels, banks, retail stores and other public buildings throughout the country. In every case they enhance the unique local atmosphere of the places they depict and provide reminders of gentler days in an increasingly busy and frenetic world.

Product Promotions

Frith products are used by many major companies to promote the sales of their own products or to reinforce their own history and heritage. Frith promotions have been used by Hovis bread, Courage beers, Scots Porage Oats, Colman's mustard, Cadbury's foods, Mellow Birds coffee, Dunhill pipe tobacco, Guinness, and Bulmer's Cider.

Genealogy and Family History

As the interest in family history and roots grows world-wide, more and more people are turning to Frith's photographs of Great Britain for images of the towns, villages and streets where their ancestors lived; and, of course, photographs of the churches and chapels where their ancestors were christened, married and buried are an essential part of every genealogy tree and family album.

Frith Products

All Frith photographs are available Framed or just as Mounted Prints and Posters (size 23 x 16 inches). These may be ordered from the address below. From time to time other products - Address Books, Calendars, Table Mats, etc - are available.

The Internet

Already fifty thousand Frith photographs can be viewed and purchased on the internet through the Frith websites and a myriad of partner sites.

For more detailed information on Frith companies and products, look at these sites:

www.francisfrith.co.uk
www.francisfrith.com
(for North American visitors)

See the complete list of Frith Books at:

www.francisfrith.co.uk

This web site is regularly updated with the latest list of publications from the Frith Book Company. If you wish to buy books relating to another part of the country that your local bookshop does not stock, you may purchase on-line.

For further information, trade, or author enquiries please contact us at the address below:

The Francis Frith Collection, Frith's Barn, Teffont, Salisbury, Wiltshire, England SP3 5QP.
Tel: +44 (0)1722 716 376 Fax: +44 (0)1722 716 881 Email: sales@francisfrith.co.uk

See Frith books on the internet at www.francisfrith.co.uk

FREE MOUNTED PRINT

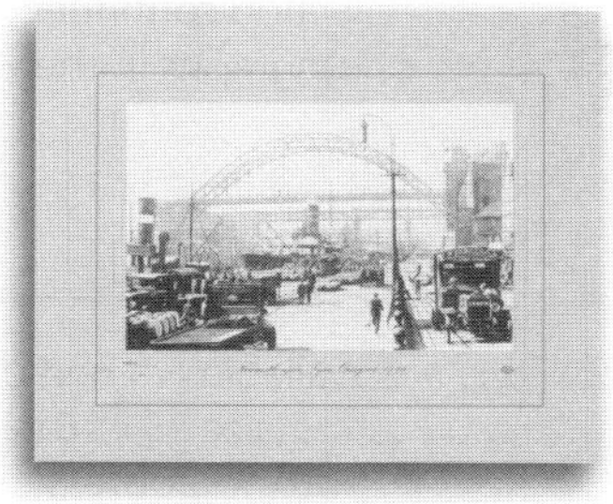

Mounted Print
Overall size 14 x 11 inches

Fill in and cut out this voucher and return *it with your remittance for £2.25 (to cover postage and handling). Offer valid for delivery to UK addresses only.*

Choose any photograph included in this book. *Your SEPIA print will be A4 in size. It will be mounted in a cream mount with a burgundy rule line (overall size 14 x 11 inches).*

Order additional Mounted Prints at HALF PRICE (only £7.49 each*)
If you would like to order more Frith prints from this book, possibly as gifts for friends and family, you can buy them at half price (with no additional postage and handling costs).

Have your Mounted Prints framed
For an extra £14.95 per print* you can have your mounted print(s) framed in an elegant polished wood and gilt moulding, overall size 16 x 13 inches (no additional postage and handling required).

*** IMPORTANT!**

These special prices are only available if you order at the same time as you order your free mounted print. You must use the ORIGINAL VOUCHER on this page (no copies permitted). We can only despatch to one address.

Send completed Voucher form to:
The Francis Frith Collection, Frith's Barn, Teffont, Salisbury, Wiltshire SP3 5QP

CHOOSE ANY IMAGE FROM THIS BOOK

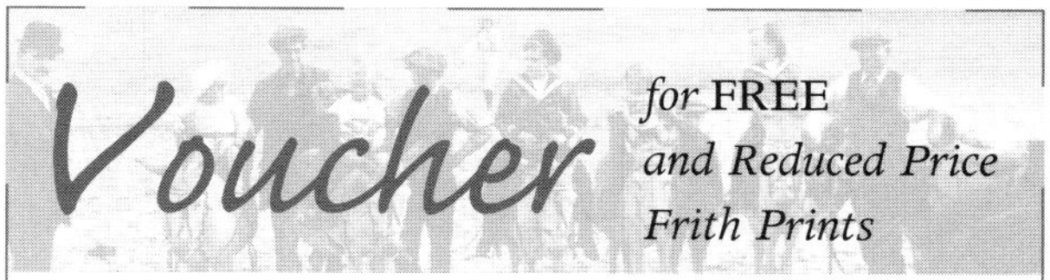

Please do not photocopy this voucher. Only the original is valid, so please fill it in, cut it out and return it to us with your order.

Picture ref no	Page no	Qty	Mounted @ £7.49	Framed + £14.95	Total Cost
		1	Free of charge*	£	£
			£7.49	£	£
			£7.49	£	£
			£7.49	£	£
			£7.49	£	£
			£7.49	£	£
Please allow 28 days for delivery			* Post & handling (UK)		£2.25
			Total Order Cost		£

Title of this book ....
I enclose a cheque/postal order for £ ....
made payable to 'The Francis Frith Collection'

OR please debit my Mastercard / Visa / Switch / Amex card
(credit cards please on all overseas orders), details below

Card Number

Issue No (Switch only) Valid from (Amex/Switch)

Expires Signature

Name Mr/Mrs/Ms ....

Address ....

....

....

Valid to 31/12/05

Free Print - see overleaf

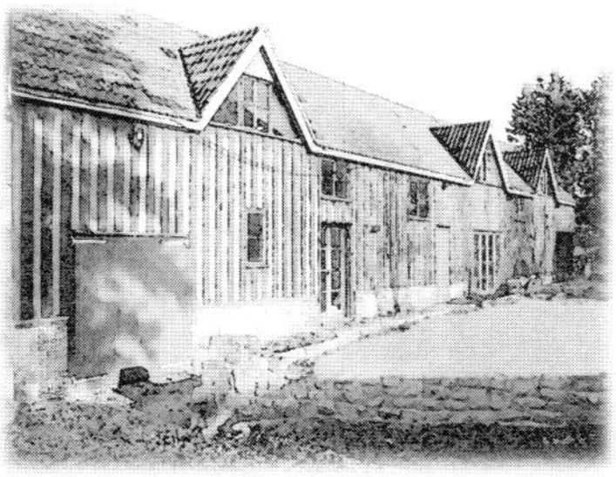

Would you like to find out more about Francis Frith?

We have recently recruited some entertaining speakers who are happy to visit local groups, clubs and societies to give an illustrated talk documenting Frith's travels and photographs. If you are a member of such a group and are interested in hosting a presentation, we would love to hear from you.

Our speakers bring with them a small selection of our local town and county books, together with sample prints. They are happy to take orders. A small proportion of the order value is donated to the group who have hosted the presentation. The talks are therefore an excellent way of fund-raising for small groups and societies.

Can you help us with information about any of the Frith photographs in this book?

We are gradually compiling an historical record for each of the photographs in the Frith archive. It is always fascinating to find out the names of the people shown in the pictures, as well as insights into the shops, buildings and other features depicted.

If you recognize anyone in the photographs in this book, or if you have information not already included in the author's caption, do let us know. We would love to hear from you, and will try to publish it in future books or articles.

Our production team

Frith books are produced by a small dedicated team at offices in the converted Grade II listed 18th-century barn at Teffont near Salisbury, illustrated above. Most have worked with the Frith Collection for many years. All have in common one quality: they have a passion for the Frith Collection. The team is constantly expanding, but currently includes:

Jason Buck, John Buck, Ruth Butler, Heather Crisp, David Davies, Isobel Hall, Julian Hight, Peter Horne, James Kinnear, Karen Kinnear, Tina Leary, Stuart Login, Amanda Lowe, David Marsh, Sue Molloy, Kate Rotondetto, Dean Scource, Eliza Sackett, Terence Sackett, Sandra Sampson, Adrian Sanders, Sandra Sanger, Julia Skinner, Claire Tarrier, Lewis Taylor, Shelley Tolcher and Lorraine Tuck.